ESTO ES LO MEJOR QUE TE VA A PASAR EN LA VIDA

MÁS QUE UNA HISTORIA SOBRE CÁNCER

JULIETA HALLEY

Publicado por Ibukku, LLC
www.ibukku.com
Diseño de portada: Ángel Flores Guerra Bistrain
Diseño y maquetación: Diana Patricia González Juárez
Fotógrafo: Jorge Hiram Espinosa Ponce

ISBN Paperback: 979-8-9986514-0-3

Índice

Agradecimientos

A Dios, por la oportunidad de poder transformar mi vida.
A **Juan,** mi esposo, por ser mi compañero en este viaje de vida y por su apoyo constante. Gracias por creer en mí.
A **Armando Armesto,** mi amigo y cómplice, gracias por mostrarme el camino. Bendita tu luz.

A mi **maestro Vishnu,** por todos los destellos y paz para mi alma.
A mi **mamá,** por darme la vida y porque gracias a ella soy quien soy.
A **Max, Mau, Jacobo y Andoni,** mis hijos, mi red de amor, quienes con su luz y alegría siempre me sostienen.
A mi **familia y amigos,** gracias por caminar conmigo, y saber que no estoy sola.

Este libro es un reflejo de todo lo que me han dado.
Gracias, por tanto.

Prólogo

Hay libros que llegan a nuestras manos en el momento exacto, como si el universo mismo los colocara frente a nosotros para cambiar el curso de nuestras vidas. Este libro, *Esto es lo mejor que te va a pasar en la vida*, es uno de esos regalos excepcionales. Lo digo desde mi propia experiencia al recorrer estas páginas, escritas con una autenticidad que trasciende cualquier palabra. Este no es un libro más; es un viaje profundo hacia el corazón de lo que significa enfrentarse a los abismos de la vida y renacer con una fuerza transformadora.

Desde el momento en que sostuve este libro, supe que estaba frente a algo extraordinario. Su autora no solo ha vivido una experiencia única, sino que ha tomado la decisión más valiente que un ser humano puede tomar: compartir su verdad. Su historia no es solo un relato de lucha contra la adversidad; es un mapa para todos aquellos que enfrentan sus propias tormentas, una guía para transformar el dolor en propósito y la incertidumbre en una vida plena.

Te pregunto: ¿cuántas veces has sentido que la vida te pone pruebas imposibles, desafíos que parecen estar diseñados para derrotarte? Este libro responde con una invitación a algo más grande: a ver esas pruebas como oportunidades, no para sobrevivir, sino para trascender. Aquí encontrarás más que palabras; encontrarás una conexión genuina con alguien que, al compartir su camino, te extiende la mano y te dice: «No estás solo, y sí, es posible».

La autora, con una valentía deslumbrante, nos muestra cómo los momentos más oscuros pueden convertirse en los cimientos de nuestra mayor transformación. Sus experiencias, desde la diagnosis que sacudió su mundo hasta los pasos hacia la sanación emocional y física, no solo inspiran; desafían. Nos invitan a mirar nuestras propias vidas con nuevos ojos, a preguntarnos qué podemos cambiar, qué estamos dispuestos a dejar atrás, y cómo podemos empezar a construir algo mejor, hoy mismo.

Lo que más admiro de este libro es su poder de conexión. No importa si estás enfrentando una enfermedad, una pérdida, o simplemente esa sensación de que algo falta en tu vida. Las lecciones aquí plasmadas tienen el poder de tocar tu alma, de resonar con tu historia y de recordarte que, incluso en medio de la tormenta, siempre hay una luz esperando ser descubierta.

Como autor, *coach* y alguien que dedica su vida a empoderar a otros, puedo decirte con certeza que este libro es una herramienta poderosa, un aliado en tu propio viaje de transformación. Lo que lo hace aún más especial es el corazón que late en cada página. No estás leyendo las palabras de alguien que pretende tener todas las respuestas; estás leyendo las vivencias y aprendizajes de alguien que se atrevió a enfrentarse al abismo y salió de él con una fuerza renovada.

Así que aquí está mi invitación para ti, lector. No tomes este libro a la ligera. No lo leas solo por curiosidad. Léelo con intención, con la disposición de dejarte tocar por su mensaje y con el compromiso de aplicar lo que aquí aprendas en tu vida. Porque, al final, eso es lo que este libro busca: no solo inspirarte, sino transformarte.

Al abrir estas páginas, te estás regalando algo invaluable: una nueva perspectiva, una chispa de esperanza, y la certeza de que, pase lo que pase, tienes el poder de construir una vida extraordinaria. La autora de este libro ha hecho su parte al escribirlo; ahora, depende de ti dar el siguiente paso.

Bienvenido a esta travesía. Prepárate para descubrir que, a veces, lo mejor que nos puede pasar no es lo que esperábamos, pero sí lo que realmente necesitamos.

Con admiración y gratitud,

Spencer Hoffmann

Introducción

Un giro inesperado

Hay momentos que marcan un antes y un después en nuestras vidas. En un instante, la vida que conocíamos se desvanece, y de repente, nos encontramos frente a un futuro que jamás imaginamos. Nos enfrentamos a un giro inesperado, una sacudida, una situación que no estaba en nuestros planes y todo cambia, nos encontramos de repente en un terreno desconocido.

Para mí, esa sacudida vino en forma de una sola palabra: **«cáncer».** Esa palabra tiene un peso que puede cambiar la vida en cuestión de segundos. Recuerdo el momento exacto en el que mi médico pronunció ese diagnóstico; fue como un balde de agua fría que sacudió cada rincón de mi ser. En ese instante, sentí cómo el suelo desaparecía bajo mis pies, y salí de la consulta en un estado de incredulidad, miedo y profundo desconcierto.

Todo lo que había dado por seguro se derrumbaba frente a mis ojos, mis planes, mis sueños, mi futuro, hasta la idea de quién era yo, se fragmentaron de golpe, todo parecía obscurecerse. Salí preguntándome **«¿por qué a mí?».** Quería encontrar respuestas, razones que explicaran este golpe que me daba Dios, la vida. Lo último que podía imaginar era que algo positivo pudiera salir de todo esto.

Afuera del consultorio, me esperaba mi mejor amigo. Al verme, me dio un abrazo lleno de calidez y presencia, un abrazo que me hizo sentir completamente sostenida en un momento de vulnerabilidad, en medio de tanta incertidumbre y emoción; ese abrazo fue un refugio inesperado. Sus brazos me envolvieron con fuerza, como si, sin necesidad de palabras, él entendiera todo lo que estaba sintiendo. Era un abrazo largo, sin prisas, que me recordaba que no estaba sola y que, sin importar lo que sucediera, había alguien a mi lado dispuesto a caminar conmigo en este proceso.

Fue un momento de consuelo profundo, donde el peso de mis emociones se diluyó, aunque fuera por unos instantes, y, de pronto, me dijo algo que nunca olvidaré: **«Esto es lo mejor que te va a pasar en la vida».** Abrí mis ojos, dejé de abrazarlo, me alejé de poco, lo miré con incredulidad, casi con enojo, sus palabras parecían una cruel broma, tenía ganas de gritarle, y le dije: «¿Cómo puedes ver esto como lo mejor?». No podía entender cómo alguien podría ver algo positivo en el diagnóstico de una enfermedad tan terrible y temida.

Él, con toda calma, me contestó que esto iba a transformar mi vida de una forma que jamás había imaginado y que tal vez bajo ninguna otra circunstancia lo haría, que esta sería la oportunidad de conectar con mi verdadera esencia y descubrir una fortaleza que quizás desconocía. Él sabía que, aunque el camino sería duro, este proceso de sanación y autodescubrimiento me brindaría una nueva perspectiva, ayudándome a reconectar conmigo misma, con mis prioridades y con lo que realmente importa.

Su mensaje no era sobre minimizar el dolor o la dificultad, sino sobre la gran oportunidad que la vida me estaba dando, porque este evento me iba a sacudir hasta la raíz, pero desde ahí también haría un cambio en todo mi ser y que impacta todo lo que yo hasta ese momento conocía, que tendría la gran oportunidad de construir una nueva versión de mí, una vida diferente.

Él lo veía desde una perspectiva muy personal y profunda, me confesó que él también había tenido que enfrentarse al cáncer y, desde su propio proceso, entendía que la enfermedad no solo cambia el cuerpo, sino que también transforma la forma en que uno ve la vida, las relaciones y el propósito. Como sobreviviente, él sabía que el dolor y el miedo inicial podían convertirse en una fuente de crecimiento y autoconocimiento. Para él, esta experiencia fue una especie de «**renacimiento**» que lo llevó a valorar cada instante y a encontrar sentido en las pequeñas cosas, y eso es lo que quería transmitirme. Sabía que, aunque difícil de ver en el momento, este camino podría traerme una transformación tan poderosa como la que él mismo había vivido.

Aunque en ese momento me costaba entenderlo, por mi dolor, esas palabras se quedarían conmigo, resonando en los días y meses que vendrían, como una semilla que en silencio iba a comenzar a germinar.

El diagnóstico fue un punto de quiebre, el inicio de una transformación que nunca imaginé. No fue un camino fácil ni lineal; fue una mezcla de subidas y bajadas, de esperanza y de retos constantes. Pero esa frase: **«Esto es**

lo mejor que te va a pasar en la vida», con el tiempo, se convirtió en una brújula. Fue la chispa que me hizo cuestionar todo lo que había dado por sentado y me llevó a emprender un viaje interior que cambiaría profundamente quién era.

Este libro no solo es un testimonio de mi batalla contra el cáncer, sino un mapa de transformación, un reflejo de cómo el dolor y el miedo pueden abrir puertas insospechadas hacia la sanación y el autodescubrimiento. No importa si tu desafío es una enfermedad, una pérdida, o un cambio que sacudió los cimientos de tu vida, incluso puede que tú seas un apoyo emocional para algún enfermo de cáncer o cualquier otro padecimiento o situación; mi esperanza es que aquí encuentres algo que te hable, que te inspire a descubrir tu propia fortaleza y a ver más allá de la tormenta.

La adversidad nos invita a mirar hacia adentro, a encontrarnos con partes de nosotros que quizá no habíamos explorado, y a darnos cuenta de que, aunque no podamos controlar lo que sucede, sí tenemos la capacidad de decidir qué hacemos con eso que nos está pasando y cómo vamos a enfrentarlo.

Te escribo estas palabras, no desde el abismo, sino desde la cima que construí con mis propias manos. No fue fácil, y no fue rápido. Hubo momentos de desesperación, enojo, y profundo dolor. Pero también hubo momentos de claridad, de aprendizaje, de gratitud inmensa por todo lo que esta experiencia me enseñó. Hoy puedo decirte con honestidad que el cáncer, aunque nunca lo habría elegido, fue lo mejor que me pasó en la vida.

Sé que suena extraño, incluso absurdo, pero es cierto. Esta enfermedad me llevó a cuestionarme todo: cómo vivía, qué era importante para mí, y cómo podía encontrar propósito incluso en medio del caos. Me enseñó a soltar, a perdonar, y a amarme de una forma que nunca antes había experimentado.

Y no necesitas pasar por un diagnóstico como el mío para emprender un camino hacia la transformación. La vida está llena de abismos: una relación que termina, un trabajo que pierdes, un sueño que se derrumba. Todos enfrentamos momentos que nos detienen en seco y nos obligan a mirar nuestra vida con nuevos ojos. Este libro no es solo mi historia; es una invitación para que tú también reflexiones sobre tu vida y descubras cómo puedes transformar tus tormentas en cimientos para algo más grande.

A lo largo de estas páginas, compartiré las lecciones que me ayudaron a sanar, no solo mi cuerpo, sino también mi mente y mi alma. Estas enseñanzas no son fórmulas mágicas ni atajos fáciles. Son herramientas que requieren práctica, paciencia y, sobre todo, compromiso contigo mismo. Pero te prometo que, si decides tomarlas y ponerlas en práctica, pueden cambiar tu vida de una forma que ni siquiera puedes imaginar.

Este no es un libro solamente sobre el cáncer. Es un libro sobre la vida. Sobre cómo enfrentar lo inesperado, cómo soltar lo que te pesa, y cómo encontrar propósito incluso en medio de la incertidumbre. No importa cuál sea tu abismo, lo importante es que tengas el valor de mirarlo de frente y decir: **«Estoy listo para subir».**

«Que mis aprendizajes, mis caídas y cada pequeño triunfo que viví puedan ser una guía para ti, un recordatorio de que, incluso en los momentos más oscuros, hay una salida y una oportunidad para renacer. No estás solo. Aunque no podamos evitar las tormentas, siempre podemos aprender a danzar bajo la lluvia y reconstruir, con las piezas que quedan, una versión de nosotros más fuerte, más sabia y más auténtica».

Antes de comenzar, quiero proponerte algo especial, que hagas un compromiso contigo mismo. Este libro será más que una lectura; será un espacio para reflexionar y descubrir herramientas para tu vida. Al firmar este ***compromiso,*** estarás haciendo un pacto de transformación personal, una promesa de abrazar tu proceso con apertura y determinación. Haz de esta carta un recordatorio de que, en cada paso, estás construyendo la mejor versión de ti mismo.

Un pacto personal de transformación

Cada viaje importante en la vida comienza con una decisión consciente de embarcarse en él. Este libro es una invitación a mirar hacia adentro, sanar y renacer. Al firmar este compromiso, estarás dando el primer paso hacia una nueva etapa de tu vida. No es una promesa de perfección, sino un compromiso con la autenticidad, la paciencia y el coraje de crecer.

Tómate un momento. Antes de seguir leyendo, reflexiona sobre lo que deseas lograr, sanar o cambiar en tu vida. Este compromiso es una declaración de intenciones, un acto de amor hacia ti mismo. Haz de esta carta un recordatorio tangible de que cada paso en tu camino importa.

Carta compromiso

Yo, ______________________________ [Nombre del lector], hoy elijo dar un paso importante en mi camino personal al embarcarme en este viaje de transformación con ***Esto es lo mejor que te va a pasar en la vida.*** Reconozco que este proceso es para mí, que mi crecimiento y bienestar son prioritarios, y me comprometo a recorrerlo con intención, honestidad y valentía.

Me comprometo a:

- Reflexionar y aplicar las lecciones o ejercicios de manera honesta y valiente.
- Abrazar mis emociones, pensamientos y comportamientos con compasión.
- Dedicar el tiempo necesario para profundizar en cada tema, sabiendo que este proceso requiere paciencia y amor propio.

Entiendo que la transformación no es un evento inmediato, sino un camino que construyo con cada pequeño paso. Acepto que habrá momentos desafiantes, pero me comprometo a avanzar, respetando mi propio ritmo y celebrando cada logro, por pequeño que parezca.

Con esta firma, reafirmo mi intención de honrar este proceso de transformación personal.

Firma: ____________________ Fecha: ____________________

¡¡¡Felicidades!!!

Al firmar esta carta, has dado un primer paso hacia un viaje de transformación y autodescubrimiento. Cada palabra en este libro tiene la intención de acompañarte, de recordarte que la sanación es posible y que, aunque el camino no siempre sea fácil, siempre hay luz al final. A veces, incluso en las experiencias más duras, se esconden lecciones que nos llevan a descubrir nuestra verdadera fortaleza.

Una invitación especial para ti

Este libro está diseñado para ser más que una lectura; es una herramienta para acompañarte en tu propio camino de transformación. Cada reflexión, ejercicio y práctica que encontrarás en estas páginas está pensado para ayudarte a conectar contigo mismo y construir una vida más plena y significativa.

Para sacar el mayor provecho de este viaje, quiero invitarte a buscar un cuaderno o diario que se convierta en tu *compañero de viaje*. Este será tu espacio personal, donde podrás capturar tus pensamientos, anotar tus aprendizajes y dar voz a tus emociones. Piensa en él como un refugio donde cada página refleja tu crecimiento y tus descubrimientos.

Elige un cuaderno que te inspire, uno que al verlo te invite a escribir y explorar. No importa su tamaño o diseño; lo importante es que resuene contigo y se sienta como un espacio seguro. Este «diario de viaje» será el lugar donde podrás realizar los ejercicios del libro y donde tus ideas y emociones encontrarán un hogar especial.

Con cada palabra que plasmes, estarás dando un paso gigante hacia una conexión más profunda contigo mismo. Al final de este proceso, tu diario será un testimonio único y personal de todo lo que has aprendido, creado y transformado. Tómate este tiempo como un regalo para ti, porque el tiempo que dedicas a estar contigo es el más importante, es la semilla que necesitas para tu amor propio.

¿Estás listo para comenzar este viaje hacia ti mismo?

Cada transformación inicia con un punto de quiebre, un momento inesperado que cambia el rumbo de todo. Mi historia no fue diferente: comenzó con una sacudida que me obligó a detenerme y mirar mi vida desde otra perspectiva. Pero antes de llegar a ese punto, casi siempre hay una cadena de decisiones, conscientes o inconscientes, que van construyendo el camino hacia ese instante. En el primer capítulo, te invito a conocer cómo fui construyendo esa situación que marcó el inicio de mi renacer.

Acompáñame y descubre cómo con mi historia puedes tú mirar la tuya con nuevos ojos, puedes encontrar en cada paso una oportunidad para crecer, sanar y transformar tu vida.

PARTE 1
Las tormentas que cambiaron todo

Capítulo 1: La caída y el punto de inflexión

Una vida en automático

La vida es aquello que te va sucediendo mientras estás ocupado haciendo otros planes.
John Lennon

Cuando vivimos en automático, nos convencemos de que no hay otra manera de hacerlo. La rutina, los compromisos y la inercia nos envuelven como una nube que no nos deja ver. Antes de que el cáncer sacudiera cada rincón de mi vida, yo vivía exactamente así: atrapada en un ritmo que me había atrapado, que estaba para todos, que hacía magia; con el tiempo, el dinero y los recursos, estaba convencida de que podía cumplir con todo y que era mi deber hacerlo.

En mi mente, me veía como una ***superwoman***, con muchos superpoderes, sentía que llevaba una capa invisible, pero en realidad, era solo una malabarista tratando de sostener un sinfín de responsabilidades. Mis días comenzaban antes de que el sol saliera, con una carrera rápida desde que sonaba el despertador, organizar mentalmente las prioridades del día, después, despertar a los niños, preparar desayuno, *lunch*, llevarlos con el tiempo medido a la escuela, llegar al trabajo de 8 a 10 horas, a veces más, resolver problemas, diseñar estrategias, cuidar todos los detalles. Mi agenda estaba llena de reuniones, plazos y decisiones. Cuando terminaba mi jornada laboral, otra comenzaba en casa. Ayudaba con tareas, preparaba cenas, lavaba ropa, acomodaba, limpiaba y, aunque me sentía agotada, hacía un esfuerzo por estar presente para mi familia. Era una rutina agotadora y, aunque intentaba mantenerlo todo en equilibrio, siempre había algo más que hacer, una expectativa más que cumplir.

Había dejado de ser una persona con sueños propios y me había convertido en una máquina que funcionaba para todos, menos para mí. Y lo peor es que, en medio de todo, ni siquiera me daba cuenta de cuánto estaba perdiendo.

Cada noche me iba a la cama tarde, agotada, con una lista interminable de pendientes rondando en mi cabeza. La imagen de poder con todo no solo me sostenía, sino que me atrapaba en una rueda que nunca dejaba de girar. A medida que los días pasaban, sentía que mi valor estaba atado a cuánto podía hacer, sin detenerme a preguntar si lo que hacía realmente me llenaba o era lo que yo deseaba.

La rutina que nos aleja de nosotras mismas

En la oficina, era la profesional eficiente que siempre cumplía con todo, no importaba sacrificar horas de comida o eventos de la escuela de mis hijos. En casa, era la madre que nunca pedía ayuda y que se encargaba de todo sola. Cada día era una batalla para evitar que las cosas se desmoronaran, pero en mi interior sabía que algo no estaba bien. Mi vida era un calendario de tareas, pero estaba vacía de propósito. Vivía impulsada por la inercia, sin detenerme a preguntarme si ese ritmo tenía sentido. Y si alguna vez lo hacía, el miedo al vacío me hacía mirar hacia otro lado.

Lo más difícil era reconocer que esta idea de ser una **«supermujer»** no era un triunfo, sino una trampa que me estaba alejando de mí misma. Vivía bajo la creencia de que detenerme era fracasar, que pedir ayuda era mostrarme débil. Pero la verdad era que cada día vivido en automático, me acercaba más a un punto de quiebre.

Muchas mujeres compartimos esta carga: la presión de ser todo para todos, de cumplir con las expectativas, de no fallar nunca. Lo que parece fortaleza, en realidad, nos agota y nos desconecta de lo que realmente importa: nosotras mismas. Y no nos damos cuenta de cuánto nos está costando hasta que llega ese momento que nos obliga a parar.

La idea de ser una **«superwoman»** no solo desgasta, sino que también tiene un impacto devastador en nuestra salud física y mental. Pero, para liberarnos de esta trampa, primero debemos reconocer que no tenemos que ser todo para todos, que no debemos cargar con el mundo en nuestros hombros. No es sostenible, ni necesario, ni saludable.

Hacer todo es lo opuesto a hacer lo importante.
Greg Mckeown

El costo de ser una *superwoman*: cómo impacta en tu salud física y mental.

Yo vivía convencida de que debía cumplir cada rol impecablemente, me esforzaba por ser la madre, amiga, compañera de trabajo y esposa ideal, todo al mismo tiempo. Y no solo lo hacía, sino que creía que este esfuerzo validaba mi valor y éxito personal. Mi grito de batalla era simple, pero agotador: «Yo puedo con todo, porque no sé rendirme».

Este «todo» también incluía el matrimonio, un espacio que con los años se volvió distante. Al principio, compartíamos la carga y los sueños, pero con el tiempo, terminó en un reparto desigual de responsabilidades. Sin darme cuenta, comencé a ser mamá soltera, estando casada, mi esposo se desconectaba cada vez más de nuestra familia y de cualquier tipo de responsabilidad.

Recuerdo noches en las que me quedaba despierta, escuchando el silencio de la casa, mientras él dormía profundamente. En esas noches, pensaba en las cuentas por pagar, en las citas del médico de los niños, pagar el colegio, en mi propio cansancio, y me preguntaba si alguna vez me escucharía realmente.

Me decía a mí misma que las cosas mejorarían, que era solo una etapa. Aguantaba en silencio, evitando el conflicto, convencida de que sería mejor mantener la paz. Pero en mi interior, algo sabía que me estaba perdiendo a mí misma.

Así pasaban los días, atrapada en esa carga invisible que tantas mujeres conocemos. Vivimos en un mundo que aplaude a quienes lo hacen todo, donde el agotamiento se convierte en un símbolo de éxito. Al principio, este papel puede sentirse como una medalla de honor. Nos da orgullo, autosuficiencia, reconocimiento social y la satisfacción de la productividad. Pero, con el tiempo, lo que parece ser nuestra mayor fortaleza se convierte en una carga insostenible.

La presión constante de ser todo para todos tiene un costo, y no es solo emocional. Las estadísticas son claras: mujeres que enfrentan altos niveles de estrés crónico tienen un mayor riesgo de sufrir depresión, problemas cardíacos e incluso una menor esperanza de vida. Y, sin embargo, el 65 % de ellas no piden ayuda, temiendo ser vistas como menos capaces. Este silencio, este intento de sostenerlo todo sin derrumbarse, nos lleva al borde del colapso. Yo lo viví. Pensé que una taza extra de café podría solucionar mi cansancio, pero aprendí, de la manera más difícil, que ni todo el café del mundo puede sostener a una supermujer en crisis.

El estrés continuo no solo desgasta; también nos desconecta de nosotras mismas. Nos olvidamos de lo que realmente queremos, de lo que necesitamos para sentirnos vivas. Y lo peor es que muchas veces ni siquiera nos damos cuenta hasta que es demasiado tarde. Mi diagnóstico de cáncer fue mi llamada de atención. Fue el aviso de que mi cuerpo no podía más, de que todo lo que estaba haciendo, en algún momento iba a impactar mi vida y el precio sería demasiado alto.

El estrés continuo y la autoexigencia extrema tienen consecuencias muy reales. La Asociación Americana de Psicología (APA) y otros estudios sugieren que el estrés crónico puede reducir la esperanza de vida en hasta 2.8 años en mujeres que reportan niveles de estrés laboral y personal elevados. Además, las mujeres que experimentan un estrés elevado durante largos períodos tienen un 33 % más de riesgo de sufrir depresión y un 25 % más de probabilidad de sufrir problemas cardíacos.

Aunque el «síndrome de la Superwoman» se asocia principalmente con mujeres, los hombres también enfrentan presiones similares. Estudios han demostrado que ellos, especialmente en roles de alta exigencia laboral o familiar, experimentan niveles significativos de estrés y desgaste físico. La expectativa de ser proveedores y pilares de fortaleza emocional puede llevar a problemas como ansiedad, insomnio y enfermedades cardiovasculares. Reconocer que el equilibrio es necesario, tanto para mujeres como para hombres, es clave para evitar que estas cargas se vuelvan insostenibles.

Es fácil caer en este tipo de círculo, pensando que es temporal, que «cuando pase esta semana» habrá tiempo para descansar. Pero esta cadena de compromisos interminables suele perpetuarse, y lo que podría haber sido un pequeño respiro no llega nunca.

¿Te has sentido así alguna vez? ¿Como si llevas más de lo que puedes cargar, pero no sabes cómo detenerte? Si es así, quiero invitarte a hacer una pausa. Este puede ser el momento de reconocer el peso que llevas y preguntarte si hay espacio para ti en esa lista de prioridades. Porque no necesitas una crisis de salud para empezar a priorizarte. El primer paso es darte cuenta de que no tienes que ser todo para todos.

Quiero compartir contigo un ejercicio práctico que puede ayudarte a liberarte del «síndrome de la Superwoman o Superman» y encontrar un equilibrio más saludable. Porque el verdadero éxito no está en cuánto haces, sino en cómo vives.

Ejercicio: redefinir prioridades y practicar el «NO»

Este ejercicio está diseñado para ayudarte a identificar tus prioridades reales y a poner límites de forma saludable, permitiéndote soltar la necesidad de ser «súper» en todos los aspectos de tu vida.

Paso 1: Haz una lista de todo lo que haces en el día

Tómate unos minutos para escribir una lista de todas las actividades y responsabilidades que tienes en un día típico. Incluye desde tareas grandes (trabajo, cuidado de los hijos, manejo de la casa) hasta pequeñas cosas que sueles hacer sin pensar (responder mensajes, coordinar reuniones, hacer las compras, etc.).

Paso 2: Clasifica tus actividades en tres categorías

Revisa tu lista y clasifica cada actividad en una de estas tres categorías:

Obligatorio e importante: aquellas actividades que realmente son esenciales y que solo tú puedes hacer.

Importante pero delegable: actividades que son importantes, pero que podrían ser realizadas por alguien más o no requieren tu atención constante.

Opcional o innecesario: actividades que no son imprescindibles y podrían ser eliminadas o reducidas.

Ejemplo:

Obligatorio e importante	Importante pero delegable	Opcional o innecesario
Cuidado de la salud personal	Compras del supermercado	Revisar redes sociales sin propósito definido
Tareas esenciales del trabajo o negocio	Gestión de trámites administrativos	Actividades de ocio que no aporten valor personal
Tiempo de calidad con la familia	Organización de eventos menores	Tareas que puedan postergarse sin impacto

Paso 3: Practica el «NO» amable

Una vez que has identificado las actividades delegables y las innecesarias, elige al menos una de cada categoría a la que le dirás «no» durante la semana. Para esto, escribe una pequeña frase que podrías usar para poner un límite amable. Ejemplos:

Gracias por pensar en mí, pero no podré hacerlo esta vez.

Me encantaría ayudar, pero ya tengo un compromiso.

Paso 4: Agenda un tiempo de autocuidado

En el tiempo que ahora tendrás libre, incluye una actividad de autocuidado. Puede ser algo tan simple como leer un libro, meditar, hacer ejercicio, o disfrutar de una actividad que te guste. Agenda este tiempo de la misma forma que harías con cualquier compromiso importante.

Paso 5: Los resultados

Al final de la semana, anota en tu «diario de viaje» o un cuaderno cómo te sentiste al poner límites y qué descubriste al darte permiso para no hacer todo. Reflexiona sobre cómo afectó tu energía, tu ánimo y tus relaciones. Pregúntate:

«¿Qué me sorprendió de este ejercicio?».
«¿Sentí algún alivio al decir «no» a ciertas actividades?».
«¿Cómo se sintió darme tiempo para mí misma?».

Reflexión

Este ejercicio no solo te ayuda a romper con la mentalidad de la «supermujer», o «superhombre», sino también a reconocer que tu tiempo y energía son valiosos. A medida que practicas delegar y decir «no», fortalecerás la habilidad de priorizarte sin sentir culpa, y recordarás que está bien ser humano y no «súper» todo el tiempo.

A medida que comencé a liberar la carga del «síndrome de la Superwoman», me di cuenta de que no solo se trataba de aprender a delegar tareas o de cuidar mejor de mí misma. Había aspectos más profundos que también necesitaban atención, heridas invisibles que no podían sanar si continuaba ignorándolas.

Una de esas heridas estaba en mi matrimonio. Por mucho tiempo, había asumido el papel de proveedora que había aceptado en silencio y lo veía normal; trataba de mantener una familia unida, solo por los hijos, aguantando el peso de la rutina, la responsabilidad financiera y el abuso emocional. Mi corazón estaba gritando que algo tenía que cambiar.

Fue en este punto donde me enfrenté a una de las decisiones más difíciles de mi vida. Porque, aunque la separación puede parecer un fracaso a los ojos de muchos, para mí fue un acto de amor propio y para mis hijos. Reconocer que nuestra relación ya no nos hacía bien, no solo fue un desafío emocional, sino también un momento clave en mi proceso de transformación.

Te compartiré cómo tomé la decisión de separarme y cómo ese paso marcó el inicio de una vida más auténtica. Porque a veces, para sanar, necesitamos soltar no solo roles, sino también relaciones que ya no están alineadas con quienes somos, que pueden dañarnos y enfermar nuestro ser.

Intenta todo, hasta lo imposible, para salvar un matrimonio; pero si ya lo intentaste todo y no funciona, despedirse puede ser el acto más sabio y valiente.
Anónimo

La separación: una decisión necesaria

La decisión de separarme fue dolorosa, pero necesaria. Había días en los que me decía a mí misma que debía quedarme, que luchar por el matrimonio era lo correcto, sobre todo por mis hijos. Pero también había momentos en los que sentía que ya no podía soportar la carga sola, toda la responsabilidad y sin obtener ayuda de ningún tipo. Yo sabía que, si no hacía algo, terminaría perdiéndome a mí misma. Después de muchos intentos fallidos, finalmente, un día me dije que merecía algo mejor, que merecía la oportunidad de encontrar paz y, aunque me aterraba enfrentar la vida sola, entendía que ese era el camino hacia mi propia felicidad.

Después de tomar todas las fuerzas necesarias, se lo anuncié al padre de mis hijos, era de esperar que él no lo tomara de la mejor manera, después de un proceso muy complicado y largo. Esta decisión me dejó en un rol de proveedora aún más marcado. La responsabilidad económica y emocional recaía completamente sobre mí, y eso me llenaba de ansiedad. Me preocupaba no poder cumplir con todo, pero sentía que esta era la única manera de encontrar algo de paz y reencontrarme conmigo misma.

A veces, la decisión más valiente es también la más difícil. Cuando tomamos el control de nuestra vida y decidimos alejarnos de una situación que nos lastima, estamos afirmando nuestra propia valía. Pero esa afirmación no viene sin dudas ni miedos. Aprender a escucharnos y a respetarnos es un acto de amor propio que requiere tiempo y paciencia.

Proveedora: una carga y una lucha constante

La estabilidad financiera y del bienestar de mis hijos se convertía en una fuente constante de estrés. Cada día era una carrera para cumplir con todas mis responsabilidades, y cada noche, un momento de soledad y dudas. Había días en los que sentía que no podía más, que el cansancio y la presión me estaban consumiendo.

Este rol me enseñó a adaptarme y sobreponerme con rapidez, pero también a entender que la resiliencia no significa soportar todo sin pedir ayuda. Muchas mujeres en mi situación sienten que deben ser fuertes por sus familias, pero esa fuerza muchas veces se confunde con el aislamiento. Aprendí que reconocer mis limitaciones no era un fracaso, sino un acto de amor propio.

Aprender a compartir la carga y pedir ayuda no me hizo más débil; me hizo más humana.

La rutina como refugio y prisión

Mirando hacia atrás, me doy cuenta de que mi rutina era más que una lista interminable de tareas. Era un refugio, una manera de evitar lidiar con mis emociones y el peso de mis decisiones. Mientras más me ocupaba con el día a día, menos tiempo tenía para enfrentar mis miedos, mi tristeza, o incluso la posibilidad de replantear mi vida. Era como si estuviera atrapada en un bucle, funcionando como una máquina sin propósito real.

La rutina nos ofrece la ilusión de control, pero también puede ser una prisión. Nos distrae de lo que realmente importa y nos impide ver con claridad lo que necesitamos para sanar. Vivir en automático puede parecer una solución temporal, pero no resuelve el problema de fondo; solo lo posterga.

Me tomó tiempo darme cuenta de que detenerme no era un signo de debilidad, sino un acto de valentía.

Una invitación a reconectar

Si alguna vez te has sentido atrapado en el estrés y la rutina, quiero invitarte a dar un pequeño paso hacia la conexión contigo mismo. A veces, todo lo que necesitamos son cinco minutos para detenernos y escuchar lo que nuestro cuerpo, mente y corazón nos están diciendo.

Prueba este ejercicio sencillo, al que llamo el **«*Check-in* de los sentidos»:**

1. **Encuentra un momento de quietud:** toma una pausa en tu día. No necesitas un lugar perfecto ni absoluto silencio, pero intenta desconectarte por un momento de tus tareas. Si puedes, busca un lugar donde te sientas cómodo y tranquilo.
2. **Respira profundamente:** cierra los ojos, si lo deseas, y respira profundamente tres veces. Siente cómo el aire entra y sale de tu cuerpo, permitiendo que cada respiración te relaje un poco más y te ancle al presente.
3. **Abre los ojos y, uno a uno, lleva tu atención a cada uno de tus sentidos.**

   - **Vista:** identifica cinco cosas a tu alrededor. Observa sus colores, formas y texturas. Nota detalles que normalmente ignorarías, como las sombras, los matices de luz o las pequeñas imperfecciones que los hacen únicos.
   - **Oído:** escucha cuatro sonidos distintos. Detente a notar el ruido del ambiente: tal vez el murmullo de personas, el zumbido de un electrodoméstico, o incluso tu propia respiración. Cierra los ojos brevemente si esto te ayuda a enfocarte mejor.
   - **Tacto:** toca tres objetos cercanos y presta atención a su textura, temperatura y peso. Siente cada objeto como si lo tocaras por primera vez.
   - **Olfato:** busca dos olores en tu entorno. Tal vez el aroma de una bebida, una planta cercana o incluso el perfume que llevas. Si no detectas ningún olor fuerte, toma un objeto que puedas oler deliberadamente, como una fruta o una vela.
   - **Gusto:** finalmente, identifica un sabor. Si tienes algo a la mano, como una bebida, una fruta o incluso un caramelo, prueba un pequeño bocado. Concéntrate en los matices: ¿es dulce, ácido, amargo

o salado? Deja que el sabor inunde tu boca y percibe cómo cambia con el tiempo.

Después de este ejercicio, nota cómo te sientes. ¿Tu mente está más clara? ¿Sientes tu respiración más calmada? Este pequeño momento es tuyo, un respiro en medio de la agitación diaria.

Algunos de los beneficios de hacer este ejercicio:

- **Reduce el estrés:** al centrar tu atención en el presente, tu cuerpo se relaja y la mente se desconecta de preocupaciones.
- **Incrementa la consciencia plena:** te ayuda a estar más presente, percibiendo tu entorno y tus emociones con claridad.
- **Interrumpe pensamientos negativos:** este ejercicio corta el flujo de pensamientos repetitivos o automáticos, dándote un momento de serenidad.
- **Fomenta el autocuidado:** dedicarte unos minutos para reconectar contigo mismo es un acto de amor propio que refuerza tu bienestar.

Después de hacer el *check-in* de los sentidos, espero que hayas encontrado un momento para respirar, para observarte y quizá notar que, más allá de las prisas y las responsabilidades, también existes tú. Esa pausa intencional es un recordatorio de que no tenemos que vivir en automático y que merecemos nuestro propio tiempo y espacio.

Porque la vida tiene su propio cronograma para enseñarnos las lecciones que nos resistimos a aprender, y esas enseñanzas no siempre llegan como suaves susurros. Para mí, los «recordatorios» fueron más bien sacudidas, de esas que te obligan a despertar, quieras o no.

Aquí comienza un capítulo diferente en mi vida. Después de años llevando el peso de todo y de todos, de terminar con un matrimonio desgastado y de aferrarme a la creencia de que podía con todo, la vida me mostró, de manera inesperada y contundente, que no siempre estamos al mando.

Esta vez, el viaje ya no se trataba de ajustar mi rutina o aprender a hacer pausas, sino de enfrentarme a todo lo que había evitado. Fue una tormenta que me despojó de certezas, que puso a prueba todo lo que creía ser, y que, aunque parecía devastadora, también me ofreció un camino hacia algo más profundo.

Después de cargar con responsabilidades que parecían interminables, enfrentar una separación que me obligó a redescubrirme y pensar que lo más difícil había quedado atrás, la vida tenía otros planes. Había cambiado algunas cosas externas, pero no había mirado dentro. Y las heridas que había acumulado —heridas de rechazo, abandono, y expectativas no cumplidas— seguían esperando su momento para salir a la superficie. Ese momento llegaría pronto.

Las tormentas del alma no siempre llegan con relámpagos visibles; a veces, se presentan como un vacío que no sabemos llenar o como emociones que evitamos enfrentar. Para mí, estas tormentas fueron un llamado urgente a mirar hacia adentro, a enfrentar mis propios fantasmas y a comenzar un proceso de sanación que iba mucho más allá de lo superficial.

En el próximo capítulo, te invito a explorar ese territorio invisible que todos llevamos dentro: el peso de las heridas no sanadas. Porque sanar no se trata solo de cambiar lo externo, sino de reconciliarnos con lo que llevamos en el corazón. ¿Estás listo para dar ese paso hacia lo profundo? Acompáñame en este viaje, donde las tormentas no son el final, sino el principio de algo nuevo.

Capítulo 2: Las tormentas del alma

El peso de las heridas no sanadas

Las emociones reprimidas nunca mueren. Son enterradas vivas y salen más tarde de peores formas.
Sigmund Freud

La vida tiene una manera peculiar de ponernos a prueba, de forzarnos a confrontar nuestros miedos más profundos y de enfrentarnos con esas partes de nosotros mismos que preferiríamos no ver. Es como si tuviera un contrato secreto para sacudirnos justo cuando menos lo esperamos. Para mí, ese contrato entró en vigor cuando una serie de eventos, y no precisamente agradables, comenzaron a aparecer en mi camino. El diagnóstico de cáncer no fue un rayo caído de la nada, aunque así se sintió al principio. Fue más bien el último trueno de una tormenta que ya llevaba tiempo gestándose, meses en los que mi vida, honestamente, ya se sentía como un caos. Esa noticia fue el golpe más fuerte, sí, pero, al mirar atrás, veo que fue el desenlace de muchas pequeñas sacudidas que mi cuerpo y mi alma llevaban soportando desde hacía tiempo.

Una herida inesperada

Meses antes de que me diagnosticaran, ya estaba lidiando con uno de los momentos más desgarradores de mi vida: el fin de mi matrimonio y las secuelas emocionales que esto trajo. La decisión de separarme no fue sencilla, pero era una que necesitaba tomar para encontrar estabilidad mental y emocional, tanto para mí como para mis hijos. Llevaba años en un matrimonio que se había vuelto insostenible y pensé que, al dar este paso, todos podríamos encontrar un nuevo equilibrio. Al separarme, asumí que mis hijos querrían estar conmigo, que ellos también sentían la necesidad de ese cambio. Sin embargo, al recogerlos tras unas vacaciones en casa de sus abuelos, me encontré con una sorpresa desgarradora: solo me entregaron a mi hijo mayor. El mediano, me dijeron, había decidido quedarse con su padre.

Es un golpe que cuesta describir. En mi mente, los tres estarían conmigo, porque para mí eso era natural. La idea de que uno de mis hijos eligiera estar con su padre y no conmigo me hizo cuestionarme como madre, como persona. Me dejó una herida profunda, una sensación de pérdida que no sabía cómo sanar. Días después, cuando el proceso legal se intensificó y vi a mi hijo en el juzgado declarando que no quería vivir conmigo, sentí que mi mundo se derrumbaba. Era un niño pequeño, quizás confundido, quizá influenciado, y yo, al verlo, me sentí vacía, como si algo dentro de mí se hubiera quebrado para siempre. Los días que siguieron fueron duros, tratando de mantenerme entera para mis otros hijos, pero sintiéndome cada vez más desgastada, física y emocionalmente.

La salud no lo es todo, pero sin ella, todo lo demás es nada.
Arthur Schopenhauer

La ilusión de la salud

Unas semanas antes de esta situación en el juzgado, mi compañía me había pedido realizar un chequeo médico de rutina. Todo salió bien, eso reflejaban todos los estudios que me había realizado.

A pesar de la tensión emocional, física y mental, me encontraba sin síntomas que sugirieran lo contrario. Salí de ese chequeo con la tranquilidad de que, al menos en salud, estaba todo en orden.

Pero todo iría cambiando poco a poco, justo después del fallo en el juzgado, comencé a notar una incomodidad que parecía ser como una infección que ya conocía, porque me había sucedido antes. Mi ginecóloga estaba de viaje, así que acudí al médico que mi madre me recomendó. Su clínica tenía una promoción para un chequeo más exhaustivo, y como toda mujer, no pude resistirme a la oferta, por lo que decidí aprovecharla.

Esperaba escuchar el típico «todo está bien», en cambio, escuché las palabras que hicieron que mi mundo se detuviera. «Hemos encontrado un nódulo en su seno izquierdo». Todo a mi alrededor se detuvo, y sentí cómo el miedo se abría paso en mi pecho, como un frío que me recorrió de pies a cabeza. Esa certeza de salud que había sentido hace apenas unas semanas se esfumó. El doctor me explicó que un nódulo podía ser cualquier cosa, desde grasa hasta un tejido inofensivo, pero en mi mente, ya se había encendido un foco rojo.

Me recetó un tratamiento para ver si el nódulo desaparecía y me pidió que volviera en un mes. Ahora, mirando hacia atrás, comprendo cómo las tensiones emocionales comenzaron a manifestarse físicamente. Era como si el cuerpo, cansado de tanto aguantar, finalmente estuviera mandando señales. Diversos estudios muestran que el estrés emocional puede contribuir al desarrollo de enfermedades. Aunque no hay una causa directa, es innegable que las emociones y nuestro sistema inmunológico están íntimamente ligados.

A veces, el cuerpo nos habla antes que la mente, y la forma en que vivimos y sentimos se acumula como esas cuentas sin pagar que, eventualmente, hay que atender.

Cuando pensamos en las causas del cáncer, a menudo nos enfocamos en factores físicos: la genética, la exposición a sustancias químicas, la radiación y el estilo de vida. Si bien estos son aspectos importantes, hay una dimensión que frecuentemente se pasa por alto: **las emociones.**

Estudios recientes han comenzado a investigar cómo las emociones no resueltas, el estrés crónico y los traumas pueden contribuir al desarrollo del cáncer. Un artículo en la revista *Psycho-Oncology* reveló que las personas que experimentan altos niveles de estrés emocional y ansiedad tienen un riesgo significativamente mayor de desarrollar ciertos tipos de cáncer. Pero ¿por qué? Cuando estamos bajo estrés, nuestro cuerpo entra en un estado de alerta constante. Esta respuesta, diseñada para protegernos, puede debilitar nuestro sistema inmunológico si se mantiene por períodos prolongados.

Imagina que tu cuerpo es como un coche en el que constantemente se presiona el pedal del acelerador. Si mantienes ese acelerador a fondo durante demasiado tiempo, el motor se sobrecalienta y eventualmente falla. De igual manera, el estrés constante puede llevar a un debilitamiento del sistema inmunológico, haciéndonos más vulnerables a enfermedades, incluido el cáncer. Esta conexión mente-cuerpo no es solo un concepto; es una realidad científica.

Te invito a reflexionar por un momento. ¿Alguna vez has sentido que tu cuerpo te está hablando cuando estás estresado? Tal vez te duele el estómago antes de una presentación o sientes que tu corazón late más rápido en momentos de ansiedad. Esto no es solo una coincidencia. La conexión mente-cuerpo es real y poderosa. Cada emoción que experimentamos tiene un impacto en nuestro bienestar físico. La tristeza, la ira y el miedo pueden manifestarse no solo en nuestro estado mental, sino también en nuestra salud física.

La investigación muestra que las personas que enfrentan dificultades emocionales sin procesarlas adecuadamente tienen un 60 % más de probabilidades de desarrollar enfermedades crónicas, incluido el cáncer. Estos números no son solo estadísticas frías; son recordatorios de la importancia de cuidar no solo nuestro cuerpo, sino también nuestra mente y nuestro corazón.

Un dato que puede sorprenderte es el hallazgo del Dr. O. Carl Simonton, quien fue pionero en la investigación sobre la conexión entre la psicología y el cáncer. Simonton descubrió que alrededor del 80 % de los pacientes con cáncer habían experimentado algún tipo de trauma emocional significativo antes de su diagnóstico. Este hallazgo no significa que el cáncer sea «culpa» de esos traumas, sino que sugiere que hay una interconexión que debemos explorar y comprender.

¿Cuándo fue la última vez que prestaste atención a lo que sientes, a lo que tu cuerpo intenta decirte? Quizás es momento de hacer una pausa y escuchar esas señales, de cuidar tanto tu salud física como emocional. Y, de paso, tomarnos un respiro. Porque, al final del día, incluso los superhéroes necesitan descansar de vez en cuando, ¿verdad?

Antes de continuar, quiero proponerte un ejercicio que me ayudó muchísimo en este proceso de autoconocimiento y sanación emocional. Uno de los aprendizajes más valiosos fue comprender el poder que tienen nuestras emociones que expresamos a través de las palabras y pensamientos sobre nuestra experiencia. Leyendo el trabajo de Louise Hay, descubrí que a través de afirmaciones positivas podemos empezar a soltar miedos, resentimientos y emociones atrapadas. Es como un bálsamo para el alma; permite que el peso emocional que llevamos se disuelva, poco a poco.

Regálate un momento para ti mismo, un espacio de paz en el que puedas liberar esos pensamientos y emociones que, sin darte cuenta, llevas dentro. A veces, cargamos sentimientos de tristeza, enojo o resentimiento que, poco a poco, van pesando en nuestro cuerpo. Este ejercicio de liberación emocional es una oportunidad para soltar, para dejar ir, y abrir un espacio en tu vida para la paz y el amor propio.

¿Qué necesitas?

Solo cinco minutos de tranquilidad, una mente abierta y, si quieres, puedes hacer el ejercicio en silencio o repitiendo afirmaciones en voz baja. Permítete conectar con tus emociones y, con cada palabra, deja que esa carga emocional se libere poco a poco.

Ejercicio de liberación emocional con afirmaciones

Este ejercicio es una forma de liberar las emociones y el dolor que llevas dentro y reemplazarlos por pensamientos de paz, amor y sanación. Las afirmaciones positivas que usaremos son palabras amables, poderosas, que ayudarán a tu mente, a tu cuerpo a dejar ir aquello que te pesa y a permitir que entren pensamientos y emociones renovadoras.

Instrucciones:

1. **Encuentra un espacio tranquilo y cómodo.** Siéntate en un lugar donde te sientas a gusto y sin distracciones. Puede ser en una silla, en el sofá, o incluso en la cama. Asegúrate de estar cómoda para que puedas concentrarte en este momento de sanación.
2. **Respira profundamente y relájate.** Cierra los ojos y toma tres respiraciones profundas, inhalando por la nariz y exhalando por la boca. Con cada exhalación, imagina que estás soltando cualquier tensión o preocupación. Siente cómo tu cuerpo y mente comienzan a relajarse. Repite estas respiraciones hasta que sientas que estás más tranquilo.
3. **Conéctate con las emociones que deseas liberar.** Lleva tu atención hacia dentro y pregúntate: «¿Qué emociones o pensamientos quiero soltar hoy?». No te juzgues por lo que sientes. Simplemente, observa lo que aparece en tu mente, ya sea tristeza, enojo, resentimiento o cualquier otra emoción que sientas que te pesa.
4. **Visualiza la emoción y dale una forma o color.** Imagina esa emoción como si fuera una nube, un objeto o un color en tu cuerpo. Si la tristeza, el miedo o el enojo tienen un lugar específico en tu cuerpo (como el pecho, el estómago o los hombros), trata de visualizar esa emoción concentrada allí. Dale un color o una forma si te ayuda a visualizarla mejor.
5. **Repite afirmaciones de liberación y sanación.** Ahora, en voz baja o mentalmente, repite las siguientes afirmaciones, o elige aquellas que resuenen contigo. Las afirmaciones son frases amables que le hablan a tu

corazón y a tu mente, ayudándote a dejar ir lo que te lastima y a llenarte de pensamientos positivos:

- «Estoy dispuesto a liberar todo el dolor que viene del pasado».
- «Me perdono y perdono a quien me haya hecho algún mal. Libero con amor».
- «Hoy decido soltar lo que no nutre mi vida y dar la bienvenida a lo que me fortalece».
- «Soy digno de vivir en paz y armonía, y permito que estas emociones fluyan en mi vida».
- «Mi corazón está abierto a la sanación y recibo con gratitud la paz que llega a mí».
- «Cada día avanzo con confianza en mi proceso de sanación, sintiéndome más ligero y pleno».

Puedes repetir cada afirmación varias veces, dejando que sus palabras entren en tu corazón. Imagina que, con cada repetición, la emoción o el dolor se disuelven poco a poco.

6. **Imagina la sanación llenando tu cuerpo.** Cierra tu ojos y visualiza que, al liberar dolor o las emociones, tu cuerpo comienza a llenarse de una luz cálida y suave. Esta luz puede ser del color que tú elijas. Imagina que esta luz cubre el espacio donde sentías la emoción negativa, trayéndote paz, alivio y una sensación de libertad.
7. **Repite una afirmación final de amor y gratitud.** Para terminar el ejercicio, repite una afirmación de cierre que te llene de amor y gratitud. Puedes decir algo como:

   - «Honro a mi cuerpo y mi corazón por regalarme este espacio de calma y renovación».
   - «Elijo amarme y abrazar cada parte de mi ser, valorando mis emociones y experiencias como parte de mi camino».

8. **Toma una respiración profunda.** Cuando sientas que has terminado, abre los ojos lentamente. Toma una última respiración profunda y permite que tu cuerpo sienta la calma y la paz que has cultivado.
9. **Escribe en un diario de viaje (opcional).** Si te sientes cómoda, toma tu cuaderno y escribe unas palabras sobre lo que experimentaste en el ejercicio. Puedes anotar cómo te sientes, qué emociones liberaste o simplemente escribir una palabra de agradecimiento. Esto te ayudará a reflejar el proceso y a registrar tu progreso a lo largo del tiempo.

Recuerda que liberar emociones es un proceso que lleva tiempo. Este ejercicio es solo un paso hacia tu sanación emocional. Cada vez que lo necesites, puedes volver a él y usar estas afirmaciones para encontrar paz y amor dentro de ti misma. Con este ejercicio, estás sembrando pensamientos de sanación y paz que te ayudarán a vivir con mayor bienestar y libertad emocional.

Sin embargo, sanar internamente no significa que las tormentas externas desaparezcan de inmediato. La mía seguía ahí, esperando. Aunque el nódulo detectado aún era una incógnita, no podía evitar que los pensamientos me invadieran: «¿Y si es algo grave? ¿Y si es maligno?».

Pasaron los días, y aunque intentaba mantenerme ocupada, el miedo siempre estaba presente, acechando en los momentos de silencio. Mi mente jugaba con las posibilidades, y aunque intentaba calmarme repitiendo las palabras del médico —«puede no ser nada»—, algo en mi interior parecía saber que este capítulo no sería tan fácil de cerrar.

No podemos cambiar el viento, pero sí ajustar las velas.
Aristóteles

El temor confirmado

Después de un mes de tratamiento, llegó el momento de volver al consultorio para una revisión. Y esta vez, la tranquilidad de mi primera visita ya no estaba conmigo; una sensación inquietante me acompañaba, una de esas que te dice: «Aquí hay algo que no está bien». Cuando el doctor revisó los resultados, su expresión se volvió seria y, con ese tono de voz que uno nunca quiere escuchar en un médico, me dijo que el nódulo seguía ahí y, para empeorar la noticia, había crecido. Apenas unos meses antes me habían dicho que mi salud estaba en perfecto estado. ¿Cómo era posible que ahora estuviera en medio de este torbellino de incertidumbre?

Fue en ese momento cuando comprendí que esto debía tomarse en serio. Así que llamé al oncólogo que había tratado a mi madre años atrás, le conté lo que pasaba, y la urgencia con la que me pidió que fuera de inmediato dejó claro que esto no era algo que podía aplazar. Al entrar a su consultorio, me sentí invadida por una mezcla de miedo e incredulidad; era como estar en una película dramática de la que no pedí ser protagonista.

La montaña rusa de los estudios médicos

Cada paciente con cáncer sabe que el proceso de hacerse estudios, uno tras otro, se convierte en una serie de momentos tensos, interminables y emocionalmente agotadores. Para mí, esta etapa fue como un carrusel de emociones.

La ansiedad comenzó a rondarme desde ese primer hallazgo. La incertidumbre es como una sombra que se cierne sobre ti. Cada visita al médico, cada examen y cada espera por los resultados eran momentos de silencios largos y pensamientos ruidosos, esos en los que la mente juega a imaginar escenarios. ¿Qué pasaría si los resultados fueran malos? Esa era la pregunta que rondaba siempre. Y mientras estaba ahí, en la sala de espera, podía sentir cómo la mente se dejaba llevar por los «¿y sí…?», como si la mente misma quisiera preparar un guion de todas las posibles respuestas antes de escucharlas.

El desgaste emocional de tantas visitas, tantas consultas y tantas explicaciones médicas empezó a pesar. Iba de un lugar a otro, una clínica a la otra, buscando respuestas en una secuencia que parecía infinita. La espera de cada resultado se sentía como una cuenta regresiva de esas que nunca termina, y me dejaba sin energía para lo demás. Llegaba a casa sin fuerzas, agotada tanto por el esfuerzo físico como por la carga emocional.

Y claro, el miedo. No solo al dolor físico, aunque, siendo sincera, esa parte también me aterraba. La incertidumbre sobre el diagnóstico me obligaba a enfrentar un temor aún más profundo: la posibilidad de que la enfermedad fuera algo serio o, peor, que pudiera estar muy avanzado y sin remedio. Era como si ese miedo a lo terrible estuviera ahí, como una nota de fondo, esperando a recordarme que este no era solo un susto pasajero.

A medida que los estudios se acumulaban, también lo hacía la frustración. Parecía que me había quedado atrapada en un ciclo de pruebas, resultados y el seguro médico que nunca llegaban a una conclusión clara. Me frustraba sentir que estaba en una especie de limbo, donde la vida parecía seguir avanzando a mi alrededor, mientras yo permanecía atrapada en la misma pregunta: «¿Qué está pasando en mi cuerpo?». Cada día que pasaba sin una respuesta concreta se sentía como una derrota, y en esos momentos la desesperanza me visitaba como una compañera silenciosa y constante.

Recuerdo que uno de los estudios que debía realizarme era una tomografía de contraste, que es un tipo de tomografía computarizada (TC) que utiliza un medio de contraste, generalmente yodado, para resaltar ciertas áreas del cuerpo, como vasos sanguíneos, órganos y tejidos específicos. Facilitando a los médicos detectar anomalías como tumores, infecciones, inflamación o problemas en los vasos sanguíneos.

Cuando me prepararon para el estudio, me dijeron que podría experimentar una sensación de calor o ardor que se extiende rápidamente por el cuerpo. Esta sensación es completamente normal y dura solo unos segundos. Sin embargo, la sensación fue mucho más extraña e inesperada: el líquido provoca una sensación de calor en el cuerpo, haciendo que sientas como si te estuvieras haciendo pipí, lo cual resulta desconcertante cuando no tienes esa información anticipadamente.

Es un detalle que muchos pacientes desconocen y que añade un grado de incomodidad y ansiedad en un proceso que ya de por sí es difícil de manejar. Por lo que se vuelve indispensable preguntar y asegurarse de todo lo que puedes sentir o pasar.

Antes de recibir un diagnóstico definitivo, enfrenté cada examen y cada visita al médico sin el apoyo de mi familia. No quería preocupar a mis seres queridos hasta tener respuestas claras, y en el fondo, me decía que podía manejarlo sola. Pero ahora, mirando hacia atrás, entiendo el peso que esa soledad agrega en un momento ya de por sí desafiante.

Muchos pacientes, como yo, pueden sentir que es mejor proteger a sus seres queridos del estrés de las dudas y las consultas interminables, o quizá creen que mantener cierta independencia les dará fortaleza. Sin embargo, aprendí que enfrentar esta montaña rusa emocional acompañada es mucho más llevadero. La carga de la incertidumbre se aligera cuando tienes una red de apoyo a tu lado, que no solo te acompañe físicamente, sino que te ayude a sostener la esperanza en los días en que parece desaparecer.

Mi mejor amigo fue una roca, mi pilar en esta etapa. Con su presencia constante y sus palabras llenas de serenidad, me recordó que no tenía que pasar por esto sola, y que incluso en los días más difíciles, podía permitirme sentir y expresar mis miedos. Hablar con él, contarle mis temores y recibir su comprensión sin juicio era un bálsamo para el alma, una válvula de escape en medio de tanta tensión.

A pesar de todo, había días en los que sentía que podría vencer cualquier cosa, sentía una fe y una esperanza que parecía inyectarme, una energía casi mágica, y sentía como si me susurraran al oído, diciéndome que todo estará bien.

Cada paciente de cáncer sabe que enfrentar este proceso es un monstruo que no sabes cuántas cabezas tendrá, donde las preguntas no paran y las respuestas muchas veces tardan en llegar o llegan demasiado tarde. En este recorrido, aprendí a permitirme sentir, a aceptar que la tristeza, el miedo y la esperanza pueden convivir. Aprendí que no es necesario ser fuerte todo el tiempo y que, a veces, recibir apoyo es la mayor muestra de fortaleza.

Cada visita, cada estudio, cada conversación con mi médico se convirtieron en momentos de reflexión y de búsqueda interior, comencé a descubrir pequeñas prácticas que me ayudaban a sobrellevar la espera...

Si alguna vez te encuentras en una situación de espera o incertidumbre, te comparto una práctica que me ayudó a enfrentar esos momentos de miedo y angustia. Tal vez encuentres en ella un poco de calma y serenidad, como me ocurrió a mí, al escribir **«mi primer diario»**.

Escribir se convirtió en una válvula de escape, un espacio privado donde podía volcar mis miedos, mis pensamientos más profundos y también mis momentos de gratitud. No tenía que preocuparme por encontrar las palabras perfectas o por ser comprendida; solo necesitaba ser sincera conmigo misma.

Esta práctica, tan sencilla y a la vez tan poderosa, me brindó claridad en medio de la tormenta, permitiéndome ver cada día con un poco más de fuerza. Escribir un diario fue una forma de cuidar de mi mente y de mi corazón, de encontrar un poco de paz cuando todo parecía incierto. Si estás pasando por un momento difícil, quiero invitarte a probar esta herramienta; quizás encuentres en ella el mismo consuelo y fortaleza que yo descubrí.

Diario de expresión emocional: una herramienta para liberar y sanar

La escritura tiene un poder sanador. Escribir en un diario se convierte en un espacio seguro para expresar y organizar pensamientos y emociones, especialmente en momentos de miedo y angustia. Este diario no es solo para escribir sobre el dolor; es un lugar para observar, reflexionar y poco a poco encontrar sentido y paz en medio de la incertidumbre.

1. **Escoge tu «diario de viaje»**
    - Si aún no tienes tu «diario de viaje» este es un buen momento para que elijas un cuaderno o libreta que usarás exclusivamente para este

propósito. Personalízalo si lo deseas, pero asegúrate de que te inspire confianza y te invite a escribir.

2. **Crea un momento de pausa**
   - Dedica entre 5 y 15 minutos al día para escribir, en un lugar tranquilo donde puedas desconectarte del exterior. Puede ser por la mañana para empezar el día o por la noche para liberar lo que llevas dentro.

3. **Cómo comenzar**
   a. **Explora tus emociones:** comienza describiendo cómo te sientes. Pregúntate:
      - «¿Qué siento ahora mismo?»
      - «¿Qué me preocupa?»
      - Deja que tus pensamientos fluyan sin juzgarlos.

   b. **Identifica pensamientos recurrentes:** observa si hay pensamientos recurrentes. Escríbelos, este ejercicio te ayudará a liberar esos pensamientos en lugar de mantenerlos atrapados en tu mente.

   a. **Reflexiona tus fortalezas:** anota momentos en los que te has sentido fuerte y has superado desafíos. Puedes preguntarte:
      - «¿Qué me ha ayudado en el pasado a sobrellevar situaciones difíciles?».

2. **Usa secciones específicas para cada necesidad**
   - **Sección de gratitud:** dedica un espacio al final de cada entrada para escribir tres cosas por las que te sientes agradecido en el día. La gratitud ayuda a enfocar la mente en lo positivo y a aliviar el estrés.
   - **Sección de intenciones:** escribe al menos una intención para el día siguiente, como «Hoy me daré permiso para descansar» u «Hoy me enfocaré en lo que puedo controlar». Establecer intenciones ayuda a crear un sentimiento de propósito.

3. **Revisa y reflexiona (opcional)**
   - Cada cierto tiempo vuelve a leer lo que has escrito. Esta revisión puede ayudarte a reconocer tu progreso, a encontrar patrones y a darte cuenta de cómo ciertas herramientas o prácticas han impactado tu vida.

4. **Sé amable contigo mismo**
   - Recuerda que este diario es un espacio sin juicios. No hay una forma correcta de escribir. Escribir es una forma de autocuidado y de liberación emocional.

Con el tiempo, este diario puede convertirse en un compañero de viaje, un reflejo de tu fuerza y una herramienta para comprenderte mejor a ti mismo en cada etapa de tu proceso, así como me pasó a mí, que con cada palabra que escribía en mi diario, sentía que estaba descargando un poco del peso que llevaba por dentro. Volcar mis emociones en el papel no solo me ayudaba a despejar la mente, sino que me preparaba, sin saberlo, para enfrentar el capítulo más desafiante que estaba por venir.

Y entonces llegó ese día en el consultorio, el día en el que recibí el diagnóstico que dividiría mi vida en un «antes» y un «después».

Capítulo 3: El inicio de un cambio profundo

La herida es por donde entra la luz

La vida solo puede ser comprendida mirando hacia atrás,
pero debe ser vivida mirando hacia adelante.
Soren Kierkegaard

El consultorio estaba en silencio, casi solemne, como si las paredes mismas supieran lo que iba a escuchar. Al entrar, me recibió la mirada seria del doctor, y de inmediato sentí cómo una corriente de tensión recorría mi cuerpo. Me senté, intentando parecer tranquila, pero mis manos, apretadas en mi regazo, delataban mi nerviosismo.

El doctor tomó una respiración profunda antes de hablar, y en ese momento supe que algo estaba mal. Me dio un sobre y, mirándome con una mezcla de empatía y profesionalismo, pronunció las palabras que nunca esperas oír: **«Confirmado, tienes cáncer, un carcinoma triple negativo, fase 2».** De pronto, mis esperanzas murieron, toda la balanza se movió del lado contrario… hacia el miedo, todo tipo de pensamientos iban y venían sin orden, y a la vez, sentí que el tiempo se detenía. Era como ver todo en cámara lenta. En ese instante, mi mente voló hacia mis hijos y lo que esto significaría para ellos. ¿Cómo enfrentarían la noticia de que su madre estaba enferma? ¿Mi familia?, ¿mi trabajo?

El doctor continuó hablando, explicando los próximos pasos, el tratamiento, las quimioterapias, la radiación, y los exámenes que vendrían, que debíamos actuar rápido. Yo asentía en silencio, aunque apenas podía procesar la mitad de lo que decía. Era como si una parte de mí estuviera en otra dimensión, incapaz de asimilar que esas palabras eran para mí, que ese diagnóstico era mi realidad.

Cuando terminó de hablar, notó mi silencio y me miró con comprensión. «Sé que esto es mucho —dijo suavemente—. Tómate tu tiempo para asimilarlo. Estoy aquí para apoyarte en cada paso».

Solo dije: «Sí», aún en estado de *shock*. En mi mente solo había preguntas: «¿Por qué a mí? ¿Por qué ahora, cuando parecía que ya había enfrentado lo peor?». Recordé el momento en el juzgado, el dolor de ver a mi hijo optar por quedarse con su padre. Pensé en la tormenta de emociones que había atravesado, el desgaste de esos meses, y una extraña sensación de inevitabilidad me invadió, como si esta enfermedad fuera la culminación de todos esos dolores acumulados.

Al salir del consultorio, mis pasos se sentían pesados y lentos, como si cada uno me acercara a una realidad que todavía no terminaba de asimilar. Y allí estaba él, mi mejor amigo, esperándome con la calma y la fuerza que yo necesitaba. Al verme, abrió sus brazos y, sin decir una palabra, me abrazó. Era un abrazo profundo, de esos que parecen un escudo contra el mundo. En ese instante, sentí que el peso de mi angustia se aligeraba un poco, aunque solo fuera por esos segundos de silencio compartido.

Después de unos momentos, él se apartó lo justo para mirarme a los ojos y, con una serenidad casi desconcertante, me dijo: **«Esto es lo mejor que te va a pasar en la vida»**. Su afirmación me tomó por sorpresa; entre la incredulidad y una pizca de enojo, no pude evitar soltar un: «¿Estás hablando en serio?». Pero en su mirada no había ni rastro de duda. Con una calma que solo alguien que ha atravesado el mismo infierno podía tener, me explicó que el cáncer no era solo una batalla, sino una oportunidad inesperada para descubrir una fuerza y una claridad que aún no conocía en mí. Sabía que sus palabras estaban lejos de ser una simple frase de aliento; eran el reflejo de su propia experiencia, de alguien que había transformado su dolor en un renacimiento, en una nueva forma de ver la vida.

En aquel momento, sus palabras no lograron disolver mi miedo, pero plantaron una semilla. Aunque aún no podía entenderlo del todo, comencé a sentir que, de alguna manera, había algo más allá del dolor y el miedo.

Con el tiempo, sus palabras comenzaron a cobrar sentido. Mi amigo no veía el cáncer como una tragedia, sino como una oportunidad. Fue un apoyo constante en cada etapa, recordándome que, aunque este camino sería difícil, también me brindaría la posibilidad de transformarme, de reconfigurar mi vida desde una nueva perspectiva. Su apoyo fue una fuente de fortaleza y esperanza, me enseñó que, incluso en medio de la adversidad, podemos encontrar una razón para seguir adelante.

Esa noche, cuando llegué a casa, el miedo me abrumaba. No era solo el miedo a la enfermedad, sino a todo lo que representaba. Mi vida había dado un giro de 180 grados en apenas unas semanas. De enfrentar el divorci pérdida de mi hijo en el juzgado, pasé a un diagnóstico de cáncer. Parecía especie de prueba diseñada para saber de qué estaba hecha. Y, sin embargo, el fondo, algo me decía que estaba en un punto de quiebre; un momento para replantearme la vida desde una perspectiva completamente nueva.

A veces, la vida nos lanza situaciones tan inesperadas y desafiantes que parece casi imposible ver algo positivo en medio del caos. En esos momentos, quién no ha querido gritarle a Dios, al universo: «¿Por qué a mí?», o buscar la forma de cambiar lo que parece inaceptable.

Si estás en un momento de incertidumbre o enfrentando un desafío que te ha cambiado la vida, respira hondo y permite que esta pausa te conecte contigo mismo. Quizá, como me sucedió a mí, puedas permitir que las palabras o el apoyo de alguien cercano te recuerden que, aun en los días más oscuros, existe la posibilidad de un cambio, de una lección, de algo inesperadamente transformador.

Permíteme preguntarte ¿Qué experiencia reciente ha desafiado tus fuerzas? ¿Puedes ver, aunque sea una pizca, algo en esa situación que pueda llevarte a una nueva perspectiva o ayudarte a crecer? A veces, solo hacer esta pausa es suficiente para sembrar esa semilla de esperanza.

El cáncer me obligó a confrontar aspectos de mi vida que había evitado durante años. Me obligó a mirar hacia adentro, a reconocer mis miedos, mis resentimientos y las heridas emocionales que había acumulado. Empecé a ver el cáncer no como un enemigo, sino como un maestro que me iba a enseñar a vivir con mayor intensidad y autenticidad.

Ejercicio práctico: conectar con la propia fuerza interior

Para quienes estén enfrentando un diagnóstico difícil o un momento de crisis, quiero proponerte un ejercicio que me ayudó a conectar con mi fuerza interior:

Toma tu «diario de viaje» o un cuaderno que hayas designado para hacer las actividades de este libro.

1. **Escribe tus miedos:** tómate unos minutos para anotar cada miedo que sientes. No te juzgues, simplemente escribe todo lo que te viene a la mente.

2. **Reflexiona sobre tus fuentes de apoyo:** ¿quiénes son las personas que están a tu lado? ¿Qué recursos tienes para enfrentar esta situación? Permítete reconocer la fortaleza que existe en tu vida.
3. **Haz una promesa a ti mismo:** escribe una promesa a ti mismo, un compromiso de enfrentar esta situación con la mejor versión de ti. Esta promesa será tu ancla en los momentos difíciles.

Al terminar este ejercicio, recuerda que cada palabra que has escrito es una expresión de tu valentía y de tu capacidad para enfrentar cualquier desafío. Tus miedos son reales, pero también lo es la fuerza que tienes dentro de ti. Esa fuerza es la que te ha llevado hasta aquí, a este momento de reflexión y conexión contigo mismo.

Guarda esta página y vuelve a ella siempre que lo necesites. Cada vez que leas tu promesa, recuerda que es un compromiso contigo, una muestra de amor y confianza en quién eres y en quién puedes llegar a ser.

Reflexión

El cáncer me dio la oportunidad de confrontar mis miedos más profundos, pero también me empujó a descubrir una fuerza en mí que nunca antes había imaginado. Sin embargo, el proceso no fue inmediato ni fácil. Después del diagnóstico, los días que siguieron fueron un torbellino de emociones: incredulidad, tristeza, miedo y, a ratos, una extraña sensación de calma. Todo coexistía dentro de mí, como si mi mente y mi corazón estuvieran buscando un equilibrio entre la aceptación y la resistencia.

En esos primeros días, aprendí que enfrentar una noticia de esta magnitud es un proceso profundamente humano. No se trata solo de entender el diagnóstico en términos médicos, sino de navegar por las emociones encontradas que surgen al aceptar que tu vida ha cambiado para siempre. Es un choque que remueve todo lo que creías cierto y te deja desnudo frente a una nueva realidad.

A veces, cuando te encuentras en un lugar oscuro, crees que has sido enterrado, pero en realidad has sido plantado.
Christine Caine

Después del diagnóstico: entre el choque y la aceptación

Recibir un diagnóstico de cáncer es como recibir un golpe que no viste venir, directo y al corazón. Por mucho que trates de prepararte mentalmente, por mucho que intentes asimilarlo, nada realmente puede anticiparte la montaña rusa emocional que viene después de escuchar esas palabras. «Tienes cáncer». Dos palabras simples, pero con un peso que cambia todo.

Esos primeros días, mis emociones se volvieron un torbellino. Miedo, enojo, tristeza, incredulidad... todas luchaban por hacerse escuchar, mezclándose en un remolino difícil de manejar. En el fondo, me preguntaba: «¿Cómo es posible que esto me esté pasando a mí?». Es como si, de repente, una capa de protección se desvaneciera y quedaras al descubierto, vulnerable, frágil, intentando sostener una realidad que no parecía mía.

En un lugar obscuro: cuando decidí guardar mi diagnóstico en silencio

Además de procesar mi propio miedo, tenía que enfrentar la noticia de cómo esto afectaría a mis seres queridos, empezando por mi familia. En ese momento no lo supe, pero ahora sé que es bastante común que los pacientes con cáncer prefieran no compartir su diagnóstico o detalles de su enfermedad con familiares y amigos, al menos al inicio.

Después de recibir mi diagnóstico, hubo algo que sentí de inmediato: no quería que nadie lo supiera. No fue una decisión racional, sino más bien una reacción instintiva, como si cerrar la concha fuera mi única defensa. Recuerdo que, en lugar de buscar apoyo, opté por el silencio, encerrando mi dolor en un lugar donde solo yo pudiera acceder.

Tal vez fue el no querer ver el cambio en las miradas de quienes me rodeaban, el temor de que me vieran como «la que está enferma». No quería la compasión, ni mucho menos la lástima, porque en ese momento, necesitaba encontrar fortaleza dentro de mí, no en los ojos llenos de tristeza de los demás. La realidad es que no todos están listos para acompañarnos en este tipo de viaje, y yo misma no sabía cómo manejarlo, así que decidí protegerme cerrándome, como una ostra.

Había otra razón, una que me pesaba: no quería que mis seres queridos cargaran con mi miedo. Ya había suficiente dolor dentro de mí como para repartirlo. En mi mente, guardar silencio era una forma de protegerlos. No quería ser una carga emocional, y tampoco estaba preparada para enfrentar sus reacciones, sus propios miedos reflejados en sus palabras o en sus gestos. Decidí que, por un tiempo, este diagnóstico sería solo mío.

Y, aunque suene extraño, también estaba esa necesidad de aferrarme a la normalidad. Compartirlo significaba abrir la puerta a cambios en mi entorno, y lo único que deseaba era que todo siguiera como siempre. En medio de un mundo que parecía desmoronarse, esa ilusión de normalidad era mi refugio. No quería que cada encuentro con amigos, cada conversación familiar, girara en torno al cáncer. Quería seguir siendo yo misma, no alguien definida por una enfermedad.

Encerrarme en mi silencio fue mi refugio temporal, mi espacio seguro para procesar, aunque no puedo negar que también fue un espacio solitario. En esa soledad, enfrenté mis miedos y mis dudas sin filtros ni miradas externas, y poco a poco, comencé a darme cuenta de que abrirme era una posibilidad. Pero en esos primeros días, cuando el diagnóstico era algo nuevo y oscuro, guardar silencio fue mi manera de mantener el control, de protegerme a mí y a quienes amaba.

Con el tiempo, comprendí que no siempre es bueno cargar con todo el peso en solitario y que, a veces, abrirse es también un acto de fortaleza.

No todas las personas se sienten cómodas compartiendo sus emociones o miedos. Algunos pacientes no encuentran las palabras adecuadas o temen no ser comprendidos, lo que los lleva a reprimir su dolor y a cerrar la comunicación.

Cada uno de estos factores puede hacer que el paciente de cáncer se «cierre como una ostra», buscando evitar la lástima, proteger a sus seres queridos o mantener una sensación de control sobre su vida. Esta reacción es muy común y natural, lo mejor es que es transitoria, con el tiempo, muchos pacientes encuentran alivio en el apoyo emocional de sus familiares y amigos.

El silencio fue mi escudo en esos primeros días, mi forma de intentar mantener un equilibrio en medio de la tormenta. Pero la verdad es que el diagnóstico de cáncer no solo impacta a quien lo recibe, sino también a todas las personas que lo rodean. Aunque en ese momento elegí guardar mi dolor para mí misma, pronto descubrí que el cáncer no es algo que pueda esconderse por mucho tiempo. Sus ondas alcanzan a todos, como si cada relación que tienes fuera una cuerda conectada a tu corazón. Y cuando ese corazón se sacude, las cuerdas también tiemblan.

El impacto en mi familia fue inevitable. La enfermedad tiene la habilidad de derribar las fachadas, de exponer las dinámicas familiares más ocultas y de revelar la fortaleza —o las grietas— en nuestras relaciones. Los lazos que nos unen se ven puestos a prueba, y las emociones que surgen pueden ser tan variadas como intensas: miedo, culpa, amor, incomprensión.

Acompáñame ahora a explorar cómo este diagnóstico no solo transformó mi vida, sino también la de mi familia. Porque, aunque el cáncer es profundamente personal, sus efectos son compartidos, tocando cada rincón del hogar y cada corazón que lo habita.

Capítulo 4: El impacto en la familia

Cuando el diagnóstico sacude todo a su paso

Las familias son como ramas en un árbol: crecen en diferentes direcciones, pero las raíces permanecen unidas, sobre todo en las tormentas.
Anónimo

Dicen que hasta que no se lo cuentas a tu familia, es cuando comienzas en realidad a procesarlo…

El primer paso era contárselo a ellos, pero no fue nada fácil. Para mí, la conversación más difícil fue con mi hijo mayor. Lo senté y le expliqué lo que estaba pasando, aunque, no sabía cómo darle consuelo cuando yo misma estaba apenas procesándolo.

Sin embargo, él asumió un papel de apoyo incondicional; su sentido del humor y su compañía fueron mi refugio en los momentos más oscuros. Con él, pude reír, distraerme con películas y sentir que no estaba sola en esta batalla. Hubo algo que él me dijo que me ayudó mucho a sobrellevar el diagnóstico: «No tienes que hacer esto sola». Y esa frase se convirtió en mi ancla y también me ayudó a comenzar a aceptar más ayuda.

Mi madre también fue un pilar. Aunque sabía que esta noticia sería difícil de digerir para ella, me sorprendió su fuerza. Ella me ofreció todo su apoyo, porque ella sabía de este proceso en carne propia y aunque sus preocupaciones muchas veces se volvían abrumadoras, sabía que cada consejo y cada advertencia eran su manera de cuidarme.

Afrontar una enfermedad como el cáncer es un viaje que, aunque personal, también involucra a quienes están a nuestro alrededor. Desde el momento en que recibes el diagnóstico, te das cuenta de que no solo tú estás procesando esta noticia; tu familia, tus amigos y tus seres queridos también enfrentan un torbellino de emociones y pasan por su propio proceso de asimilación.

Cada miembro lo recibe y reacciona de una forma distinta: hay quienes intentan ser la «roca» de la familia, quienes prefieren evitar hablar del tema, y quienes no saben cómo manejar el miedo que ahora los acompaña a cada paso. En esos primeros días, las dinámicas familiares se transforman, la vida cotidiana se vuelve incierta, y cada interacción adquiere un nuevo significado.

Mis hijos, tíos y primos se convirtieron en un apoyo esencial durante este proceso. Cada uno, a su manera, estuvo ahí para mí: con un abrazo, una palabra de ánimo o un momento de distracción cuando más lo necesitaba. Saber que, incluso en los momentos más difíciles, contaba con el respaldo de toda mi familia, me dio fuerzas para seguir adelante. Sus pequeños gestos y su amor incondicional me recordaron que no estaba sola en esta lucha.

El que ha caminado entre las llamas sabe mejor cómo guiarte para que encuentres tu camino hacia la calma.
Julieta Halley

El abrazo de quien ya recorrió el camino

En este proceso, encontré un apoyo especial de parte de dos amigas que ya habían pasado por el cáncer. Ellas me ofrecieron una guía práctica y emocional que fue fundamental. Una de ellas me explicó algo que marcó una gran diferencia en cómo abordé las quimioterapias: el consejo de cortarme el cabello. Me sugirió que lo cortara primero a la altura de las orejas y que después de la primera quimio me rapara, no completamente, que se viera todavía un poco de cabello.

Aunque me dolía desprenderme de mi cabello, ella me explicó que esta decisión evitaría el impacto emocional de verlo caer por mechones. Fue un acto de valentía anticipada, de tomar el control en algo que me hacía sentir tan vulnerable. Agradezco tanto ese consejo, porque me permitió enfrentarme al proceso con un poco más de fortaleza.

También ella me enseñó a cómo hacer un turbante. Me mostró cómo ponérmelo con estilo, y, aunque en un principio me sentí extraña, poco a poco el turbante se convirtió en una especie de escudo, algo que no solo protegía mi cabeza, sino también mi corazón. Usarlo fue clave en mi proceso, ya que la pérdida de cabello era uno de los golpes más visibles y, para ser honesta, más difíciles de aceptar. Cada vez que me miraba al espejo, sentía que la persona reflejada no era yo, como si la enfermedad me estuviera cambiando la identidad.

El turbante llegó como algo más que un simple accesorio. Al principio, pensaba que la gente me miraría con lástima, pero el turbante cambió esa dinámica. Me di cuenta de que no solo estaba cubriendo mi cabeza; estaba protegiendo algo más importante que mi cuero cabelludo: mi dignidad, mi autoestima, y mi deseo de seguir siendo yo, aun cuando la enfermedad intentara cambiarme.

Otra de mis amigas me enviaba mensajes todos los días, siempre con palabras de esperanza, chistes o simplemente recordándome que estaba ahí para lo que necesitara. Nunca caía en el típico «échale ganas» o «tú puedes», frases que, en mi opinión, pueden hacer sentir al paciente como si no estuviera luchando lo suficiente o como minimizando el tema. Ella encontraba maneras de animarme sin presionarme, de recordarme que no estaba sola sin hacerme sentir vulnerable.

En esos momentos difíciles, me sentí sostenida por la sabiduría y generosidad de quienes habían pasado por lo mismo, el apoyo de mis amigas fue invaluable. Cada palabra, cada gesto de aliento fue como un bálsamo que calmaba mis miedos y me daba fuerzas para seguir adelante. Este aprendizaje también me hizo reflexionar sobre cómo, en su momento, yo no había acompañado a estas amigas en sus procesos como lo estaba recibiendo de ellas. Me di cuenta de la importancia de estar presentes en la vida de los demás, especialmente en los momentos en que más nos necesitan. Hay experiencias que, aunque compartidas con amor, solo pueden ser completamente entendidas por quienes han pasado por lo mismo.

Crear una red de apoyo no siempre es algo que ocurre de forma automática. A veces, quienes creías que estarían contigo desaparecen, y otras personas que menos esperabas aparecen para quedarse. Me di cuenta de que el apoyo no siempre viene de quienes esperas, y eso está bien. Lo importante es aprender a reconocer a las personas que realmente están dispuestas a caminar contigo en esta etapa.

Tu red de apoyo puede incluir amigos cercanos, familiares, compañeros de trabajo, grupos de apoyo o incluso personas que, como tú, están atravesando un diagnóstico similar. No hay reglas sobre cómo debe lucir esta red; lo esencial es que te rodees de personas que te ofrezcan consuelo, fuerza y, sobre todo, presencia. Pero construir y aprovechar una red de apoyo requiere intencionalidad. Aquí te comparto algunos consejos que aprendí en el camino:

Sé claro con tus necesidades: Muchas veces, esperamos que quienes nos rodean adivinen lo que necesitamos, pero la verdad es que las personas no son lectoras de mentes. Si quieres compañía para una cita médica, dilo. Si necesitas que alguien cuide a tus hijos por unas horas, pídeselo. Ser claro con tus necesidades no solo facilita que recibas el apoyo que buscas, sino que también permite que las personas que te quieren se sientan útiles.

Recuerdo una ocasión en la que me sentía abrumada con todas las citas médicas y no sabía cómo organizarme. Mi amiga Iónica me preguntó directamente: «¿Cómo te ayudo?». En lugar de responder mi clásico: «No te preocupes, yo puedo» (que, seamos honestos, era una mentira piadosa), le dije: «¿Podrías ayudarme a organizar el transporte para mis citas médicas?». Pedirlo fue un gran alivio, ya que no solo me quitó un peso de encima, sino que permitió que Iónica estuviera presente para mí de una manera práctica y significativa.

Acepta el apoyo de formas inesperadas: A veces, el apoyo no viene en grandes gestos heroicos, sino en los pequeños detalles del día a día: un mensaje de ánimo, un café compartido, una comida casera entregada en la puerta de tu casa. Recuerdo a una amiga que me mandaba chistes todos los días; no importaba lo absurdos que fueran, siempre lograban arrancarme una sonrisa. Aprender a aceptar esas pequeñas muestras de amor, incluso si no son lo que esperabas, es un paso importante para abrirte al apoyo emocional.

Da espacio para la vulnerabilidad: Admitámoslo, ser vulnerable no es fácil. Hay días en los que sentimos que debemos ser fuertes por todos, que no podemos permitirnos un solo momento de debilidad. Pero la verdad es que la vulnerabilidad no solo fortalece tus relaciones, también permite que los demás conecten contigo desde un lugar auténtico.

Había días en los que lloraba sin parar, y aunque al principio me avergonzaba hacerlo frente a mi familia, pronto me di cuenta de que esos momentos de sinceridad nos unían. Mi hijo mayor, con su sentido del humor característico, me decía: «Mamá, si sigues llorando así, vas a deshidratarte y no tengo tanto Gatorade en el refrigerador». Ese comentario, aunque ligero, me hacía reír en medio de las lágrimas y me recordaba que no estaba sola.

Valora la diversidad de tu red de apoyo: No todas las personas en tu vida cumplirán el mismo rol. Algunos estarán ahí para darte apoyo emocional profundo, otros para distraerte con una buena película o un paseo al aire libre, y otros tal vez solo para mandarte memes. Y todos son igualmente importantes. Aprende a aceptar lo que cada persona puede ofrecerte sin expectativas irreales.

Con estos puntos, quiero recordarte que construir y aceptar una red de apoyo no solo te ayudará a transitar este camino con más fuerza, sino que también enriquecerá tus relaciones. La conexión humana es una medicina poderosa, y rodearte de personas que te sostienen es una forma de cuidado que no tiene precio.

Una comunidad que te abraza y entiende

Una de las cosas más reconfortantes que descubrí durante mi proceso fue que había mucha ayuda. Hay personas que, aunque no te conocen, comparten una experiencia similar y pueden ofrecerte un nivel de empatía que a veces ni tus seres más cercanos pueden alcanzar. Los grupos de apoyo son espacios creados para que puedas compartir tus emociones, escuchar las experiencias de otros y encontrar consuelo en la compañía de quienes están enfrentando retos similares.

Los grupos de apoyo pueden ser presenciales o virtuales, y en ellos encontrarás pacientes, sobrevivientes, familiares e incluso especialistas que están ahí para acompañarte sin juzgarte. Estas comunidades no solo te ofrecen un espacio para expresarte, sino que también te brindan información útil, estrategias de afrontamiento y, lo más importante, la certeza de que no estás solo.

¿Cómo encontrar un grupo de apoyo?

Pregunta a tu médico o en el centro de tratamiento: muchos hospitales y clínicas oncológicas tienen grupos de apoyo organizados para sus pacientes. Pregunta si tienen alguno disponible o si pueden recomendarte alguno en tu área.

Busca en asociaciones de cáncer: organizaciones como la Asociación Mexicana de Lucha contra el Cáncer, la American Cancer Society o GEPAC (Grupo Español de Pacientes con Cáncer) tienen directorios de grupos de apoyo presenciales y en línea. (En el apéndice encontrarás más opciones).

Explora en redes sociales: hoy en día, plataformas como Facebook tienen grupos privados para pacientes con cáncer y sus familiares. Solo asegúrate de unirte a grupos moderados por especialistas o personas confiables para evitar información incorrecta.

Encuentra espacios virtuales: si prefieres el anonimato o tienes dificultades para asistir a reuniones físicas, plataformas como CancerCare, Inspire o LatinaSHARE ofrecen foros y grupos de apoyo en línea donde puedes conectar con personas de todo el mundo.

Consulta en tu comunidad local: centros comunitarios, iglesias y organizaciones civiles a menudo tienen recursos o actividades para pacientes y familiares. No subestimes el valor de tu propia comunidad.

El valor de los grupos de apoyo

Lo que hace que los grupos de apoyo sean especiales es que son espacios libres de juicio. Aquí, no importa si tienes días en los que te sientes valiente o si hay momentos en los que todo te abruma. La conexión con otras personas que «entienden» porque han estado en tu lugar crea un ambiente donde puedes ser auténtico y sentirte comprendido.

Además, en estos grupos no solo compartes tus miedos y desafíos, sino también tus victorias, tus aprendizajes y hasta tus momentos más ligeros. Hay algo poderoso en reírse con alguien que sabe exactamente lo que significa perder el cabello o sentir miedo antes de un examen médico.

Si nunca has considerado unirte a un grupo de apoyo, te invito a abrirte a esta posibilidad. Puede que te sorprenda la fuerza que encuentres al escuchar las historias de otros, y el impacto que puede tener en ti saber que tu propia historia también puede ser un faro de esperanza para alguien más.

Reflexión

Recuerda que tienes el poder de reescribir tu historia. Cada uno de nosotros es el autor de su propio relato y, a veces, es necesario tomar la pluma y empezar de nuevo. Si hasta hoy te has visto como víctima de las circunstancias, quizá este sea el momento de dar un giro y convertirte en el héroe de tu propia trama. Porque, incluso en medio de la adversidad, tienes la capacidad de elegir cómo reaccionar, qué elecciones tomar y cómo seguir adelante.

Verás que el cáncer, o cualquier desafío que estés enfrentando, no define tu historia completa, sino un capítulo de transformación. Y aunque no lo parezca al principio, este capítulo tiene algo que enseñarte, algo que te acompañará y te fortalecerá para los próximos pasos de tu vida.

La vida es como un libro; algunos capítulos nos rompen, pero otros nos sanan. Mientras avanzas, recuerda que no estás solo, al final del día, la conexión, el aprendizaje y el compartir son herramientas poderosas en este viaje.

Y sujétate con fuerza, porque la vida siempre puede sorprendernos, como a mí, que cuando pensé que los golpes recibidos me habían hecho tambalear, lo que venía a continuación me demostraría que el fondo siempre puede ir un poco más abajo... o que, tal vez, lo que parecía el final era en realidad el comienzo de algo diferente.

Capítulo 5: Traición en la tormenta

El último golpe

La traición nunca viene de un enemigo.
Leonardo da Vinci

La vida tiene una forma especial de ponernos a prueba, ¿no crees? A veces parece que, cuando todo ya está complicado, decide darnos un «extra» para ver hasta dónde podemos aguantar. Para mí, el diagnóstico de cáncer fue solo el comienzo de una serie de pérdidas y traiciones que, sinceramente, parecían parte de un plan retorcido del universo para probar mis límites. Era como si mi estabilidad, esa que aparentemente había construido, se desmoronara en cámara lenta, y yo solo podía ver cómo todo caía.

La caída libre que, aunque dolorosa, fue la que me empujó a replantearme, a soltar el control y a enfrentar esas emociones que llevaba mucho tiempo guardando en algún rincón oscuro. Esta fue la etapa del «punto de no retorno», donde ya no había vuelta atrás y el único camino era seguir aprendiendo, aunque la vida rápidamente me daría otra lección.

Mientras lidiaba con el tratamiento de cáncer, pensé que al menos el trabajo me daba una sensación de normalidad, de seguir anclada a algo concreto. Pero no contaba con que, un día, mi jefe (quien también era amigo de años), me pediría que fuera a su oficina. Con tono frío y directo, me soltó la noticia: «Ya no serás parte de la compañía, hay varios cambios estratégicos». Y, en resumen, que ya no había lugar para mí.

La noticia fue como una bofetada. De todas las cosas que estaban cambiando en mi vida, el trabajo era la que me daba cierto propósito, una razón para salir de la cama cada mañana, aunque fuera a trompicones. A veces me preguntaba cómo lograba cumplir con todo mientras estaba en tratamiento, pero al menos ese esfuerzo me daba algo de estabilidad. Perderlo fue como perder el único refugio que me quedaba, ya sabes, esa tabla de salvación.

peor no fue la pérdida de mi trabajo en sí, sino la traición. Mi jefe y habíamos compartido momentos importantes; yo había estado en su boda, compartimos cenas familiares, era alguien en quien realmente confiaba. Era alguien a quien consideraba un amigo, un aliado. Durante años, habíamos compartido momentos importantes, habíamos confiado el uno en el otro, y yo pensaba que él era una persona con quien podía contar incondicionalmente. Sin embargo, la decisión de despedirme y su falta de empatía en el proceso mostraron una faceta de él que nunca había visto, una frialdad y una indiferencia que me dejaron helada.

Esa traición fue como un golpe adicional que se acumuló sobre todas las demás pérdidas que estaba viviendo. No solo había perdido a un amigo; había perdido la fe en la gente, en la bondad de aquellos a quienes consideraba cercanos. Sentí una mezcla de rabia, tristeza y desilusión.

La traición de un amigo puede ser tan devastadora como la de una pareja o un familiar. La amistad es un vínculo que construimos con confianza y cariño, y cuando esa confianza se rompe, la herida es profunda. En mi caso, la traición de mi exjefe me llevó a cuestionar no solo nuestra relación, sino también mi propia capacidad para confiar en los demás. Fue una lección dolorosa, pero también me mostró la importancia de soltar las relaciones que ya no me aportaban nada positivo y que todo lo que pasa o deja de pasar tiene una razón que no vemos en ese momento, pero que será parte de nuestra nueva historia.

A veces, alejarse no es un acto de cobardía, sino de sabiduría.
Paulo Coelho

Una soledad aplastante

Como si la pérdida del trabajo y la traición de mi jefe no fueran suficientes, mi nueva pareja empezó a desaparecer también. Al principio, cuando recibí el diagnóstico, me apoyó y me dio palabras de aliento, pero a medida que avanzaba mi tratamiento y mi apariencia comenzaba a cambiar, noté que algo en él también cambiaba. Me dije a mí misma que era solo mi imaginación, pero cada vez se volvía más evidente su reacción.

Recuerdo un día en particular. Estaba agotada después de una sesión de quimioterapia y realmente necesitaba un abrazo, alguna señal de que no estaba sola en esto. En lugar de eso, vi cómo él se iba alejando, física y emocionalmente. Era como si mi enfermedad fuera demasiado para él, como si mi proceso le resultara incómodo y él simplemente eligiera apartarse.

Luego, poco a poco, dejó de responder mis llamadas. Y ahí estaba yo, enfrentando el cáncer, la pérdida de mi trabajo, y ahora también la ausencia de alguien que pensé estaría a mi lado, en las buenas y en las malas. Su abandono me rompió de otra manera, dejándome una soledad que nunca había sentido. En esos momentos de crisis, esperamos que las personas que amamos estén ahí para enfrentar juntos el dolor, y su ausencia se convirtió en un recordatorio desgarrador de que estaba sola.

El silencio de los que nos quieren

Recuerdo una llamada en particular que me dejó profundamente sorprendida y, en un primer momento, bastante molesta. Era Navidad, y mi amigo Alberto, alguien que siempre había estado presente en mi vida, me llamó para saludarme. Después de preguntarme cómo estaba, decidí ser honesta y le dije directamente: «Pues tengo cáncer». Hubo un silencio incómodo, uno de esos silencios que pesan, y finalmente me respondió con un simple: «*Ok*, bueno, pues que te la pases bien. Espero que todo esté bien y que todo resulte bien». Colgó, y yo me quedé ahí, escuchando el pitido en la línea, sintiendo una mezcla de decepción y enojo.

Para ser sincera, esperaba que reaccionara de otra manera. Cuando uno recibe una noticia así, espera apoyo, espera preguntas, preocupación. Al menos, yo imaginé que él me diría algo más. Y su respuesta me dolió tanto que, durante meses, estuve realmente molesta con él. No entendía cómo alguien a quien consideraba un amigo cercano podía reaccionar de una manera tan fría.

Pasaron unos meses hasta que volvimos a hablar. Yo seguía cargando ese resentimiento, pero entonces él, con una sinceridad que me desarmó, me explicó lo que realmente había pasado ese día. Me dijo: «Mira, el día que me dijiste que tenías cáncer, entré en *shock*. Lo único que pude hacer fue colgar porque iba a romper en llanto, y no quería que lo escucharas al teléfono. Colgué y me puse a llorar. Créeme, rezaba por ti todos los días, pero no podía hablar contigo sin sentir que me quebraba. No sabía cómo estar ahí para ti sin derrumbarme yo mismo».

En ese momento entendí que, aunque nos gustaría que quienes amamos reaccionaran de cierta forma, no todos están preparados para enfrentar la vulnerabilidad o el dolor ajeno. La noticia de un diagnóstico como el cáncer no solo afecta al paciente; también desafía profundamente a los amigos y familiares. Cada uno reacciona desde su propio nivel de fortaleza y desde sus propios miedos. A veces, la única manera en que alguien sabe manejar la situación es retirándose, como lo hizo mi amigo o mi nueva pareja, aunque eso pueda parecer insensible.

No es falta de amor, sino de no saber demostrarlo, lo que hace que algunas personas se alejen cuando más las necesitas.
Julieta Halley

Si eres el paciente, recuerda que no todas las personas reaccionarán como esperas, y eso está bien. No se trata de falta de amor, sino de la limitación humana para lidiar con el dolor ajeno. Y si estás acompañando a alguien, permítete ser honesto. No tienes que tener las palabras perfectas; a veces, la autenticidad y la presencia sincera son el mejor apoyo que puedes ofrecer.

Cuando atravesamos situaciones extremas, las reacciones inesperadas de quienes nos rodean nos golpean casi tan fuerte como la situación en sí. Si te ha pasado, quiero ofrecerte una herramienta que me ayudó a procesar estas experiencias y a liberar la carga de resentimiento que llevaba conmigo. Este ejercicio está inspirado en la idea de liberar aquello que nos duele y permitirnos reconocer, procesar y liberar la carga emocional de una traición para sanar de manera integral.

Ejercicio: sanando la herida de la traición

Cuando atraviesas una crisis profunda, como un diagnóstico de cáncer, la reacción de las personas que amas puede ser una gran fuente de consuelo... o de dolor. Tal vez esperabas un apoyo incondicional y te encontraste con silencio o distanciamiento. Esto puede abrir heridas profundas y dejarnos con una carga emocional que, en vez de ayudarnos, termina afectando nuestra sanación. Este ejercicio es una invitación a soltar esa carga emocional y a dar el primer paso hacia la paz interna, reconociendo lo que sentiste y liberándolo de a poco.

Paso 1: Encuentra un espacio de paz.

Encuentra un lugar tranquilo donde puedas estar contigo mismo. Siéntate con la espalda recta, cierra los ojos y toma varias respiraciones profundas para calmar tu mente y preparar tu cuerpo para el proceso.

Paso 2: Conecta con tus emociones.

Lleva tu atención a la experiencia que estás procesando. Date cuenta de las emociones que surgen al recordarla. En lugar de evitarlas o tratar de explicarlas, simplemente reconoce su presencia. Pregúntate:

- «¿Qué estoy sintiendo en este instante?».
- «¿Cómo se manifiesta en mi cuerpo?».

No etiquetes estas emociones como buenas o malas. Solo obsérvalas y siéntelas tal como son. Si sientes una presión, dolor, un nudo o calor en alguna parte de tu cuerpo, enfoca tu atención ahí. Permanece con esas sensaciones, como si te permitieras experimentar plenamente lo que está sucediendo.

Paso 3: Permite que la emoción fluya

En lugar de resistirte o buscar formas de controlar la emoción o tratar de minimizar lo que estás sintiendo en tu cuerpo, permítele existir, no la detengas, incluso piensa si la puedes sentir aún más, con más intensidad. Imagina que estás abriendo una ventana en tu interior, dejando que lo que sientes tenga el espacio para ser. Dite a ti mismo algo como:

- «Es seguro sentir esto».
- «No necesito resolver nada en este momento».

La clave aquí es permitirte ser un observador de lo que sientes, sin aferrarte ni rechazar nada. Nota si la emoción cambia, disminuye o persiste. Todo lo que surge es parte del proceso.

Paso 4: Suelta la carga

Cuando sientas que la intensidad ha bajado, reflexiona brevemente: «Esto es una emoción, no define quién soy». Reconoce que las emociones son como olas: llegan, se manifiestan, y eventualmente se van. Permítete soltar cualquier identificación con la historia o el peso emocional, dejando espacio para una nueva sensación de calma.

Paso 5: Llena el espacio con calma

Al final del ejercicio, toma una respiración profunda y visualiza cómo el espacio donde estaba esa emoción ahora se llena de tranquilidad y claridad. Cierra el ejercicio con afirmaciones que refuercen tu bienestar. Coloca tus manos en el corazón y di:

- «Agradezco las lecciones de esta experiencia, aunque hayan sido difíciles».
- «Me permito soltar este dolor. Merezco paz, amor y libertad emocional».

Agradece este momento de conexión contigo mismo y reconoce que cada vez que te permites sentir, te estás liberando un poco más.

Este ejercicio no busca resolver todo de inmediato. Es un proceso continuo de liberación y conexión contigo mismo. Puedes repetir este ejercicio tantas veces como lo necesites, especialmente en momentos en los que las emociones sean intensas. La sanación es un proceso y, aunque el tiempo ayuda, también requiere nuestra intención consciente.

Reflexión

La primera parte de este libro ha sido una exploración de las tormentas que sacudieron mi vida, de los desafíos y las pérdidas que parecían diseñados para llevarme al límite. Fue un recorrido lleno de miedos, traiciones y momentos de profunda vulnerabilidad, pero también de descubrimientos. Aprendí que, en medio del caos, la fortaleza no siempre es luchar con todas nuestras fuerzas, sino también permitirnos sentir, caer y aceptar que somos humanos.

Cada capítulo de esta primera parte relata una herida, un golpe o un tropiezo, pero lo que aún no sabes es que esas heridas se convirtieron en puertas hacia algo mucho más grande. Las tormentas no llegan para destruirnos, traen consigo oportunidades de transformación. Sin embargo, el simple hecho de sobrevivirlas no es suficiente. Es necesario profundizar, enfrentarnos a lo que cargamos en silencio, y, con valentía, comenzar el trabajo de reconstrucción.

Mis tormentas despertaron una parte de mí que había permanecido dormida durante años: mi capacidad de ser consciente, de transformarme y de construir algo nuevo a partir de los escombros.

En la segunda parte de este libro, te invito a un nuevo viaje. Uno que no se trata solo de sobrevivir, sino de encontrar el significado profundo en cada adversidad vivida. A través de las enseñanzas de mi maestro y las lecciones que la vida me ofreció, descubrí que cada desafío tiene un propósito y que cada caída, por dolorosa que sea, puede marcar el inicio de algo extraordinario.

Cada transformación tiene un punto de inflexión: ese instante en que las sombras de la adversidad comienzan a disiparse, revelando la posibilidad de algo más grande. Aquí exploraremos no solo herramientas para el cambio, sino también cómo estas herramientas pueden convertirse en puentes hacia una vida más auténtica. Descubrirás que tu mente no tiene que ser un campo de batalla perpetuo, sino un aliado poderoso en tu camino hacia la libertad emocional y mental.

Porque a veces, para renacer, primero debemos permitirnos caer. Es hora de ir al fondo del pozo, donde no hay más caída posible, solo la oportunidad de mirar hacia arriba, tomar aire, y empezar a escalar. Lo que estaba por venir no era simplemente una reconstrucción. Es el principio de una verdadera transformación.

PARTE 2
La base del cambio. El despertar de la consciencia

Capítulo 6: Destello en el fondo del pozo

Mi encuentro con la depresión

No se debe hacer ningún intento de curar el cuerpo sin el alma.
Platón

La depresión no llega de golpe; se desliza silenciosa, robándote el color de la vida poco a poco, hasta que un día despiertas y todo parece gris. Aunque por fuera mi vida parecía avanzar sin contratiempos, por dentro era como si estuviera caminando en un túnel oscuro, sin final a la vista. Me sentía atrapada en un pozo emocional, donde la ansiedad y la desesperanza eran las únicas constantes.

La enfermedad solo fue el detonante. Antes de mi diagnóstico, ya estaba acumulando pequeñas grietas internas: la presión de cumplir con las expectativas de los demás, el vacío de perder a mi hijo, el vacío de no sentirme plena en nada de lo que hacía, y esa sensación de estar siempre en deuda con el mundo. Cuando perdí mi sustento, no fue solo mi cuerpo el que se derrumbó; fue mi espíritu. Fue un golpe tan fuerte que sentí una desconexión completa de mí misma. Me preguntaba constantemente: «¿Por qué me está pasando todo esto? ¿Qué hice mal?». Sin embargo, las respuestas nunca llegaban, solo un silencio abrumador.

Había días en los que no quería salir de la cama, no porque estuviera cansada, sino porque no veía el sentido. La mujer que antes corría de un lado a otro, cumpliendo con las expectativas de todos, había desaparecido. Y en su lugar quedaba alguien a quien apenas reconocía.

Es difícil explicarlo a quienes no han pasado por ello, pero la depresión puede ser abrumadora. Es ese vacío que se instala en el pecho, esa voz interna que te dice que no hay salida, que todo está perdido. Me encontraba paralizada, sin saber cómo avanzar.

La depresión es una condición compleja que afecta no solo la mente, sino también el cuerpo y las emociones. Aunque cada persona la experimenta de manera única, hay ciertos patrones y características comunes que la describen:

Una fatiga abrumadora: no se trata de estar simplemente cansado. Es un agotamiento profundo que no se alivia con descanso. Levantarte de la cama puede sentirse como escalar una montaña, y las tareas cotidianas que antes hacías sin pensar se convierten en esfuerzos monumentales.

Pérdida de interés o placer: las cosas que solían entusiasmarte, como tus pasatiempos, tus amigos o incluso tu comida favorita, pierden su brillo. Es como si el mundo se volviera plano y sin color.

Pensamientos negativos recurrentes: la mente se llena de una corriente de pensamientos críticos y oscuros. «No soy suficiente», «Esto nunca mejorará», o «Estoy fallando a todos» son ideas comunes que se repiten como un eco constante, haciéndote sentir atrapado.

Aislamiento social: aunque la compañía podría ayudar, la depresión a menudo te empuja a evitar a los demás. La soledad parece más fácil de manejar que explicar lo que estás sintiendo, y temes que nadie realmente entienda tu experiencia.

Cambios físicos: la depresión no solo afecta la mente; también impacta el cuerpo. Puedes experimentar insomnio o dormir demasiado, pérdida de apetito o comer en exceso, dolores físicos inexplicables y una sensación de pesadez en todo el cuerpo.

Falta de concentración: las tareas que requieren atención, como leer, trabajar o simplemente mantener una conversación, pueden sentirse imposibles. La mente parece estar envuelta en una niebla que dificulta el enfoque.

Sentimientos de culpa o inutilidad: una voz interna te susurra constantemente que no estás haciendo lo suficiente, que no eres lo suficientemente bueno, o que no mereces sentirte mejor. Este ciclo de culpa puede ser paralizante.

Falta de esperanza: quizás una de las características más dolorosas es la sensación de que no hay salida. Aunque el entorno pueda estar lleno de posibilidades, la depresión hace que parezca que no hay futuro, ni propósito, ni manera de mejorar.

Reconociendo la depresión

Es importante destacar que la depresión no es un signo de debilidad, ni algo que alguien pueda simplemente **«superar»**. Es una condición seria que afecta profundamente la manera en que una persona piensa, siente y actúa. Sin embargo, también es tratable. Reconocer los síntomas es el primer paso para buscar ayuda y comenzar un camino hacia la recuperación.

Si estás leyendo esto y te identificas con varios de estos síntomas, quiero que sepas que no estás solo. Sentir lo que sientes no te hace menos valioso ni menos capaz. Pedir ayuda, ya sea a través de un terapeuta, un *coach* o un grupo de apoyo, no solo es válido; es un acto de valentía y amor propio.

Pedir ayuda fue un paso importante, aunque no fue fácil. Iniciar terapia y buscar apoyo con un *coach* no resolvió mis problemas de inmediato. Al contrario, al principio parecía que todo empeoraba. Recuerdo el enojo que sentí hacia Dios, hacia la vida, hacia todo lo que me rodeaba. «¿Por qué a mí? ¿Por qué todo esto al mismo tiempo?». Las sesiones no me ofrecieron respuestas mágicas, pero sí algo más importante: un espacio para desahogarme, para cuestionar y, lentamente, comenzar a reorganizar mi caos interno.

El conflicto con Dios

Una de las mayores luchas internas que enfrenté fue con mi propia fe. Había crecido en un entorno religioso, donde siempre creí en un Dios de amor y compasión. A lo largo de mi vida, esa fe había sido un refugio, un lugar al que podía acudir cuando todo parecía desmoronarse. Pero ahora, con mi cuerpo enfermo, mi alma rota y sin una fuente de ingresos, esa imagen de un Dios bondadoso ya no encajaba. Sentía que estaba sola en un desierto emocional, y mi fe, que antes había sido un faro, se convirtió en una sombra que me cuestionaba en lugar de consolarme.

En un momento de desesperación, caí y grité con todas mis fuerzas, dejando salir la rabia que había acumulado: «¿Por qué me hiciste esto? ¿Por qué me abandonaste?». Me sentía traicionada, no solo por las personas a mi alrededor, sino por el mismo Dios en quien había confiado toda mi vida. «¿Por qué me mandas tantas pruebas juntas? ¿Acaso hice algo tan terrible para merecer esto?». Mis preguntas no tenían eco, y ese silencio me parecía aún más cruel. Me sentí como una niña castigada, buscando desesperadamente la mirada de su padre, pero encontrando solo indiferencia.

Es común que muchos pacientes, en algún momento de su tratamiento, pasen por esta fase de enojo hacia Dios, hacia el universo o la vida. La enfermedad, sobre todo una tan devastadora como el cáncer, no solo sacude el cuerpo, sino que también pone a prueba las creencias más profundas. La pregunta más difícil de responder en medio del dolor es: **«¿Por qué yo? ¿Qué sentido tiene esto?».** Y cuando esas respuestas no llegan, la sensación de abandono puede abrir heridas espirituales tan profundas como las físicas.

Con el tiempo, empecé a notar que este conflicto no era solo mío. En las conversaciones con otros pacientes, escuché historias similares: personas que se sentían abandonadas, traicionadas por la fe que alguna vez los había sostenido. Una mujer me contó que solía ir a misa todos los días, pero después de su diagnóstico, no podía ni entrar a la iglesia sin sentirse llena de enojo. Un hombre que compartía la sala de espera conmigo confesó que había dejado de orar porque sentía que no tenía caso. Y en cada una de estas historias, encontré un reflejo de mi propio dolor.

Mirando hacia atrás, creo que ese conflicto espiritual no fue un rechazo a mi fe, sino una forma de reconfigurarla. Descubrí que el propósito de esas tormentas no era castigarme, sino empujarme a mirar dentro de mí, a encontrar la fuerza que ni siquiera sabía que tenía. Fue como si, en mi enojo y confusión, hubiera abierto una puerta que llevaba años cerrada. Y aunque ese entendimiento no borró mi sufrimiento, me ayudó a encontrar momentos de paz en medio de la tormenta.

Entendí también que la fe no siempre es un refugio fácil. A veces, es un campo de batalla donde luchamos con nuestras preguntas, nuestras dudas y nuestro dolor. Y eso está bien. Porque incluso en esa lucha, hay un crecimiento. No puedo decir que encontré todas las respuestas, pero sí encontré algo más valioso: la capacidad de aceptar que no todo tiene un porqué, y que incluso en la ausencia de respuestas, podemos hallar sentido.

Si estás enfrentando un conflicto similar, quiero decirte algo que a mí me ayudó: no temas expresar lo que sientes, incluso si eso incluye pelear con Dios o cuestionar su presencia. La fe no se trata de perfección, se trata de humanidad. Y en esa lucha, puedes encontrar el comienzo de una reconciliación, no solo con lo divino, sino también contigo mismo.

Mis primeros destellos

En medio de toda esta confusión mental y espiritual, hubo una frase que leí, en uno de esos mensajes que mandaba mi amiga, que me hizo encender la primera chispa de consciencia: **«La mente es como un jardín. Si no plantas flores, las malas hierbas crecerán solas».** La verdad es que había dejado mi mente desatendida. Entre la enfermedad y las dificultades, había permitido que los pensamientos negativos tomaran el control, alimentando mi miedo y mi desesperanza.

Esto no significa que la solución sea simple. No basta con «pensar positivo» y esperar que todo mejore. Pero sí es cierto que la mente tiene un poder increíble: puede ser nuestro peor enemigo o nuestro mayor aliado. En mi caso, había permitido que los pensamientos destructivos dominaran mi realidad, y era momento de recuperar el control.

Y entonces apareció en mi vida un segundo destello…

A veces, una sola conversación con una persona
sabia vale más que años de estudio.
Proverbio chino

Un encuentro inesperado

La vida tiene una manera curiosa de enviarte las lecciones que necesitas justo cuando estás listo para recibirlas, aunque en el momento no lo parezca. Fue en ese estado de agotamiento emocional que conocí a mi maestro.

Había perdido tanto en tan poco tiempo que no sabía ni por dónde empezar a reconstruirme. Fue una amiga quien, con la mejor intención, me sugirió que buscara algo que me ayudara a poner a trabajar mi mente en algo, que no podía seguir en cama todo el día, así que, a regañadientes, decidí inscribirme en clases de francés en un centro cultural cercano.

Recuerdo ese día con claridad. Estaba registrándome en la recepción, intentando mantenerme en control mientras mi mente bullía con mil pensamientos. Fue entonces cuando lo vi: un hombre vestido de blanco, con un tapete de yoga bajo el brazo, que caminaba con una calma que parecía ajena al caos del mundo. Su presencia era tranquila, casi magnética. Él notó mi turbante y se detuvo para saludarme. «**¿Cómo llevas tu proceso… interior?**», me preguntó con una voz serena, como si conociera la tormenta que estaba viviendo.

Esa pregunta me tomó por sorpresa. ¿Proceso interior? No tenía idea de lo que quería decir. Después caí en la cuenta de que como traía el turbante, era como un anuncio de mi cáncer y antes de que pudiera responder, él continuó: «**Para sanar físicamente, primero hay que sanar el alma. Cuando el alumno está listo, el maestro aparece. Y tú ya estás lista**». Me invitó a sus clases de yoga con una confianza que me dejó perpleja. Yo estaba acostumbrada a cuestionarlo todo, pero sus palabras no dejaban espacio para el escepticismo. En ese momento, simplemente agradecí la invitación y le comenté que un día de estos me uniría.

En aquel momento, no lo entendí del todo, pero algo en sus palabras quedó resonando dentro de mí, como si hubiera tocado una fibra que yo misma había olvidado que existía. Era como si esa invitación, aparentemente casual, no fuera un simple gesto de cortesía, sino un destello, un llamado a detenerme y mirar mi vida desde otra perspectiva. Aunque tardé en aceptarlo, esa chispa fue imposible de ignorar. Y así, sin saberlo, comenzaba el camino hacia mi propio renacer.

Hay una chispa en tu interior que nunca se apaga.
Solo necesitas detenerte y prestarle atención.
Elisabeth Kübler-Ross

Los destellos que iluminan tu camino

Cada gran cambio en la vida comienza con un momento. No es una estrategia planeada ni un evento completamente consciente; es algo más sutil, más poderoso. Es como si el alma, a través de una chispa, nos recordara que algo debe transformarse. A estos momentos los llamo «**destellos del alma**»: pequeños instantes de claridad que nos sacuden, nos iluminan y nos invitan a mirar nuestra vida desde otra perspectiva.

Un destello del alma es ese momento breve en el que la vida te hace una pregunta poderosa: **¿A dónde quieres llevar tu vida?** Es una llamada que puede venir de muchas formas: una frase que escuchas en el momento justo, un evento inesperado que te confronta, o incluso una sensación interna que te empuja a detenerte.

Lo que hace único a este destello es que no necesita gritar. Es sutil, pero su impacto es profundo. Es el tipo de mensaje que no puedes ignorar, porque parece venir de un lugar más allá de lo cotidiano, más allá de la lógica. Es tu esencia hablándote, recordándote que estás hecho para más.

Reconociendo tu propio destello

Los destellos del alma pueden llegar de muchas formas y en los momentos más inesperados. Son esas señales que te sacuden, te despiertan y parecen darte un mensaje que solo es para ti, algo como; **«Hay algo más esperando por ti» o «Este no es el camino correcto».** Aunque su manifestación puede ser sutil, el impacto que tienen en tu vida puede ser profundo y transformador. Aquí hay algunos ejemplos de cómo pueden aparecer:

- **A través de palabras de otros:** a veces, una conversación casual con un amigo, un comentario inesperado o incluso una frase que escuchas en un libro, una canción o una película puede resonar en lo más profundo de tu ser. Es como si esas palabras hubieran sido creadas específicamente para ti en ese momento.
- **En momentos de calma o silencio:** cuando estás caminando a solas, meditando o simplemente disfrutando de un instante de tranquilidad, puedes sentir una claridad repentina. Es como si el ruido del mundo se apagara y, de repente, una verdad interna emergiera.
- **En situaciones difíciles:** muchas veces, los destellos del alma se manifiestan en medio de desafíos. Una enfermedad, una pérdida o una crisis puede ser el catalizador que te obliga a detenerte, mirar hacia adentro y replantearte todo. Aunque estas experiencias son dolorosas, también tienen el poder de iluminar caminos que antes no podías ver.

¿Qué hacer con un destello?

No debes ignorarlo, un destello del alma no es un evento al azar; es una llamada a la acción, es una invitación clara para un cambio de camino. Pero para aprovecharlo, primero necesitas reconocerlo y darle espacio en tu vida. Aquí tienes algunas preguntas para guiarte:

- **Recuerda un destello reciente:** ¿Hubo algún momento en el que sentiste una sacudida emocional o mental? ¿Qué fue lo que despertó en ti?
- **Explora su significado:** ¿qué mensaje crees que contenía ese destello? ¿Qué te invitaba a cuestionar o cambiar?
- **Identifica su impacto:** ¿qué emociones despertó ese momento en ti? ¿Te dio miedo? ¿Te llenó de esperanza?

- **Conecta con su propósito:** ¿qué acción puedes tomar a partir de ese destello? ¿Qué decisión puedes empezar a considerar?

Es importante entender que estos destellos no siempre vienen con instrucciones claras. A veces, su único propósito es hacerte, detener y mirar el camino que has recorrido. Son como una linterna que ilumina tu interior, permitiéndote ver lo que antes estaba oculto.

Uno de los primeros destellos que iluminó mi camino llegó de las palabras de mi maestro: **«Para sanar físicamente, primero hay que sanar el alma»**. Esa frase no solo se quedó grabada en mí, sino que también despertó algo profundo, como si me hablara directamente al corazón. En ese momento, aunque no entendí completamente su significado, supe que marcaba el inicio de un viaje hacia mi interior. Esa fue la chispa que me impulsó a mirar más allá de mi dolor físico y a explorar las heridas invisibles que cargaba en el alma. Fue ahí donde comenzó mi verdadera sanación, fue el inicio de un camino de exploración que me llevó a descubrir mi verdadero ser.

Tu momento de despertar

Los destellos del alma no solo te despiertan; te empoderan. Son recordatorios de que, sin importar las circunstancias, siempre puedes empezar de nuevo. Puede ser aterrador, cuestionar tu vida y tus decisiones, pero también es la oportunidad de rediseñar tu camino desde cero.

Piensa en esto: ¿qué momento de tu vida se ha sentido como un destello? ¿Qué te invitó a cambiar o a ver desde otra perspectiva? ¿Qué podrías hacer hoy para honrar ese llamado?

Recuerda, el destello es el inicio. Es la chispa que puede encender un fuego capaz de iluminar todo tu camino. Solo necesitas reconocerlo y escuchar lo que tiene para decirte.

Sin embargo, no todas las chispas generan un incendio. Muchas veces, las ignoramos, las apagamos o las dejamos pasar porque no sabemos qué hacer con ellas.

Quizá te encuentres en tu propio pozo en este momento. Quizá también sientas que has perdido el sentido de quién eres o hacia dónde vas. Si es así, quiero que sepas algo: no estás solo, y nunca es demasiado tarde para comenzar de nuevo.

Esto me ocurrió cuando recibí el primer destello de mi proceso: después de mi diagnóstico, mi amigo me dijo… **«Esto es lo mejor que te va a pasar en la vida»**, al instante me causó enojo, después de escucharlo comencé a entender un poco por qué me lo había dicho, pero fue hasta muchos meses después que entendí que ese había sido un destello y que justo era un regalo de la vida, que era para mi transformación.

Para aprovechar un destello del alma, necesitas darte permiso de escucharlo y si te pasó como a mí, y lo reconoces tiempo después, no importa, lo importante es que no lo dejes pasar y puedas hacer un espacio para la reflexión: Pregúntate: **«¿Qué es lo que mi alma está tratando de decirme?».** Escribe sobre tus emociones: A veces, las respuestas aparecen cuando pones tus pensamientos en papel y te permites sentir: Los destellos a menudo vienen acompañados de emociones intensas. En lugar de rechazarlas, intenta explorarlas.

El destello del alma abre la puerta, pero hay que dar el primer paso para materializarlo, eso es lo que inicia el verdadero cambio. Una acción que le dé forma a ese destello del alma. Para mí, ese paso fue asistir a mi primera clase de yoga, aunque al principio no lo entendía del todo, fue el inicio de una relación nueva conmigo misma, y también la base para algo más profundo: entender que el dolor, por más devastador que sea, también puede ser una oportunidad. Pero para convertirlo en algo más que sufrimiento, tuve que tomar una decisión: dejar de ser víctima de las circunstancias.

Esta decisión no llegó de un día para otro. Requirió tiempo, paciencia y el valor de mirarme al espejo sin máscaras. Aprendí que el victimismo no solo nos paraliza; también nos roba el poder de actuar, de cambiar, de construir.

Ahora compartiré contigo cómo ese proceso comenzó a tomar forma y cómo, gracias a una clase inesperada de yoga, descubrí que soltar el papel de víctima no es un acto de resignación, sino de poder personal. [illegible] decides dejar de culpar al mundo y comienzas [illegible] tu vida, algo extraordinario sucede: em[illegible]

Capítulo 7: Dejar de ser víctima: un acto de poder personal

Mi primer día de yoga: torpeza e iluminación

El cuerpo es un reflejo del estado mental. Si te sientes como una tabla, solo significa que tienes mucho potencial para desbloquear.
Judith Hanson

Cuando finalmente decidí asistir a mi primera clase de yoga, llegué con una mezcla de curiosidad y escepticismo. Me sorprendió ver que en la clase había mucha gente y cuando el maestro de yoga entró me pidió que estuviera más al frente para poder escuchar y observar. Pensaba que sería algo muy físico, como un ejercicio más. Pero desde el principio, me di cuenta de que esto era diferente.

La clase comenzó con algo que nunca había hecho en mi vida: una respiración alternada. El maestro nos pidió sentarnos con la espalda recta, como si un hilo imaginario tirara suavemente de nuestra coronilla hacia el techo. «Usa tu mano derecha —dijo— para tapar tu orificio nasal derecho con el pulgar, inhala profundo por el lado izquierdo, luego cambia, tapando el izquierdo con el meñique y exhala por el derecho».

Al principio me sentí torpe, incapaz de coordinar la respiración con los movimientos, pero algo en la cadencia de aquel ejercicio me atrapó. Cada inhalación y exhalación parecía limpiar no solo mis vías respiratorias, sino también el ruido de mi mente. Fue como si cada ciclo me conectara con una parte olvidada de mí misma. Aquel simple acto de respirar conscientemente, alternando un lado y luego el otro, marcó un espacio de calma y equilibrio que no recordaba haber sentido jamás.

Una vez que ya todos estábamos relajados y con la mente en calma, comenzó con una historia que parecía sacada de un cuento, pero que resonaba como una verdad para mí. Habló de un alpinista que soñaba con conquistar la cima más alta del mundo. Durante años se preparó física y mentalmente, sacrificando tiempo, recursos y relaciones para lograr su objetivo. Cuando finalmente emprendió el ascenso, una avalancha inesperada lo sorprendió a pocos metros de la cumbre, dejándolo atrapado en una grieta durante horas, al borde de la muerte. Rescatado tiempo después, el alpinista volvió a casa lleno de rabia y frustración. Todo lo que podía pensar era: «¿Por qué me pasó esto? ¿Por qué, después de tanto esfuerzo, no pude alcanzar la cima?». Durante meses estuvo analizando y viendo en qué había fallado o qué le había faltado.

Un día, un anciano que había oído su historia lo buscó. «Escuché que las montañas te traicionaron —le dijo—. Pero dime algo, ¿qué aprendiste en esa grieta?». El alpinista, confundido, respondió que solo había aprendido lo cruel que podía ser la naturaleza. Entonces el anciano le dijo: «¿Y no aprendiste lo valioso que es cada aliento? ¿O cómo esa grieta te mostró quiénes realmente se preocupan por ti? ¿Qué tal la fuerza que descubriste al sobrevivir a la caída? —Entonces el anciano continuó—. Deja de preguntarte por qué te pasó. Esa grieta no llegó para castigarte, sino para enseñarte algo que la cima nunca podría darte: humildad, paciencia y un nuevo propósito». Aquella conversación marcó al alpinista. En lugar de obsesionarse con la cima, decidió enseñar a otros a escalar, pero sobre todo a respetar las montañas y entender sus lecciones.

El maestro cerró la historia con una pregunta que parecía dirigida a cada uno de nosotros y obvio en especial a mí: **«¿Cuáles son las grietas en tu vida y qué están tratando de enseñarte?»** Nos sugirió un cambio en nuestra perspectiva: dejar de preguntarnos: «¿por qué me pasa esto?», y empezar a explorar «¿para qué me pasa esto?». **Explicó que el «¿por qué?» nos estanca en el papel de víctimas, buscando culpables o razones que a menudo no tienen respuesta.**

En cambio, el **«¿para qué?»** abre la puerta al aprendizaje y a descubrir el propósito detrás de cada experiencia. Nos dio ejemplos sencillos, pero impactantes: cuando pierdes un trabajo, en lugar de hundirte en el enojo o la frustración, puedes preguntarte para qué necesitas esa pausa. Tal vez sea para encontrar algo que te apasione más o aprender a confiar en ti misma. Si atraviesas una enfermedad, en lugar de preguntarte por qué la vida es injusta, puedes reflexionar sobre cómo esa experiencia puede enseñarte a cuidar mejor de tu cuerpo o a valorar los pequeños momentos. Sus palabras resonaron profundamente en mí. Era como si estuviera reescribiendo el guion de mi vida en ese mismo instante, transformando mi sufrimiento en una oportunidad para crecer.

Pensé en cómo había pasado meses atrapada en el «¿por qué?» de mi enfermedad. Tal vez, como el alpinista, había estado mirando solo lo que perdí, sin darme cuenta de lo que esa «grieta» estaba tratando de mostrarme. Era un momento de cambio, una oportunidad para dejar de buscar culpables y empezar a buscar sentido.

El momento del calentamiento llegó, y con él, una nueva ronda de desafíos. El maestro nos pidió que nos pusiéramos de pie y comenzáramos con movimientos suaves para preparar el cuerpo. Hasta ese punto, me sentía relativamente tranquila, pero en cuanto empezamos con las posturas físicas, todo mi cuerpo protestó. Mis piernas se sentían como troncos rígidos, mis brazos temblaban ante el peso de mi propio cuerpo, y cada intento de doblarme hacia adelante parecía una misión imposible. Había mujeres a mi alrededor que se movían con una gracia impresionante, doblándose como si fueran de goma, mientras yo apenas podía inclinarme con temor a que algo se rompiera.

Mi mente, acostumbrada a no darme tregua, comenzó a compararme con todas las demás. «Mira a esa mujer de ahí, parece una bailarina. Y tú aquí, luchando por mantenerte de pie sin caerte». Cada postura era una excusa para juzgarme un poco más. Sentía que no pertenecía a ese lugar, que quizás el yoga no era para mí.

Fue entonces cuando el maestro se acercó a mí. Con una sonrisa tranquila, como si pudiera leer mis pensamientos, me dijo algo que cambiaría mi perspectiva: **«El yoga no se trata de tocarte los pies, sino de tocarte a ti misma. De conectar contigo y sentir que estás viva».**

Sus palabras me detuvieron en seco. De repente, no importaba que mi postura fuera torpe o que no pudiera doblarme como las demás. El yoga no era una competencia; era un espacio para encontrarme, para escuchar lo que mi cuerpo y mi alma tenían que decirme.

Esa frase resonó profundamente en mí. «Tocarte a ti misma». ¿Cuánto tiempo había pasado sin realmente conectarme conmigo misma? Estaba tan acostumbrada a cumplir expectativas externas, a ser fuerte para los demás, que había olvidado cómo escuchar mi propia voz.

El maestro continuó guiándonos, recordándonos que cada postura era una metáfora de la vida: algunas veces te sientes equilibrado, otras pierdes el control; a veces te sientes fuerte, otras veces vulnerable. Pero siempre hay algo que aprender.

Esa clase, que empezó como un desafío físico, terminó siendo una lección de introspección. Comprendí que el yoga no solo era una práctica para el cuerpo, sino también para la mente y el alma. Me estaba enseñando algo que nunca había aprendido: la importancia de estar presente, de aceptar mi proceso, y de encontrar significado en cada momento, incluso en los más difíciles.

Encontrar significado en el proceso

Quiero invitarte a reflexionar sobre estas preguntas:

- ¿Cuántas veces te has juzgado por no cumplir con expectativas, ya sean tuyas o de otros?
- ¿Qué pasaría si, en lugar de criticarte, te permitieras escuchar lo que tu alma, tus emociones y tu cuerpo tienen que decir?
- Si pudieras volver a un momento difícil, con la sabiduría que tienes ahora, ¿qué te dirías a ti mismo?
- Si dejaras de buscar un **«por qué»** y te enfocaras en un **«para qué»,** ¿cómo cambiaría tu perspectiva?
- ¿Qué significa para ti aceptar el proceso, incluso cuando no es como lo imaginabas?

La vida, como el yoga, no se trata de ser perfecto, sino de estar presente. Y en esa presencia, podemos empezar a encontrar significado incluso en las pequeñas cosas.

El yoga me mostró que la verdadera transformación no sucede en un salón con música relajante y velas aromáticas, sino en el momento en que eliges mirar tu vida con nuevos ojos. Cada respiración, cada postura, y cada reflexión que el maestro compartía durante la clase, me desafiaban a salir de la mentalidad de víctima y a preguntarme: «¿Qué puedo aprender de esto? ¿Qué puedo ganar al dejar de resistirme al dolor y al miedo?»

Acepta la responsabilidad de tu vida. Date cuenta de que tú eres quien va a llegar a donde quiere ir, nadie más.
Les Brown

El papel de víctima: ¿un refugio o una trampa?

Ser víctima es un rol que, aunque incómodo, muchas veces nos resulta familiar y hasta cómodo. Es más fácil culpar al mundo, a los demás o a las circunstancias que enfrentar la verdad: muchas de las cadenas que nos atan han sido reforzadas por nuestras propias manos. Pero este papel, aunque parezca un refugio, es una *trampa.* Nos quita poder, nos hace sentir impotentes y nos aleja de la vida que deseamos.

Cuando vives como víctima, la narrativa que domina tu vida es esta: **«Esto me pasa a mí y no puedo hacer nada al respecto».** Sin embargo, la transformación personal comienza cuando decides cambiar esa narrativa por: **«Esto está ocurriendo, y puedo decidir qué haré con ello».**

Nos consuela pensar que la culpa es de alguien más: «Fue mi jefe, mi nueva pareja, la economía, mi familia». Pero este rol, aunque parece protector, es una trampa. Mientras mantengas ese papel, estarás renunciando a tu capacidad de cambio. La víctima vive en un mundo donde todo le ocurre, pero nunca toma las riendas.

¿Cómo reconoces que estás viviendo como víctima?

Aquí hay algunos ejemplos comunes:

- **En las relaciones:** culpar a tu pareja por la falta de conexión emocional, sin reflexionar sobre tu propia responsabilidad en la relación. Ejemplo: «Nunca me escucha», en lugar de pensar: «¿Estoy comunicando mis necesidades de forma clara?».
- **En el trabajo:** sentirte estancado porque «el jefe nunca me da oportunidades» o «los compañeros siempre se llevan el crédito». Sin buscar cómo mejorar tus habilidades o plantear tus inquietudes.
- **En la salud:** decir «no tengo tiempo para cuidarme» o «mi cuerpo nunca responde» sin evaluar hábitos como alimentación, ejercicio o descanso.
- **En la vida cotidiana:** vivir con la narrativa de «todo me pasa a mí», como si las circunstancias fueran una tormenta inevitable en lugar de retos que puedes superar.

Cuando te colocas en el papel de víctima, te desconectas de tu poder. Dejas de creer que tienes la capacidad de influir en tu vida y empiezas a reaccionar a todo como si no hubiera alternativa. Esto no solo te estanca emocionalmente; también afecta tus relaciones, tu salud y tu autoestima.

Durante mi proceso de sanación, me di cuenta de que estaba atrapada en el papel de víctima. Una situación específica fue mi relación con mi exjefe. Durante meses, sentí una profunda injusticia por cómo me despidió en un momento tan difícil de mi vida. Me repetía: «¿Cómo pudo ser tan insensible?», usaba esta historia para justificar mi enojo y mi sensación de impotencia.

Pero en una conversación con mi maestro, algo cambió. Me dijo: «Julieta, **¿qué estás haciendo con esa historia? ¿La usas para avanzar o para detenerte?»**. Fue un momento revelador. Me di cuenta de que, aunque no podía cambiar lo que pasó, sí podía decidir qué haría con esa experiencia. Podía seguir alimentando el resentimiento o usarlo como una lección para buscar un trabajo donde me sintiera valorada y alineada con mis valores.

Cuando dejé de culpar y asumí mi responsabilidad en cómo gestionaba esa situación, comencé a sanar. Entendí que, aunque el acto de despedirme no fue mi responsabilidad, mi reacción y lo que haría con ese evento sí lo eran.

La contraparte: el poder de la responsabilidad

Cuando eliges salir del papel de víctima, entras en un terreno totalmente nuevo: el de la responsabilidad personal. Ser responsable no significa culparte por todo lo que ocurre; significa asumir que tienes el poder de influir en tu vida y de dirigirla hacia donde quieres.

¿Qué significa asumir la responsabilidad?

- **Reconocer tu poder:** te das cuenta de que no eres un espectador pasivo; eres el protagonista de tu vida. Sabes que, aunque no puedes controlar todo, siempre puedes controlar tu actitud, tus decisiones y tus acciones.
- **Dejar de esperar salvadores:** ya no esperas que algo o alguien te saque del lugar donde estás. En lugar de eso, tomas acción por ti mismo.
- **Elegir cómo responder:** aunque no puedes cambiar el pasado, puedes decidir cómo interpretar lo que viviste y qué harás con ello.

¿Cómo nos hace sentir asumir la responsabilidad?

- **Empoderados:** sientes que tienes el control de tu vida, lo que te llena de energía para tomar decisiones y actuar.
- **Más tranquilos:** al dejar de culpar a otros, liberas emociones negativas como la frustración y el resentimiento.
- **Inspirados:** reconocer que puedes crear tu realidad te conecta con tu potencial y te motiva a avanzar.
- **Liberados:** dejas de cargar el peso del victimismo, lo que te permite enfocarte en lo que realmente importa: el presente y el futuro.

Pasar del victimismo a la responsabilidad es como quitarte unas gafas oscuras y reemplazarlas por unas que te permiten ver el mundo con claridad. La responsabilidad no es una carga; es una liberación. Te permite tomar las riendas de tu vida y dirigirla hacia lo que realmente deseas.

Cómo dejar de ser víctima y recuperar tu poder

Si quieres salir del papel de víctima, el primer paso es reconocerlo. Esto no significa que lo que viviste no haya sido doloroso o injusto. Tampoco significa que debas ignorar tus emociones. Pero sí implica tomar la decisión consciente de dejar de enfocar toda tu energía en lo que no puedes controlar y dirigirla hacia lo que sí puedes cambiar.

1. **Aceptar que estás en el papel de víctima:** identifica si el victimismo está presente en tu vida. Pregúntate: «¿Me siento atrapado o sin control sobre mi situación? ¿Busco culpar a los demás o al entorno por mis problemas?».
2. **Entender que es una postura, no una identidad:** reconocer que el victimismo no define quién eres, sino una forma de interpretar las circunstancias.
3. **Cambia la narrativa:** En lugar de decirte: «Esto es culpa de...», prueba a decir: «Esto ocurrió. ¿Qué puedo aprender de ello?».
4. **Acepta tu rol en las circunstancias:** esto no significa culparte, sino identificar las decisiones o posturas que puedes ajustar para avanzar.
5. **Encuentra el aprendizaje en tus experiencias:** reflexiona sobre lo que te han enseñado los momentos difíciles. ¿Qué habilidades o fortalezas has desarrollado?

6. **Redefine el significado:** usa tus experiencias como una plataforma para crecer. Como en mi caso, lo que parecía una traición profesional se convirtió en el catalizador para redescubrir mi propósito.

Te invito a reflexionar sobre una situación en la que te has sentido como víctima. A través de este pequeño ejercicio, podrás ver esa experiencia desde otra perspectiva y asumir tu poder personal. Recuerda, cambiar tu narrativa no es ignorar lo que ocurrió, sino verlo desde una perspectiva diferente, llamada responsabilidad, que te permita avanzar con mayor claridad y fortaleza.

Ejercicio: cambia tu narrativa

1. **Identifica una situación donde te sientes víctima:** escríbela con el mayor detalle posible. Por ejemplo: «Perdí mi trabajo porque mi jefe no valoró lo que hacía».
2. **Reescribe la historia desde una perspectiva de responsabilidad:** busca qué aprendiste o cómo podrías haber actuado diferente. Ejemplo: «Esa experiencia me enseñó a priorizar mi bienestar y buscar un trabajo donde mis valores estén alineados con los de la organización».
3. **Comprométete a una acción para avanzar:** define un paso que puedas dar hoy para alejarte de esa narrativa. Como enfocarte en elaborar un *curriculum* impactante y buscar activamente trabajo.

Este ejercicio lo puedes hacer con cualquier narrativa donde te identifiques como víctima, para transformarla. Pregúntate: «¿Qué historia he estado contando que ya no me sirve? ¿Qué nueva narrativa estoy listo para escribir?».

Cuando decides dejar de ser víctima, descubres algo increíble: el pasado ya no tiene poder sobre ti. Lo que ocurrió fue real, pero ya no define quién eres ni lo que puedes lograr. Cuando sueltas ese papel, recuperas tu poder y te das permiso para avanzar. Algo dentro de ti cambia para siempre.

Para mí soltar el papel de víctima fue un gran paso, pero no fue el único. Era como liberar una carga que me mantenía anclada, abriendo un espacio para explorar mi verdadero poder personal. Fue entonces cuando entendí que, para transformar mi vida, necesitaba ir más allá: aprender a dominar mi mente. Fue en otra lección de yoga, mientras escuchaba a mi maestro hablar sobre el poder de los pensamientos, donde comprendí que mi mente era el campo donde se libraban las batallas más importantes de mi transformación.

En el próximo capítulo, te invito a explorar cómo tomar las riendas de tu mente y convertirla en tu aliada. Este paso fue crucial en mi proceso y será fundamental en el tuyo.

Capítulo 8: Rompiendo las ataduras invisibles: El poder de dominar tu mente

Aquellos que no pueden cambiar su mente no pueden cambiar nada.
George Bernard

Si hay algo que aprendí al comenzar mi proceso de sanación, es que el cambio no ocurre de afuera hacia adentro; siempre inicia desde lo más profundo de nosotros mismos. Por mucho tiempo busqué respuestas en los demás, en las circunstancias, en los eventos externos. Pero, como mi maestro de yoga me enseñó, la verdadera transformación empieza en un lugar mucho más cercano: en nuestra mente.

Soltar el papel de víctima fue como liberar una carga que me había mantenido anclada durante tanto tiempo. Era una transformación que no solo marcaba el fin de una etapa, sino el comienzo de algo aún más profundo: la posibilidad de recuperar mi poder personal y abrazar la responsabilidad de mi propia vida. Pero ese fue solo el primer paso. Al dejar atrás el rol de víctima, comencé a vislumbrar un territorio aún inexplorado que necesitaba conquistar: mi mente.

El yoga me había enseñado a escuchar mi cuerpo, pero también me reveló que mi mente era un campo de batalla donde se libraban las luchas más importantes de mi transformación. A medida que avanzaba en mi práctica, comprendí que muchas de las cuerdas que me ataban no estaban en el exterior, sino en mis propios pensamientos, en las historias que repetía sin cuestionarlas. Mi maestro solía decir: **«No es el mundo el que te atrapa, sino las creencias que has aceptado sin resistencia. Domina tu mente, y descubrirás que siempre fuiste libre».**

Esa frase resonaba en mí como un eco constante. Entendí que dejar de ser víctima no era solo un acto de responsabilidad externa, sino también interna.

Requería observar mis pensamientos y desafiar las narrativas que alimentaban mis miedos, mi inseguridad y mis limitaciones. La verdadera libertad no podía llegar si mi mente seguía siendo mi peor enemiga. Fue entonces cuando me di cuenta de que, para transformar mi vida, debía aprender a transformar también mi mente

¿Estás listo para dar el primer paso hacia esa libertad?

La cuerda más fuerte no es la que te ata físicamente,
sino la que creas en tu mente. Domina tus pensamientos,
y descubrirás que siempre fuiste libre.
Enseñanza de mi maestro de yoga

Aprendiendo a quitar la cuerda

Desde la primera clase, supe que el yoga no era solo una actividad física. En cada respiración, postura y reflexión, había algo más profundo. Mi maestro repetía una y otra vez: **«La mente es tu aliada o tu enemiga; tú decides quién dirige»**. Al principio, esas palabras me parecían abstractas, incluso inalcanzables. Pero a medida que avanzaba en mi práctica, comprendí lo que quería decir.

Una tarde, al inicio de nuestra clase de yoga, mi maestro entró con una expresión serena pero reflexiva. Sabía que algo importante venía, porque siempre empezaba con una historia que parecía hablar directamente a mi alma. Esa vez, nos invitó a cerrar los ojos y simplemente escuchar.

«Hoy quiero contarles una historia que, si la entienden de verdad, podría cambiar su manera de verse a ustedes mismos y por ende su propio camino», dijo. Su voz cálida llenó el silencio de la sala, y comenzó.

—Había una vez un pequeño elefante que nació en un circo. Apenas tenía unos días de vida cuando lo separaron de su madre y lo llevaron a un área de entrenamiento. Como parte de su crianza, lo ataron con una cuerda gruesa a una estaca firmemente clavada en el suelo. El pequeño elefante, confundido y asustado, intentó liberarse. Tiraba con todas sus fuerzas, usaba su trompa, sus patas, pero la cuerda era demasiado fuerte para él. Una y otra vez, con toda su energía de bebé, luchaba, pero nunca lograba soltarse.

El maestro hizo una pausa. Podía imaginar perfectamente al pequeño elefante, con los ojos llenos de frustración y tristeza, agotado por el esfuerzo inútil.

—Pasaron los días, luego semanas, y el elefante siguió intentando liberarse. Pero cada vez que lo hacía, la cuerda lo retenía y le recordaba su limitación. Hasta que un día, algo cambió. El elefante dejó de intentarlo. Simplemente, aceptó que nunca podría liberarse. Se resignó. Y con esa resignación, la cuerda ya no fue solo una atadura física; se convirtió en una atadura mental.

El ambiente en la sala era tan profundo que nadie se movía. Todos estábamos atrapados en la historia, pero mi maestro no había terminado.

—El tiempo pasó, y ese elefante creció. Se convirtió en una de las criaturas más fuertes del circo. Era inmenso, un gigante capaz de arrancar árboles con facilidad, y su fuerza era tal que podría haber destrozado esa pequeña cuerda sin ningún esfuerzo. Pero no lo hacía. Seguía atado al mismo poste, con la misma cuerda, porque en su mente creía que no podía liberarse. Él no sabía que la cuerda ya no tenía poder sobre él. Había sido libre todo el tiempo, pero no podía verlo.

Hizo otra pausa, y entonces lanzó una pregunta que golpeó directo a mi corazón:

—¿Cuántos de ustedes viven como ese elefante? ¿Cuántas veces nuestras mentes nos dicen que no podemos hacer algo, y lo creemos sin cuestionarlo? ¿Cuántas veces dejamos de intentarlo porque un día, hace tiempo, fracasamos?

Sentí un nudo en la garganta. Mi mente comenzó a llenar el espacio con recuerdos: las veces que me sentí atada por mis miedos, mis inseguridades, o por las críticas de otros. Recordé mi frustración durante mi tratamiento de cáncer, cuando sentía que estaba completamente limitada, sin control sobre mi vida. Había tantas «cuerdas» en mi mente, que ahora podía ver con claridad.

Mi maestro continuó:

—La mente es poderosa, pero también es un gran truco. Si no la dominas, ella te domina a ti. Si crees que no puedes, ya te has rendido antes de empezar. La libertad real no está en lo físico, sino en romper esas ataduras invisibles que creamos en nuestra mente.

Luego nos pidió que abriéramos los ojos y nos preparáramos para una postura de equilibrio.

Mientras intentaba mantenerme firme, las palabras seguían resonando: «El yoga no es solo para el cuerpo; es para entrenar la mente. Cada vez que caes, la mente te dirá: "No puedes hacerlo". Pero si eliges confiar, volver a intentarlo, y enfocarte, descubrirás tu fuerza interior. Dominar la mente no es callarla, es enseñarle a caminar contigo, no contra ti».

En ese momento, sentí que algo se movía en mi interior. Ya no era solo una historia; era un espejo de mi vida. Esa cuerda que había atado al elefante era la misma que me había mantenido atada durante años: la creencia de que no era lo suficientemente fuerte, de que no podía superar mis propios límites. Pero ahora lo veía claro: esa cuerda solo existía en mi mente.

Al final de la clase, mientras respirábamos profundamente en postura de relajación, mi maestro dijo:

—Recuerda, tú no eres tus pensamientos. Tus pensamientos son solo eso, pensamientos. Tú tienes el poder de decidir cuáles te definen y cuáles dejas ir. Las ataduras solo existen si tú se lo permites.

Salí de esa clase, sintiéndome más libre de lo que nunca antes me había sentido. Cada vez que las dudas o los miedos vuelven a aparecer, recuerdo a ese elefante y me pregunto: «¿Realmente estoy atada, o es mi mente la que quiere convencerme de que no puedo romper la cuerda?».

¿Qué ataduras invisibles has aceptado como reales? ¿Qué pasaría si te permitieras desafiar esas creencias y descubrir tu verdadera fuerza? Quizás, como el elefante, eres mucho más libre de lo que crees. La clave está en dominar tu mente, no en dejar que ella te domine a ti.

Como mi maestro dijo: **«La cuerda no te retiene; es tu mente la que te hace creer que no puedes romperla. Dominar la mente es darte cuenta de que siempre has sido libre».**

Me di cuenta de que para cuestionar esas cuerdas mentales necesitaba observar mis pensamientos con mayor claridad. Fue entonces cuando decidí darle un nombre a mi mente, como si fuera un personaje aparte, una voz con la que pudiera dialogar. Esto me permitió identificar sus patrones, cuestionarla y, lo más importante, entrenarla para que trabajara a mi favor.

Ahora, te invito a hacer lo mismo. A través de esta actividad, podrás reconocer las creencias limitantes que te han atado y comenzar a reemplazarlas por pensamientos que te empoderen. Porque, al igual que el elefante, descubrirás que la cuerda nunca tuvo poder sobre ti; solo tu mente puede liberarte.

La mente puede ser nuestra mejor aliada o nuestra mayor limitante. Muchas veces no somos conscientes del poder que le damos a esos pensamientos que se repiten en nuestra cabeza, alimentando dudas, miedos y creencias que nos frenan, vamos a entrenarla para que nos dé fuerza, certeza y poder.

Ahora, ¿estás listo para empezar?

Ejercicio: «dale un nombre a tu mente»

El objetivo de este ejercicio es que observes tus pensamientos limitantes, cuestionarlos y entrenar tu mente para reemplazarlos con creencias potenciadoras.

Paso 1: Conecta con tu mente: encuentra un lugar tranquilo donde puedas reflexionar sin interrupciones. Toma varias respiraciones profundas, cerrando los ojos por unos momentos. Mientras respiras, imagina que tus pensamientos son como nubes que pasan por el cielo: no tienes que detenerlas ni aferrarte a ellas, solo ve cómo pasan y cambian de forma, como las nubes.

Reflexiona: «Tu mente es una voz que siempre está contigo, pero no siempre tiene la razón. Hoy, te invito a **darle un nombre para que puedas dialogar con ella de manera más consciente.** Ese nombre será la representación de esa voz interna que a veces te apoya, pero que también puede limitarte».

Paso 2: Dale un nombre a tu mente: piensa en un nombre que creas que le queda bien a tu mente. Puede ser algo divertido, cariñoso, o incluso un nombre que refleje cómo percibes a esa voz interior.

Ejemplo: «Mi mente se llama "Sofía" porque siempre está filosofando», o «Yo la llamo "Pepito Grillo" porque no para de opinar».

Escribe el nombre que elegiste:

«Mi mente se llama ______________________ porque______________________
______________________».

Reflexión: ¿Por qué elegiste ese nombre? ¿Qué representa para ti?

Paso 3: Identifica tus creencias limitantes: tómate un momento para pensar en tres pensamientos o creencias negativas que tu mente te repite con frecuencia. Escríbelos sin filtro ni juicio.

Ejemplo:

- «No soy suficiente».
- «Siempre fracaso».
- «No puedo hacer esto».

Ahora reflexiona sobre cada uno:

- ¿Cuándo empezaste a creer esto?
- ¿Es realmente cierto o solo una percepción?
- ¿Qué evidencia tienes que demuestre lo contrario?

Paso 4: Conversa con tu mente: imagina que puedes tener una conversación con esa voz. Hazle preguntas como si hablaras con una amiga que a veces te limita por miedo o dudas. Háblale por su nombre.

Escribe tu diálogo:

- ¿Por qué insistes en repetirme estas creencias?
- ¿Qué intentas proteger o evitar?
- ¿Qué necesito aprender para dejar de creer esto?

Ejemplo de diálogo interno:

- Yo: «Oye, Sofía, ¿por qué sigues diciéndome que no soy suficiente?».
- Sofía: «... Escucha qué te dice o qué pensamiento aparece...»
- Yo: «Gracias por "X" (lo que te haya contestado...), pero ahora sé que estoy listo para avanzar».

Paso 5: Reemplaza las creencias limitantes: por cada creencia limitante, escribe una nueva creencia potenciadora que la reemplace.

Ejemplo:

- «No soy suficiente» → «Soy suficiente y valiosa tal como soy».
- «Siempre fracaso» → «Cada intento es una oportunidad para aprender».
- «No puedo hacer esto» → «Estoy aprendiendo y creciendo cada día».

Repite tus nuevas creencias en voz alta. Si te ayuda, conviértelas en un mantra. Por ejemplo:

«Soy capaz, soy suficiente, y avanzo con confianza».

Paso 6: Entrena a tu mente: a partir de ahora, cuando notes un pensamiento limitante, identifícalo como algo que tu mente (llámala por su nombre) te está diciendo, pero no como una verdad absoluta.

Hazte estas preguntas cada vez que surja un pensamiento limitante:

1. ¿Es esto verdad?
2. ¿Qué evidencia tengo de lo contrario?
3. ¿Qué creencia potenciadora puedo elegir en su lugar?

Tu mente es una herramienta poderosa, pero tú tienes la tarea de entrenarla. Al darle un nombre y observarla desde afuera, puedes cuestionar sus límites y guiarla hacia pensamientos que te potencien. Recuerda: no eres tus pensamientos, eres quien decide qué pensar.

Reflexión

La historia de la cuerda del elefante me hizo comprender algo crucial: nuestra mente, al igual que el elefante, puede ser condicionada por creencias y límites autoimpuestos. Nombrar a mi mente fue un primer paso para observarla desde afuera, pero sabía que este era solo el comienzo. Si quería transformar mi vida, tenía que hacer algo más profundo: entender cómo funciona mi mente y comenzar a reprogramarla.

Recuerdo cuando mi maestro planteó la pregunta que resonó profundamente en mí: «**¿Quién domina a quién? ¿Tú a tu mente, o tu mente a ti?**». Esa frase quedó grabada en mí. Comprendí que la mente es el terreno donde todo comienza: las batallas más importantes, las creencias más limitantes y también las mayores oportunidades de cambio.

Ahora vamos a explorar cómo la mente funciona como un archivo de programas, muchos de los cuales ni siquiera elegimos conscientemente. Es ahí donde se decide si los destellos del alma pueden convertirse en acción o si serán apagados por nuestras propias barreras mentales, donde conscientemente tomas tu responsabilidad. Porque dominar tu mente no es solo entenderla, es elegir cómo usarla como tu mayor aliada en el camino de la transformación.

Todo lo que somos es el resultado de lo que hemos pensado. La mente es todo. En lo que piensas, te conviertes.
Buda

La mente: el campo donde todo comienza

Cuando el destello del alma enciende una chispa en ti, lo primero que enfrenta es tu mente. Este no es un espacio vacío ni neutral; está lleno de programas, creencias y patrones que has acumulado a lo largo de tu vida. Lo más impactante es que muchos de esos programas no los elegiste tú conscientemente. Algunos se instalaron en la infancia, otros se formaron durante experiencias difíciles o dolorosas, y todos juntos moldean cómo percibes el mundo y a ti mismo.

Si el destello del alma es esa chispa que te invita a cambiar, la mente es el campo donde se decide si ese fuego crecerá y se convertirá en transformación, o si será apagado por las barreras que has construido a lo largo de los años. Aquí comienza el verdadero trabajo de reprogramación y renovación.

La mente como archivo de programas

Imagina que tu mente es como una biblioteca llena de programas y estos programas son como libros escritos por otras personas: tus padres, tus maestros, la sociedad, e incluso tus propias experiencias. Cada pensamiento negativo, cada duda y cada miedo que surge, cuando decides cambiar, proviene de esos «libros», tus programas que llevas dentro.

Cada libro es un programa o una creencia que te han instalado a lo largo de tu vida. Algunos de estos programas son útiles, como los hábitos que te ayudan a ser productivo o las creencias que refuerzan tu confianza. Pero otros son limitantes, y muchos de ellos ni siquiera los elegiste conscientemente.

Las creencias o programas mentales tienen múltiples orígenes que se forman a lo largo de la vida, influenciados por diversas fuentes:

Infancia y crianza: la mayoría de nuestras creencias se originan en los primeros años de vida, cuando absorbemos ideas y valores de nuestros padres, cuidadores y el entorno familiar. Durante este período, el cerebro es altamente receptivo y acepta como verdad lo que observa o escucha.

- **Entorno cultural y social:** las normas culturales, tradiciones, religión, educación y el entorno social moldean nuestras creencias. Estas influencias establecen lo que percibimos como «normal» o «correcto» en nuestras vidas.

- **Experiencias personales:** las experiencias significativas, tanto positivas como negativas, refuerzan ciertas ideas y las convierten en creencias. Por ejemplo, un éxito temprano puede generar confianza, mientras que un fracaso puede sembrar dudas.
- **Mensajes repetidos:** la exposición repetida a mensajes (de medios, publicidad, personas influyentes o instituciones) instala creencias subconscientes. El cerebro tiende a aceptar aquello que escucha con frecuencia como una «realidad» interna.
- **Interpretaciones subjetivas:** más que los eventos en sí, la forma en que interpretamos nuestras experiencias da lugar a programas mentales. Por ejemplo, un niño que recibe poca atención puede interpretar que no es digno de amor, lo cual puede convertirse en una creencia limitante.
- **Inconsciente colectivo:** según Carl Jung, las creencias pueden estar influenciadas por patrones arquetípicos (roles universales) y compartidos por la humanidad, que están enraizados en el inconsciente colectivo.
- **Autocondicionamiento:** nuestros propios pensamientos y diálogos internos, repetidos una y otra vez, crean y refuerzan creencias. Incluso ideas sin fundamento pueden convertirse en verdades personales si las repetimos con frecuencia.

Lo más impactante es que, según algunos expertos, ciertos patrones mentales incluso pueden formarse antes de nacer, influenciados por las emociones de nuestra madre o las circunstancias que rodean nuestro nacimiento. Esto significa que la mente no solo es un reflejo de tu vida, sino también un espejo de influencias externas que llevan años acumulándose.

El primer obstáculo: creencias limitantes

Cuando comienzas a cuestionarte, lo primero que surge son las barreras mentales: las creencias limitantes son ideas o pensamientos profundamente arraigados que tenemos sobre nosotros mismos, los demás o el mundo, y que nos impiden avanzar, alcanzar metas o vivir plenamente.

Estas creencias actúan como barreras mentales, restringiendo nuestras posibilidades, y muchas veces operan de manera inconsciente

Son esas voces internas que te dicen:

- «No puedes hacerlo».

- «No mereces esto».
- «Siempre ha sido así, y no puedes cambiarlo».
- «Si muestro mis emociones, me van a rechazar».
- «Es demasiado tarde para cambiar mi vida».
- «La vida es una lucha constante».
- «Las cosas buenas no duran».

Estas creencias, aunque parecen reales, no son más que programas antiguos que se han repetido tanto que se sienten como verdades absolutas. La buena noticia es que la mente puede ser reprogramada.

Es en este punto donde muchas personas abandonan el proceso de transformación. Se sienten abrumadas por las dudas, los miedos y los patrones negativos que emergen. Pero aquí es donde radica el poder de la mente: **lo que una vez fue programado, puede ser reprogramado.**

Por ejemplo: supongamos que después de un destello decides que mereces una vida más plena y satisfactoria. Sin embargo, tu mente empieza a recordarte todos los fracasos pasados, pintándolos como prueba de que no puedes lograrlo. Este es el momento en el que debes intervenir, reconociendo esos pensamientos por lo que son: programas viejos que ya no te sirven.

Esos programas no están escritos en piedra; están en papel, y tú tienes la goma y el lápiz para reescribirlos.

Reprogramar la mente: el poder de elegir nuevos pensamientos

Reprogramar la mente es como limpiar un jardín lleno de maleza. No puedes simplemente plantar semillas y esperar que crezcan; primero necesitas arrancar la maleza de raíz, esas creencias que te limitan. Porque la mente, aunque parece ser el obstáculo, también es tu herramienta más poderosa para el cambio. Una vez que tomas conciencia de sus patrones, puedes comenzar a reprogramarla para alinearla con la visión de la vida que deseas. Esto no significa borrar el pasado, sino redirigir el enfoque hacia lo que te da poder.

Aquí hay algunas formas de comenzar:

- **Identifica tus patrones mentales:** hazte consciente de los pensamientos que aparecen cuando intentas cambiar. ¿Son de duda, miedo o autocrítica?
- **Reconoce cómo creas tus estados emocionales:** tus estados emocionales no ocurren al azar; son el resultado de procesos mentales y

físicos. Por ejemplo, cuando estás frustrado, puedes notar que generas imágenes negativas en tu mente, repites frases críticas y adoptas una postura cerrada. Cambiar cualquiera de estos elementos puede transformar tu estado emocional.

- **Reprograma tus representaciones internas:** cambia las imágenes mentales negativas por representaciones positivas; hazlas más brillantes, más grandes, y llénalas de energía. Cambia tus palabras internas por palabras que te fortalezcan, y ajusta tu postura para reflejar confianza y apertura.
- **Crea un nuevo enfoque:** decide conscientemente en qué quieres enfocarte. En lugar de revivir experiencias pasadas que te limitan, enfócate en las posibilidades que tienes hoy y en lo que puedes construir.
- **Crea afirmaciones positivas:** por cada pensamiento limitante, crea un pensamiento que lo reemplace. Por ejemplo, si piensas: «No soy suficiente», cámbialo por: «Estoy en constante crecimiento y comienzo a ser suficiente».**Repite, repite y repite:** la repetición es clave para que tu mente adopte nuevas creencias. Escríbelas, di tus afirmaciones en voz alta o grábalas para escucharlas.

Ahora quiero invitarte a realizar el siguiente ejercicio como un acto de creación y transformación personal. Cada vez que identifiques un pensamiento limitante y lo reemplaces con una narrativa poderosa, estarás dando un paso hacia la construcción de una nueva versión de ti mismo. Piensa en tu futuro, en la persona que deseas ser, y permítete comenzar ese cambio desde ahora. Este no es solo un momento de reflexión; es una oportunidad para diseñar la vida que realmente quieres vivir.

Ejercicio: identifica y reprograma

Este ejercicio te ayudará a observar tus patrones mentales y transformarlos en herramientas para el cambio. Dedica al menos 15 minutos para completarlo con calma. Recuerda: no hay respuestas correctas o incorrectas, solo honestidad contigo mismo.

- **Paso 1: Observa tus estados emocionales negativos:** piensa en un estado emocional negativo que experimentas con frecuencia, como inseguridad, frustración o tristeza. Ahora responde:
  - ¿Qué lo desencadena? Tal vez una situación, una persona o incluso un recuerdo.

- ¿Qué imágenes surgen en tu mente? ¿Son claras o borrosas? ¿Están en blanco y negro o a color? ¿Son cercanas o lejanas?
- ¿Qué palabras te dices a ti mismo? Escribe exactamente lo que te repites. Por ejemplo: «Esto es demasiado para mí», o «Siempre fallo».¿Qué sientes en tu cuerpo? Observa tu postura, tu respiración y cualquier tensión que puedas estar reteniendo.

- **Paso 2: Reescribe el guion interno:** ahora que identificaste esos elementos, vamos a cambiarlos uno por uno:

  - **Cambia la imagen mental:** si visualizas un escenario negativo, conviértelo en algo positivo. Por ejemplo: si te ves fracasando, imagínate triunfando, sonriendo y siendo reconocido por tu esfuerzo, si se te hace poco creíble, entonces imagínate desarrollándote, preparándote, tomando alguna acción que te lleve al éxito.
  - **Reformula las palabras internas:** cambia frases limitantes por afirmaciones poderosas. Por ejemplo, transforma «No soy suficiente» en «Estoy aprendiendo y creciendo cada día».**Ajusta tu fisiología:** ponte de pie, endereza tu postura, levanta la cabeza y respira profundamente. Si estás sentado, siéntate con confianza, como si ya hubieras logrado lo que deseas.

- **Paso 3: Crea un «interruptor» mental**

  - Elige un gesto, palabra o acción que usarás para cambiar tu estado emocional cuando lo necesites. Puede ser algo tan simple como chasquear los dedos, colocar tu mano en tu corazón o decir en voz alta: **«Yo puedo».** Este interruptor será tu señal para redirigir tu mente hacia pensamientos más positivos.

- **Paso 4: Practica diariamente**

  - La repetición es clave para reprogramar tu mente. Dedica unos minutos cada día a repetir las imágenes, palabras y posturas positivas que elegiste. Cuando surjan estados negativos, activa tu «interruptor» y aplica este proceso en tiempo real.

La mente es el instrumento más poderoso que tienes, pero como todo instrumento, requiere práctica para dominarlo. Los pensamientos que eliges alimentar se convierten en tu realidad, y lo que decides enfocar, crece dentro de ti. Reprogramar tu mente no es solo un acto de cambio, sino un acto de creación: estás moldeando quién eres y quién serás.

Recuerda, las barreras más grandes no están fuera de ti, sino dentro de tu mente. Pero aquí está la buena noticia: esas barreras pueden convertirse en peldaños hacia tu crecimiento.

Reflexiona:

- ¿Qué programas mentales están listos para ser reescritos?
- ¿Qué historia quieres contar sobre ti mismo a partir de ahora?

Tu mente puede ser tu mayor obstáculo o tu aliada más poderosa. La decisión es tuya. **Como dijo Henry Ford: «Tanto si piensas que puedes, como si piensas que no puedes, tienes razón».**La mente es el terreno donde se inicia la batalla, pero la verdadera transformación ocurre cuando decides tomar el control del timón. Has encendido la chispa, y comenzado a descubrir el poder que reside en cambiar tus pensamientos, esos programas y patrones que no siempre elegimos conscientemente. Has visto cómo transformar creencias limitantes en creencias potenciadoras puede abrirte puertas hacia una nueva versión de ti mismo.

Sin embargo, comprender nuestra mente es solo el primer paso. En el camino de la transformación, aparecen apegos emocionales, creencias arraigadas y miedos profundos que actúan como cadenas invisibles, reteniéndonos en una versión de nosotros mismos que ya no deseamos ser. Soltar esas cadenas requiere valentía, práctica y, sobre todo, la disposición de liberar partes de nosotros que hemos asociado con nuestra identidad o seguridad.

En el próximo capítulo, exploraremos el arte de soltar: cómo desprendernos de los apegos que nos limitan y enfrentarnos al miedo, esa fuerza poderosa que a menudo nos paraliza. Aprenderemos a verlo no como un enemigo, sino como un aliado capaz de impulsarnos hacia nuestra libertad emocional y mental. Porque soltar no significa perder; significa abrir espacio para lo que verdaderamente importa.

Este es el momento de profundizar en tu proceso. Prepárate para descubrir el poder transformador de soltar lo que ya no necesitas y transformar el miedo en una fuerza que te empuje hacia adelante. Aquí es donde comienza el verdadero viaje hacia la libertad.

Capítulo 9: Soltar apegos y miedos para avanzar

El poder de soltar: la libertad del no apego

El apego es el origen, la causa y la raíz del sufrimiento.
Buda

El apego es como un ancla invisible. Nos ata a cosas, personas, emociones e ideas, haciéndonos creer que, sin ellas, no podríamos avanzar. Pero, como aprendí en una de las clases más reveladoras con mi maestro, la verdadera libertad no viene de acumular, sino de aprender a soltar.

El proceso de soltar no es solo una práctica emocional, es una decisión estratégica. En mi caso, aprendí que no podía avanzar sin liberar las ideas, creencias y apegos que me mantenían estancada. Este acto de valentía me recordó que soltar no significa perder, sino dar espacio a nuevas posibilidades. Cada vez que soltaba, sentía que el peso se aligeraba y mi mente ganaba claridad.

Recuerdo perfectamente la mañana en que mi maestro nos pidió algo peculiar: traer a la clase nuestra ropa favorita, zapatos, falda o pantalón, blusa, suéter y si teníamos algún accesorio favorito. La solicitud me tomó por sorpresa. ¿Por qué quería que lleváramos algo tan personal? No tenía idea de lo que planeaba, pero esa incertidumbre me llenó de curiosidad.

Esa tarde, llegué con mi ropa favorita; mis tenis, mi pantalón de mezclilla, una blusa y una sudadera que eran las prendas que usaba cuando quería sentirme con muy buena vibra. Mis tenis casi nuevos y la ropa muy cómoda, la sudadera me la había regalado mi mejor amiga. Sabía que muchos de mis compañeros también habían traído cosas especiales, porque se notaba en sus gestos cuidadosos al acomodarlas.

Al inicio de la clase, mi maestro, con su serenidad habitual, nos invitó a sentarnos en círculo y sostuvo su mirada sobre cada uno de nosotros antes de preguntar:

«¿Por qué eligieron estas prendas? ¿Qué significan para ustedes?».Uno a uno, fuimos compartiendo nuestras historias. Escuché cómo algunos hablaban de recuerdos felices, de seres queridos, o de logros importantes asociados a esa prenda. Cuando llegó mi turno, me di cuenta de cuánto significado les había atribuido a mis prendas. No era solo ropa; era un símbolo de seguridad, de momentos felices, de una parte de mí misma.

Después de escuchar nuestras historias, mi maestro nos dio una instrucción que nos dejó en *shock*:

«Al finalizar la clase, vamos a donar estas prendas. Aprenderemos a soltar y a practicar el no apego».La sala quedó en silencio. Miré mi ropa con incredulidad. ¿Donarlo? ¿Ahora? ¿Por qué tendría que desprenderme de mis cosas que significaban tanto para mí? Mi mente empezó a buscar excusas: «¿Y si realmente las necesito después? ¿Qué voy a hacer sin mi pantalón favorito? Mis tenis son nuevos…».Pero mi maestro continuó:

«El apego no está en la prenda; está en lo que proyectas sobre ella. Nos aferramos a cosas porque creemos que nos definen o nos sostienen, pero nada externo tiene ese poder sobre ti. Soltar no significa perder; significa liberar espacio para algo nuevo».Fue una clase difícil. Durante cada postura, mi mente seguía regresando a la idea de que al final tendría que soltar mis prendas. Pero, al mismo tiempo, empecé a reflexionar: ¿qué me estaba enseñando esta incomodidad? ¿Por qué me costaba tanto dejar ir algo material?

Me di cuenta de que no era solo las cosas; era lo que representaban. Era mi necesidad de aferrarme a algo que me hacía sentir segura, como si al no tenerlas una parte de mí quedara incompleta.

Al final de la clase, uno por uno dejamos nuestras prendas en una caja para donarlas. Cuando llegó mi turno, sentí un nudo en el estómago, pero también algo liberador. Al soltar mis prendas, no solo estaba dejando ir objetos; estaba soltando una parte de mí que necesitaba aprender que no dependemos de las cosas para ser quienes somos.

El significado del no apego

Esa experiencia me enseñó que el apego no se limita a lo material. También nos aferramos a personas, ideas, trabajos, situaciones y hasta emociones que nos limitan. Nos quedamos en relaciones que ya no nos aportan, mantenemos creencias que ya no nos sirven, o acumulamos cosas que pensamos que algún día necesitaríamos. Pero, en realidad, ese apego es una carga que nos aleja de nuestra verdadera libertad.

Mi maestro solía decir:

«Soltar no significa perder. Significa liberar espacio para lo que realmente importa».

Aprendí que el no apego no es indiferencia. No es dejar de amar o de cuidar. Es aprender a amar sin poseer, a cuidar sin controlar, y a vivir sin miedo al cambio. Cuando soltamos, permitimos que la vida fluya, que lo nuevo llegue, y que lo viejo se transforme en aprendizaje.

El apego, según la filosofía budista, surge de nuestra necesidad de controlar o de aferrarnos a lo que nos da seguridad o placer. Queremos que las cosas sean permanentes, que nuestras relaciones sean perfectas, que el futuro sea predecible. Pero la realidad es que nada en la vida es eterno. Todo cambia, todo fluye, y ahí está el problema: cuando nos resistimos a soltar, nos resistimos al cambio y sufrimos.

La resistencia al cambio se manifiesta de muchas maneras:

- Nos quedamos en relaciones en las que sufrimos porque tememos estar solos.
- Nos aferramos a creencias limitantes, como «siempre debo agradar a los demás» o «no soy suficiente», porque tenemos miedo de enfrentar la incertidumbre de ser quienes realmente somos.
- Guardamos objetos innecesarios porque pensamos que nos traen suerte o porque tememos olvidar los recuerdos asociados a ellos.

Cada uno de estos apegos es como una carga que llevamos en una mochila emocional. Nos pesa, nos cansa, y nos limita. Pero al soltar, esa mochila se vuelve más ligera, y podemos avanzar con mayor libertad y claridad.

¿A qué te estás aferrando en este momento? ¿Qué objetos, emociones, personas o ideas has convertido en una carga que ya no necesitas? Practicar el no apego no significa dejar de valorar, sino entender que todo es transitorio y que la verdadera seguridad está dentro de ti, no en un objeto, persona o recuerdo, quítale el poder a lo que está fuera de ti.

Te invito a reflexionar sobre esto y, si te animas, a practicarlo: elige algo material a lo que sientas un apego especial y suéltalo. Regálalo, dónalo, o simplemente déjalo ir, y observa qué espacio nuevo se abre en tu vida al hacerlo. Recuerda: cuando soltamos, nos liberamos.

Pero si deseas explorar más profundamente esta lección, te invito a realizar un ejercicio transformador diseñado para ayudarte a practicar el no apego, no solo de lo material, sino también de las emociones, relaciones o creencias que ya no te sirven.

Ejercicio: práctica de liberación consciente

Esta práctica te permitirá observar lo que cargas y liberar lo que ya no necesitas, abrir espacio para nuevas experiencias, emociones y oportunidades que alinean mejor con quien eres hoy o con quien quieres ser.

Paso 1: Haz un inventario de tus apegos: encuentra un momento de calma y, con tu «diario de viaje», escribe una lista de las cosas, personas, ideas o emociones a las que sientes que estás apegado. Sé honesto contigo mismo.

Ejemplos:

- Un objeto con valor sentimental (como una prenda, un regalo o un recuerdo).
- Una creencia como «debo ser perfecto» o «siempre tengo que agradar a los demás».Una relación que sientes que te limita, pero a la que te aferras por miedo al cambio.

Al lado de cada elemento, responde:

- ¿Por qué me aferro a esto?
- ¿Qué me aporta o qué creo que me aporta?
- ¿Qué temo perder si lo dejo ir?

Paso 2: Escoge algo significativo para soltar. Elige uno de los elementos de tu lista, algo que tenga un peso emocional importante. Puede ser un objeto que guardas por costumbre, una creencia limitante que te frena, o incluso una emoción que has estado cargando durante años.

Tal vez elijas una carta que guardas de una relación pasada, porque sientes que representa un momento importante, pero también te ancla a un pasado que ya no existe y que puedes soltar.

Paso 3: Realiza un ritual simbólico de soltar. El acto de soltar debe ser consciente, con intención y simbólico. Aquí tienes un par de ideas para llevarlo a cabo:

1. **Si es un objeto físico:** tómalo entre tus manos y agradece el papel que jugó en tu vida. Reconoce lo que significó para ti y lo que aprendiste gracias a ello. Luego, decide cómo soltarlo:
   - Donarlo a alguien que pueda necesitarlo.
   - Liberarlo en la naturaleza (por ejemplo, arrojar una piedra al agua si es algo simbólico).
   - Tirarlo si ya no tiene uso.
2. **Si es una emoción o creencia:** escríbela en una hoja de papel, describiendo cómo ha afectado tu vida y qué te gustaría liberar. Luego, quema el papel (en un lugar seguro) mientras repites para ti:
   - «Te agradezco por las lecciones que me diste, pero ya no te necesito. Te libero con amor».**Si es una relación o un vínculo emocional:** cierra los ojos, respira profundamente, e imagina una cuerda invisible que conecta tu corazón con esa persona o situación. Visualiza cómo, con cada exhalación, esa cuerda se hace más delgada hasta desvanecerse. Dilo en voz alta si te ayuda:
   - «Te libero para que sigas tu camino, y me libero para seguir el mío».

Paso 4: ¿Cómo fue tu experiencia? Después de realizar el ritual, escribe cómo te sentiste. ¿Qué emociones surgieron? ¿Qué aprendiste al soltar? Date tiempo para procesar y observa el espacio mental, emocional o físico que has creado al liberar ese apego.

Reflexión

«Soltar no significa abandonar. Significa honrar lo que fue y abrirte a lo que está por venir. Cada vez que dejas ir algo a lo que te aferras, ya no aceptas o necesitas, te acercas más a tu esencia, más ligero, más libre, más tú».Transformar la relación conmigo misma no solo fue un desafío físico o mental; fue un acto profundo de amor propio. Cada decisión que tomé —dejar de ser víctima, soltar lo que ya no me servía— fue una declaración de quién quería ser.

Sin embargo, descubrí que el acto de soltar no siempre es tan evidente como dejar un objeto. También me aferraba a emociones, miedos, recuerdos y creencias que me mantenían anclada en el pasado. El apego no era solo físico; era emocional y mental, reconocerlo fue uno de los pasos más importantes en mi camino de transformación.

Algo que mi maestro trataba de hacernos comprender era que **el no apegarte no significa que no debas poseer nada, sino que nada te posea a ti.**

Con esta lección aprendí que el verdadero cambio no solo implica soltar lo tangible, sino también liberarme de las cadenas mentales que yo misma había construido. Porque, aunque había comenzado a transformar mi relación conmigo misma, también necesitaba sanar mis miedos y la relación con el mundo que me rodeaba.

Pero mi maestro sabía que aún había algunas lecciones más que debía aprender. Una tarde, mientras reflexionábamos al final de la clase, me dijo:

«Cuando logras soltar lo tangible, empiezas a darte cuenta de que hay algo más que pesa en tu vida: las historias que te cuentas. Si quieres paz, deja de luchar con tus pensamientos y tus miedos».

El miedo tiene una manera sutil de controlarnos. Nos aferramos a cómo creemos que deberían ser las cosas o las personas, y cuando no cumplen con nuestras expectativas, el resultado es inevitable: frustración, enojo, dolor. Pero, como me enseñó mi maestro, la clave para liberarse de este sufrimiento es aprender a enfrentar esos miedos internos con claridad y compasión.

Ahora que hemos explorado el poder de no apegarte a nada, ni nadie, es momento de enfrentar una de las cadenas más invisibles, pero más poderosas: el miedo.

Acompáñame a descubrir cómo liberar la mente de esas historias que nos limitan y cómo abrir espacio para una vida más auténtica, sin las ataduras del miedo que paraliza. Y, una vez que hayamos aprendido a enfrentarlo, podremos dar un paso más hacia la sanación: romper con expectativas, para elegirte protagonista de tu vida.

El miedo, esa fuerza transformadora que, al enfrentarlo y trabajarlo, nos impulsa a avanzar con libertad y a reconectar con nuestra esencia más auténtica.

¿Estás listo para romper las cadenas de tus miedos y descubrir una nueva forma de relacionarte contigo mismo y con los demás? Acompáñame a la siguiente lección: el miedo.

Enfrenta tus miedos y descubre que el monstruo
no era tan grande como parecía.
Zig Ziglar

Enfrenta el miedo, recupera tu poder

El acto de soltar no es solo un ejercicio de no apego, sino una preparación para enfrentar las raíces más profundas de lo que nos limita: el miedo. Cuando soltamos aquello que ya no nos sirve —sean objetos, relaciones o creencias— creamos el espacio necesario para mirar de frente lo que verdaderamente nos detiene. Y muchas veces, al fondo de todo apego o resistencia, encontramos al miedo.

El miedo, aunque incómodo, es una de las fuerzas más transformadoras que podemos experimentar. Al enfrentarlo, no solo lo desactivamos, sino que descubrimos su potencial para impulsarnos hacia adelante. Esta sección te invita a caminar hacia esas barreras invisibles que has construido, a reconocerlas y a transformarlas. Porque el miedo, cuando lo trabajamos desde la consciencia y con herramientas prácticas, deja de ser un freno y se convierte en una fuerza empoderante.

En las siguientes páginas encontrarás ejercicios diseñados para ayudarte a identificar tus miedos, dialogar con ellos y canalizarlos hacia el crecimiento personal. No se trata de eliminar el miedo, sino de aprender a convivir con él, usar su energía y avanzar con libertad y propósito.

Durante mi proceso de sanación, el miedo fue un visitante constante. El diagnóstico de cáncer trajo consigo una avalancha de temores: el miedo a perder mi salud, mi independencia, mi capacidad de proveer para mis hijos. Cada visita al médico era un recordatorio de la incertidumbre, y cada día sin trabajo me hacía cuestionar cómo iba a salir adelante. Había noches en las que el miedo a no verlos crecer me paralizaba, mientras otras veces era el miedo al rechazo o la incomprensión lo que me pesaba más. Pero con el tiempo, entendí que esos miedos no podían ser ignorados ni eliminados, sino que debían ser enfrentados. Ellos eran la voz de mi vulnerabilidad, pero también una llamada urgente a tomar el control de lo que sí podía manejar: mi perspectiva, mi actitud y mis acciones.Enfrentar esos miedos fue doloroso, pero también liberador. Descubrí que no eran muros impenetrables, sino retos que, al trabajarlos, se transformaron en recordatorios de mi fortaleza y en impulsores de mi transformación.

Porque renacer no es un acto mágico, ni instantáneo. Es un proceso. Y en ese proceso, el miedo no es un enemigo a vencer, sino un maestro que puede ayudarte a reconectar con tu esencia más auténtica y poderosa. ¿Estás listo para comenzar este viaje? Acompáñame, porque juntos transformaremos tus barreras internas en peldaños hacia tu mejor versión.

¿Qué es el miedo?

El miedo es una emoción básica que todos los seres humanos compartimos. En su forma más esencial, el miedo es una respuesta de supervivencia: un mecanismo biológico diseñado para protegernos de amenazas reales, como depredadores o peligros físicos. Pero en el mundo moderno, donde los peligros físicos son menos frecuentes, el miedo a menudo se manifiesta en formas más sutiles:

- El temor a fallar.
- El miedo al rechazo.
- La ansiedad sobre el futuro o lo desconocido.

El miedo es un recordatorio de que estás entrando en territorio desconocido, un aviso de que algo importa lo suficiente como para generar una reacción emocional intensa. Sin embargo, cuando el miedo no se gestiona, puede paralizarte, nublar tu juicio y detener tu crecimiento personal.

El miedo funcional vs. el miedo paralizante

Miedo funcional: este tipo de miedo es útil. Por ejemplo, sentir miedo antes de cruzar una calle con mucho tráfico te mantiene alerta y te impulsa a actuar con precaución. Es una herramienta que te protege.

Miedo paralizante: este miedo no se basa en una amenaza real, sino en pensamientos, suposiciones o creencias limitantes. Este es el tipo de miedo que nos detiene: el «no soy lo suficientemente bueno», el «¿y si fracaso?», o el «no puedo cambiar».

Reconocer la diferencia entre ambos tipos de miedo es esencial. Una vez que lo identificas, puedes empezar a trabajar con él, en lugar de contra él.

La clave para superar tus barreras internas es cambiar la narrativa que te cuentas sobre quién eres y lo que puedes lograr.
Tony Robbins

Reconociendo tus barreras internas

En capítulos anteriores, hablamos de las voces internas que te limitan: esos programas y creencias que se han instalado en tu mente a lo largo de la vida. Pero reconocer tus barreras internas va más allá de identificar esas voces; implica enfrentarte a los ecos de experiencias pasadas que aún resuenan en tu presente.Identificar y superar las barreras internas es un paso esencial para cualquier transformación. Estas barreras no siempre se ven ni se sienten como obstáculos claros; a menudo son como sombras que te acompañan silenciosamente, afectando cómo piensas, actúas y ves el mundo.

Las barreras internas son una mezcla de miedos, creencias limitantes y patrones emocionales no resueltos. Algunas provienen de experiencias del pasado, mientras que otras nacen de expectativas o narrativas que hemos construido a lo largo de la vida. Estas barreras pueden parecer verdades absolutas, como:

- «No soy lo suficientemente capaz».«
- Siempre fracaso en todo lo que intento».
- «Esto es todo lo que puedo esperar de la vida».

Estas no son verdades absolutas; son historias que aprendiste a contarte y que, con el tiempo, se convirtieron en muros que bloquean tu camino

Cómo identificar tus barreras internas

Reconocer estas barreras es el primer paso para desmantelarlas. Aquí hay una guía para hacerlo:

1. **Presta atención a tu diálogo interno:** observa las frases que repites en tu mente, especialmente en momentos de desafío o incertidumbre. ¿Qué palabras usas contigo mismo? ¿Te limitan o te empoderan?
2. **Busca patrones en tus miedos:** como vimos antes, el miedo puede ser funcional o paralizante. Identifica cuáles de tus miedos son respuestas a amenazas reales y cuáles son barreras que tu mente ha creado.
3. **Detecta emociones recurrentes:** ¿hay emociones negativas que surgen una y otra vez? El enojo, la frustración o la tristeza pueden ser señales de barreras emocionales que necesitan ser enfrentadas.
4. **Reflexiona sobre tus hábitos y decisiones:** pregúntate si tus elecciones te están acercando a la vida que deseas o si, por el contrario, te están manteniendo en tu zona de confort, donde las barreras internas dominan.

Ahora que hemos explorado cómo identificar tus barreras internas, es momento de aplicar ese conocimiento de manera práctica.

Ejercicio: el mapa de tus barreras internas

Este ejercicio tiene como objetivo ayudarte a identificar tus pensamientos limitantes y transformarlos en herramientas de empoderamiento. Utilizaremos ejemplos consistentes en cada paso para que veas cómo aplicarlos en tu vida.

Este proceso te ayudará a identificar esos pensamientos, creencias y emociones que han estado frenándote, permitiéndote verlos con claridad y, lo más importante, desmantelarlos de manera consciente.

Tomarte este tiempo no solo te permitirá liberar la carga emocional que llevas, sino que también te dará herramientas prácticas para construir un camino más alineado con quien realmente eres y hacia donde quieres ir. Al final de este ejercicio, te sentirás más ligero, más consciente y equipado para enfrentar los desafíos con una perspectiva renovada. Así que respira profundo, date el espacio que necesitas, y recuerda: este es un acto de amor hacia ti mismo. ¡Comencemos!

Paso 1: Identifica tus pensamientos limitantes

Toma una hoja de papel y divídela en tres columnas:

1. **Pensamiento limitante:** escribe los pensamientos negativos que surgen con más frecuencia, especialmente en momentos de desafío.
2. **Emoción asociada:** describe las emociones que acompañan esos pensamientos.
3. **Alternativa empoderadora:** escribe un pensamiento positivo o realista que desafíe el pensamiento limitante.

Ejemplo:

Pensamiento limitante	Emoción asociada	Alternativa empoderadora
«No soy lo suficientemente bueno».	Inseguridad, tristeza, miedo.	«Puedo no saberlo todo, pero estoy aprendiendo y creciendo cada día».
«Siempre fracaso en todo lo que intento».	Frustración, desaliento.	«He tenido logros en el pasado, y este error es una oportunidad para mejorar».
«No puedo enfrentar esto solo».	Ansiedad, vulnerabilidad.	«Pedir ayuda es un signo de fortaleza, y tengo personas que quieren apoyarme».

Paso 2: Reflexiona sobre tus miedos

Identifica y entiende el miedo:

Pregúntate:

«¿Qué situación o evento desencadena este miedo?».«¿Qué impacto tiene en mí, emocional y físicamente?».

Ejemplo: si tu miedo es «hablar en público», reflexiona sobre cómo tu cuerpo reacciona (sudoración, nerviosismo) y qué pensamientos lo alimentan («voy a cometer errores», «todos se burlarán de mí»).

Desarrolla una conversación interna positiva:

El miedo, aunque puede parecer abrumador, es una respuesta mental que a menudo está influenciada por patrones de pensamiento negativos. Cambiar esta narrativa requiere atención y práctica.

Reescribe tu diálogo interno: por cada pensamiento negativo, ofrece una alternativa realista y empoderadora.

«No soy lo suficientemente bueno».

Alternativa: «Puedo mejorar con práctica y aprender de cada experiencia».

Habla contigo mismo como un amigo:

Si un amigo te expresara este miedo, ¿qué le dirías? A menudo somos más amables y comprensivos con los demás que con nosotros mismos.

Ejemplo: «Hablar en público no me define como persona. Aunque cometa un error, eso no significa que sea incompetente. Cada oportunidad es una chance para mejorar».

Paso 3: Estrategias para transformar tus barreras internas

a) Identificar patrones de pensamiento negativos: sé consciente de frases como «No puedo», «Nunca,» o «Siempre». Estas palabras absolutas suelen exagerar las limitaciones.

b) Aprender técnicas de relajación: practica ejercicios de respiración profunda o *mindfulness* para calmar la mente en momentos de estrés.

Ejemplo: inhala contando hasta 4, retén la respiración 4 segundos, y exhala contando hasta 6. Repite 3 veces.

c) Desarrollar confianza en ti mismo: haz una lista de tus logros, por pequeños que sean, y léela cuando dudes de ti. Celebra los progresos, incluso los más pequeños.

d) Establecer objetivos alcanzables: divide tus metas grandes en pasos pequeños y concretos. Por ejemplo, si tu meta es «volver a trabajar», empieza con:

- Actualizar tu currículum.
- Investigar empresas que te interesen.
- Practicar entrevistas con un amigo.

Paso 4: Toma control de tu cuerpo para calmar la mente: el miedo activa una respuesta física en tu cuerpo. Dominar estas sensaciones ayuda a recuperar el control.

- **Postura corporal:** mantén una postura erguida. Estudios demuestran que la postura afecta cómo te sientes. Una postura abierta y segura envía señales de confianza a tu cerebro.

  Ejemplo: siéntate o párate con los hombros hacia atrás y el pecho ligeramente hacia adelante.
  Cambia tu lenguaje corporal: adopta una postura de poder (hombros hacia atrás, cabeza en alto). Esta postura genera confianza, incluso si no te sientes seguro al principio.

- **Usa afirmaciones diarias:** refuerza tu mentalidad con frases empoderadoras como:

  - «Soy capaz de enfrentar cualquier desafío».«Cada día soy más fuerte y seguro de mí mismo».
  - **Ejemplo:** si tu pensamiento limitante es «No soy lo suficientemente fuerte para esto», intenta comportarte como si ya fueras fuerte:
  - Toma decisiones con seguridad, aunque sientas dudas.
  - Habla con confianza, aunque al principio sea incómodo.
  - Usa afirmaciones como: «Hoy enfrentaré mis desafíos con valentía y determinación».Este acto de fe activa cambios internos que, con el tiempo, se reflejan en tus acciones y resultados.

Paso 5: Da pequeños pasos hacia tu miedo: enfrentar tus miedos de golpe puede ser abrumador. Divide el proceso en acciones pequeñas y alcanzables:

Ejemplo con miedo a hablar en público:

1. Practica frente a un espejo.
2. Haz una presentación corta para un amigo.
3. Da una charla breve frente a un grupo pequeño.

Cada paso exitoso refuerza tu confianza y disminuye la intensidad del miedo.

Paso 6: Encuentra el mensaje oculto del miedo

El miedo no siempre es un enemigo; puede ser un maestro que te señala áreas de mejora o crecimiento. Pregúntate:

- ¿Qué me está enseñando este miedo?
- ¿Qué puedo aprender o desarrollar para enfrentarlo?

Ejemplo: el miedo al cambio podría estar enseñándote la importancia de confiar en ti mismo o de aceptar la incertidumbre como parte de la vida.

Recuerda: cada pequeño paso que tomas no solo desmantela tus barreras, sino que también construye la base de tu nueva realidad. ¡Empieza hoy y observa cómo tu confianza y fortaleza se expanden día a día!

«Las barreras más grandes no están en el mundo exterior, sino dentro de nosotros mismos».

Haber identificado tus barreras internas fue un paso crucial en este camino. Pero ahora llega el desafío más transformador: convertir esos miedos y limitaciones en una fuente de poder. El miedo, aunque muchas veces incómodo y paralizante, guarda un potencial escondido. Es energía pura, y cuando aprendemos a canalizarla, puede impulsarnos hacia adelante en lugar de detenernos.

Recuerdo el alivio que sentí al terminar mi primer ejercicio de barreras internas. Fue como soltar un peso que llevaba cargando durante años sin darme cuenta. Al enfrentar esas creencias limitantes, esas historias que repetía sin cuestionar, algo en mí comenzó a cambiar. Porque sí, reconocer cómo esos pensamientos moldean nuestras emociones y decisiones es fundamental.

Y aquí va la verdad dura, pero liberadora: las historias las puedes reescribir y solo depende de ti.

Hasta ahora, hemos explorado el miedo desde diferentes ángulos: como un mecanismo de supervivencia, como un freno y como una señal de las áreas donde necesitamos crecer. Lo que aprendí en este proceso es que el miedo no es un enemigo a vencer, sino un aliado que nos empuja a evolucionar. Su presencia, aunque desafiante, puede ser una guía hacia las metas que realmente importan.

Ahora es momento de dar un paso más. No basta con comprender el miedo; es necesario trabajar con él, dialogar con sus mensajes y convertirlo en una fuerza que nos impulse. Porque ese miedo que alguna vez te detuvo también puede ser el motor que te lleve más allá de lo que creías posible.

En las siguientes páginas, encontrarás ejercicios diseñados para ayudarte a canalizar la energía del miedo, a enfrentarlo con valentía y a usarlo como una brújula hacia tu crecimiento. Este no es solo un trabajo de transformación; es una invitación a reconectar con tu fuerza interna y a dar esos pasos que sabes que necesitas dar.

¿Estás listo para transformar el miedo en poder? Acompáñame en este viaje donde aprenderemos a caminar con el miedo y usarlo como una herramienta para construir la vida que realmente deseamos.

El miedo es natural. Superarlo es una elección.
Eleanor Roosevelt.

Transformar el miedo en poder: enfrenta tus obstáculos y encuentra tu fuerza

El miedo, aunque incómodo, tiene un propósito esencial: protegernos. Es una señal de alerta, un mecanismo que nos prepara para enfrentar situaciones que podrían ser peligrosas. Sin embargo, cuando permitimos que controle nuestras decisiones, el miedo se convierte en un freno que nos impide avanzar.

Ahora vamos a aprender a aprovechar esa poderosa energía emocional para transformarla en una herramienta que nos impulse hacia nuestras metas. El objetivo no es ignorar el miedo ni eliminarlo, sino enfrentarlo con valentía, comprenderlo y usarlo como catalizador para el cambio. Recuerda: el miedo mal manejado paraliza, pero el miedo gestionado con sabiduría puede empujarte hacia adelante.

Durante mi proceso de sanación, enfrenté muchos miedos, pero uno en particular me desafiaba constantemente: el miedo a la muerte. Era una sensación asfixiante, alimentada por preguntas que giraban en mi mente como un torbellino: «¿Quién cuidará de mis hijos? ¿Qué pasará con mi familia si yo no estoy?». Este miedo tenía el poder de paralizarme si lo dejaba actuar sin control, pero decidí enfrentarme a él y transformarlo en una fuente de poder.

Lo desarmé, parte por parte. Este proceso no solo me permitió comprender mi miedo, sino también tomar acción. A continuación, te comparto los pasos que me ayudaron a transformar mis miedos en una herramienta para avanzar:

Técnica: desarma tu miedo y recupera tu poder

El miedo puede sentirse como una sombra gigante que nos paraliza, pero cuando lo desarmamos, pieza por pieza, se convierte en algo manejable. Esta técnica te ayudará a identificar tu miedo, analizarlo y tomar acciones concretas para enfrentarlo con claridad y valentía. Prepárate para desarmar ese miedo paso a paso.

Paso 1: Identifica tu miedo con claridad

El primer paso para desarmar el miedo es identificarlo. Muchas veces, sentimos ansiedad o incertidumbre sin saber exactamente qué lo causa. Escribe en una hoja o diario de viaje:

1. **¿Qué es lo que realmente me asusta?** Sé lo más específico posible. Nombrar el miedo lo hace tangible y manejable.
2. **¿Cómo me afecta este miedo?** Reflexiona sobre cómo impacta tu vida: ¿te paraliza, te impide tomar decisiones o afecta tus relaciones?

   Ejemplo: ***Miedo:*** *tengo miedo de no estar preparada si algo malo ocurre.* ***Impacto:*** *este miedo me hace sentir ansiosa y no puedo disfrutar de mi presente.*

Paso 2: Cuestiona la naturaleza de tu miedo

Aquí es donde comienza el enfrentamiento. Al cuestionar tu miedo, empiezas a desactivarlo. Pregúntate:

1. **¿Este miedo es funcional o paralizante?**

   - **Funcional:** está basado en hechos reales y puede ayudarte a tomar medidas preventivas.
   - **Paralizante:** está basado en escenarios imaginarios o pensamientos exagerados.

   Por qué es importante: este cuestionamiento te da perspectiva. Al categorizar tu miedo, estás dividiéndolo en piezas manejables, lo que reduce su intensidad. Enfrentar el miedo de esta manera no lo elimina, pero disminuye su poder sobre ti.

   Ejemplo: *Mi miedo a dejar a mi familia desamparada si algo me pasara es funcional, porque es algo real que puede pasar, si yo no tomara medidas prácticas para protegerlos. En cambio, mi miedo a que todo saliera mal en mi tratamiento era paralizante, porque no tiene base real y era alimentada por mis pensamientos recurrentes.*

Paso 3: Visualiza el peor escenario posible

Este paso te invita a mirar de frente lo que temes. Escribe:

1. **¿Qué es lo peor que podría pasar si este miedo se hiciera realidad?**
   - Sé detallado. Piensa en todas las consecuencias, por más aterradoras que parezcan.
2. **¿Cómo me sentiría si esto ocurriera?**

   Por qué es importante: cuando escribes el peor escenario, estás enfrentando directamente la magnitud de tu miedo. Esto no lo hace más grande, sino más comprensible. Al ver el miedo en papel, comienzas a darte cuenta de que es manejable y que puedes prepararte para enfrentarlo.
   Ejemplo:
   Peor escenario:
   - Si algo me pasara, mi familia tendría dificultades económicas y emocionales.
   - Mis hijos podrían sentirse inseguros al enfrentar cambios drásticos en su vida.
   - Mi familia podría no saber cómo acceder a ciertos documentos importantes o trámites legales necesarios, como seguros o cuentas bancarias

   Sentimiento: me sentiría angustiada, pero también me doy cuenta de que puedo tomar acciones específicas.

Paso 4: Desarma tu miedo con acciones concretas

Ahora que identificaste el miedo y su peor escenario, es momento de desarmarlo. Divide tu miedo en pequeños componentes y busca soluciones o acciones para cada uno:

1. **¿Qué puedo hacer para prevenir el peor escenario?**
   - Busca acciones prácticas y específicas.
2. **¿Qué recursos o apoyos puedo buscar?**

   Por qué es importante: cada acción que tomas para abordar un aspecto de tu miedo reduce su intensidad y te devuelve poder.
   Ejemplo:
   Acción 1: Seguir el tratamiento médico al pie de la letra.
   Acción 2: Organizar mis documentos importantes y contratar un seguro de vida.

Acción 3: Hablar con mi familia para establecer redes de apoyo emocional.

Paso 5: Transforma el miedo en poder

El miedo es energía. Cuando lo desarmas, esa energía puede canalizarse hacia acciones que te empoderen. Haz lo siguiente:

1. **Elige una acción de tu lista y ponla en marcha hoy mismo.** No importa si es algo pequeño; lo importante es actuar.
2. **Celebra cada paso que des.** Reconocer tus logros te motiva a seguir adelante.

   Ejemplo:
   Hoy hablaré con mi médico para entender mejor mi tratamiento. Luego, organizaré un plan financiero para mi familia.

Herramienta visual: tabla para desarmar el miedo

Usa esta tabla para organizar tus pensamientos y acciones:

Identifica el miedo	¿Es funcional o paralizante?	Peor escenario posible	Acción preventiva
Miedo a no estar preparada	Funcional	Mi familia tendría dificultades	Contratar un seguro de vida
Miedo a no encontrar trabajo	Paralizante	No tener solvencia	Actualizar mi CV, búsqueda de empleo en diferentes fuentes

Este tablero no solo organiza tus tareas, sino que también te motiva al visualizar tu progreso. El miedo, al igual que cualquier desafío, no es un enemigo; es un maestro que nos invita a actuar. Cuando lo desarmas y lo enfrentas paso a paso, deja de ser una barrera y se convierte en una herramienta poderosa para avanzar.

Sin embargo, a veces necesitamos algo más tangible para procesar lo que sentimos y comenzar a tomar el control. En mi caso, para reforzar las herramientas antes descritas en este capítulo, utilicé una técnica sencilla pero poderosa que me enseñó mi *coach*. Esta técnica combina lo físico con lo emocional, permitiéndonos materializar el trabajo mental de enfrentar nuestros miedos.**El frasco de los miedos**

Tomé un frasco vacío, varias pelotas de unicel, y escribí en cada una de ellas los miedos que me estaban bloqueando. Uno decía «Muerte», otro «Soledad», y otro «No ser suficiente». Luego, tomé cada pelota y, antes de guardarla en el frasco, tuve un diálogo breve con cada miedo.

Con la pelota que representaba la «Muerte», dije: «Miedo a la muerte, sé que estás aquí porque temes que deje cosas sin hacer, personas sin cuidar y sueños sin cumplir. Pero también sé que tu presencia me recuerda lo valiosa que es cada oportunidad que tengo para vivir plenamente. Te reconozco, pero no voy a permitir que me paralices. Te guardo aquí, para recordar que yo puedo disfrutar de cada día y que he tomado acción en caso de que llegues, así que hoy decido vivir cada día con más consciencia y plenitud».Puse esa pelota en el frasco y repetí el proceso con los demás miedos. Guardar mis miedos en ese frasco fue simbólico, pero también profundamente liberador. Cada vez que sentía que el miedo quería tomar el control, agarraba el frasco, lo miraba y me recordaba que ellos estaban ahí, pero yo era más grande que mis miedos.

Desde ese día, aprendí que el miedo no define mis acciones. Es solo un recordatorio de que estoy enfrentando algo que vale la pena. Si algo te asusta, es porque probablemente es importante para ti, entonces debes trabajarlo y desarmarlo.

Una invitación

El miedo no es un enemigo, es un maestro. Nos muestra dónde están nuestras vulnerabilidades y nos invita a crecer. Te invito a probar el ejercicio del frasco de miedos o cualquiera de las herramientas aquí compartidas. Descubrirás que, al enfrentarlo, el miedo deja de ser una barrera y se convierte en un trampolín hacia tu mejor versión.

«Cada vez que enfrentas un miedo, te vuelves un poco más fuerte, un poco más valiente y un poco más tú».El miedo no define quién eres. Es solo una señal de que algo importa lo suficiente como para ser enfrentado. En este camino de transformación, hemos aprendido a soltar apegos, enfrentar nuestros miedos, hemos comenzado a liberar el espacio necesario para una transformación profunda.

Aprendimos que soltar no es perder, sino abrirnos a nuevas posibilidades; que los miedos, aunque poderosos, pueden convertirse en nuestros aliados cuando los enfrentamos con valentía. Hemos trabajado en reconocer las cadenas que nos atan y en dejarlas ir con amor y gratitud.

Cada vez que elegimos avanzar, damos un paso hacia nuestra mejor versión, hacia la construcción de una vida auténtica, una vida que refleje quien realmente somos y quien queremos llegar a ser. Aquí es donde el camino se vuelve profundamente personal y es que soltar no es suficiente; debemos construir.

La tercera parte de este viaje nos lleva al arte de construir desde lo esencial: la confianza en nosotros mismos, el perdón como acto liberador y la aceptación como base de nuestra verdadera libertad. Es un proceso que nos invita a elegirnos, a soltar las expectativas externas, y a descubrir que no necesitamos esperar nada de nadie para sentirnos completos.

Este es el momento de dar un paso hacia adelante con intención. Prepárate para explorar cómo transformar tu relación contigo mismo, con el mundo, y cómo, al elegirte, puedes convertirte en el arquitecto de una vida llena de confianza, aceptación y libertad.¿Estás listo para descubrir cómo confiar en ti mismo, cómo liberarte de expectativas que no te pertenecen, y cómo encontrar en la aceptación el regalo más transformador?

PARTE 3
El camino: de la sanación interior a una vida con propósito

Capítulo 10: Cuando dejas de esperar, comienzas a elegirte

Expectativas: la trampa que nos aleja del presente

La expectativa es la raíz de todo sufrimiento.
William Shakespeare

¿Cuántas veces te has sentido decepcionado porque algo no salió como esperabas? Esa sensación de frustración o tristeza que te invade no viene del mundo exterior; nace de tus expectativas. Nos pasamos la vida imaginando cómo deberían ser las cosas, las personas y hasta nosotros mismos, solo para descubrir que la realidad sigue su propio curso.

Nos cuesta aceptar lo que es, porque vivimos atrapados en lo que creemos que debería ser. Esperamos que los demás actúen de cierta manera, que nuestras relaciones cumplan nuestras necesidades perfectas, o que la vida se desarrolle exactamente como la planeamos. Pero ¿qué pasa cuando no sucede así? Nos enojamos, sufrimos, o nos sentimos decepcionados.

Las expectativas son como un espejismo en el desierto: parecen prometer algo maravilloso, pero cuando intentamos alcanzarlas, descubrimos que no eran reales.

Mi maestro decía que las expectativas son como un hilo invisible que nos ata al sufrimiento. No podemos verlo, pero siempre está ahí, tensando nuestra paz y jalándonos lejos del presente. En una clase, con una enseñanza simple, pero profunda, nos hizo comprender el poder que las expectativas tienen sobre nosotros.

La caja de las expectativas

Una tarde, al llegar a la clase, encontramos en el centro del salón una caja cerrada con una tela de colores vivos cubriéndola. Era imposible no notar cómo brillaba la tela con los rayos del sol que entraban por las ventanas.

—Hoy aprenderemos sobre las expectativas —dijo el maestro mientras caminaba alrededor de la caja, con esa calma suya que siempre prometía algo trascendental.

Nos pidió que nos sentáramos en círculo y que, en silencio, observáramos la caja durante unos minutos. Al principio, no entendí el propósito, pero pronto empecé a preguntarme qué habría dentro. ¿Sería una sorpresa? ¿Un objeto simbólico?

El maestro rompió el silencio.

—Quiero que piensen en lo que esperan que haya dentro de esta caja.

Comenzó a preguntar:

—¿Cuántos de ustedes creen que es algo valioso? ¿Algo hermoso? ¿Algo que podrían necesitar?

Las respuestas comenzaron a fluir. Algunos dijeron que tal vez era una joya, otros que era un símbolo espiritual. Alguien incluso intentó bromear:

—Pues espero que sean las cosas que habíamos donado.

La risa nerviosa rompió un poco la tensión, pero no dejó de reflejar la curiosidad que todos sentíamos.

Yo misma comencé a hacer mis suposiciones. ¿Será un cuenco?, ¿o al vez algún objeto especial, como un mensaje grabado en madera o piedra?

El maestro nos miró con una leve sonrisa.

—Ahora, les pido que piensen en cómo se sentirían si al abrir esta caja no hubiera nada.

El ambiente cambió. Algunos parecían incómodos, otros decepcionados, como si la idea de una caja vacía ya fuera una especie de traición.

—Esa es la naturaleza de las expectativas —dijo, mientras quitaba la tela que cubría la caja y la abría lentamente. Dentro, efectivamente, no había nada. Estaba completamente vacía.

El maestro dejó que el silencio actuara en nosotros. Cada uno estaba enfrentándose a sus propias emociones: sorpresa, enojo, desilusión.

El maestro rompió el silencio con su voz pausada, pero firme:

—Ustedes no se decepcionaron porque la caja estuviera vacía; se decepcionaron porque habían creado una historia sobre lo que debía haber dentro. Esa historia no vino de la caja; vino de ustedes.

Se sentó en el suelo junto a nosotros, con la caja vacía entre sus manos.

—Así funcionan las expectativas. Creamos historias sobre cómo debería ser la vida, cómo deberían actuar los demás, cómo deberíamos ser nosotros mismos. Pero la vida no tiene la obligación de cumplir con nuestras historias. La decepción no viene de la realidad; viene de nuestra resistencia a aceptarla tal como es.

Nos pidió que reflexionáramos sobre algo que nos había decepcionado recientemente y que identificáramos cuál era la expectativa detrás de esa decepción.

Por mi parte, pensé en mi proceso de cáncer y en cómo había puesto tantas expectativas en las personas que me rodeaban, especialmente en mi nueva pareja y en algunos amigos cercanos. Pensé que estaría rodeada de apoyo incondicional, que mis seres queridos estarían ahí para sostenerme en cada paso. Pero cuando no reaccionaron como yo esperaba, me sentí profundamente herida y enojada. Me cuestionaba constantemente: «¿Por qué no están aquí como deberían? ¿No ven cuánto los necesito?».

Luego, pensé en mi exjefe, en mi padre, que de varias formas yo había esperado mucho de ellos, que fueran esa red de apoyo que necesitaba para no caer y en vez de eso había encontrado traición y abandono.

En mi hijo, que siempre imaginé que estaría a mi lado o que iba a elegirme... en mi salud, que durante tanto tiempo había dado por hecho que era buena, que mi cuerpo me respondería siempre, sin cuestionarme lo frágil que podía ser. Cuando esa ilusión se rompió, quedé enfrentándome no solo al dolor físico, sino también al choque emocional de aceptar que lo que creía seguro y permanente podía desaparecer en un instante.

Sin embargo, con todo lo que estaba aprendiendo, comencé a ver las cosas desde una nueva perspectiva. Comprendí que cada persona actúa desde sus propias posibilidades, desde sus fortalezas, pero también desde sus miedos y limitaciones. Mi pareja quizás no sabía cómo lidiar con mi enfermedad; mi amigo tal vez estaba luchando con sus propios temores. Mi exjefe y mi padre simplemente no podían dar algo que no tenían. Que mi hijo estaba muy pequeño para poder ser consciente de su elección y de mi salud, que había hecho mucho para perderla.

Entendí que no podía controlar cómo los demás reaccionaban, ni podía exigirles que actuaran según mis expectativas. Soltar esa necesidad de que las personas fueran como yo quería me permitió aceptar sus formas de amar y de estar presentes, incluso si eran diferentes a lo que yo imaginaba.

Con mi hijo, aprendí que su camino y sus elecciones eran suyas, no una confirmación o rechazo de mi valor como madre. Aceptar eso me permitió amarle con libertad, sin esperar que me eligiera como yo había imaginado. Lo mismo ocurrió con mi salud: soltar la ilusión de que siempre estaría ahí, fuerte y estable, me ayudó a verla con más gratitud y cuidado, reconociendo que su fragilidad también me enseñaba algo. Soltar esas expectativas, aunque doloroso, me liberó de la carga de aferrarme a algo que no podía controlar, y me abrió la puerta a una forma más auténtica de vivir y aceptar.

Soltar la caja

El maestro continuó con el ejercicio.

—Quiero que cada uno de ustedes imagine que esta caja vacía es una representación de todas las expectativas que los han hecho sufrir. Ahora, vamos a llenarla.

Nos pidió que cerráramos los ojos y visualizáramos todas las expectativas que nos estaban pesando:

1. Expectativas sobre cómo debían comportarse los demás.
2. Expectativas sobre cómo nuestra vida debería ser.
3. Expectativas sobre cómo nosotros mismos deberíamos ser.

Una por una, imaginé que ponía esas expectativas dentro de la caja. Me vi colocando mi idea de éxito profesional, mi expectativa de perfección en mis relaciones, incluso la presión que sentía sobre mi propio cuerpo.

Cuando terminamos, el maestro nos dijo:

—Ahora, levántense, pasen uno a uno y suelten la caja.

Uno por uno, tomamos esa caja vacía y la dejamos caer, como un símbolo de dejar ir esas historias que nos ataban. Cuando fue mi turno, sentí una sensación de alivio al soltarla.

El maestro concluyó con una reflexión:

—La vida es como esta caja vacía. No tiene por qué estar llena para ser perfecta. Cuando dejas de intentar llenarla con tus expectativas, comienzas a ver la belleza de lo que ya está frente a ti.

Ejercicio: aprender a soltar tus expectativas

Las expectativas que tenemos sobre nosotros mismos, los demás y la vida a menudo se convierten en una carga invisible que nos aleja de la paz y del presente. Este ejercicio es una invitación a liberar ese peso, a soltar las historias que hemos construido en nuestra mente y que nos atan a una realidad que no siempre refleja lo que es. A través de un acto simbólico y consciente, aprenderás a transferir esas expectativas a un objeto físico y liberarlas con intención.

Instrucciones

Prepara tu caja

Encuentra una caja que ya no necesites. Puede ser una caja de zapatos o cualquier recipiente que estés dispuesto a romper o desechar al final. Busca un lugar tranquilo donde puedas reflexionar sin interrupciones. También necesitarás papeles pequeños y un bolígrafo o lápiz.

Reconoce tus expectativas

Tómate un momento para pensar en las expectativas que cargas. Escríbelas en los papeles, una por una. Reflexiona sobre las que tienes:

- Sobre ti mismo: ¿Qué demandas te pones?
- Sobre los demás: ¿Qué esperas que otros hagan o sean para ti?
- Sobre la vida: ¿Qué ideas tienes de cómo deberían ser las cosas?

Ejemplo:

- «Espero que mi pareja siempre me entienda sin necesidad de explicarle lo que siento».
- «Espero que mi vida siempre fluya según mis planes».

Sé honesto contigo mismo. No se trata de juzgar lo que sientes, sino de reconocerlo.

Reflexiona sobre el peso que cargas

Lee cada papel y pregúntate:

- ¿De dónde viene esta expectativa? ¿Es realmente mía, o la adopté de mi entorno o mi familia?
- ¿Qué emociones siento cuando no se cumple?
- ¿Cómo afecta esta expectativa mi vida diaria?

Reconocer lo que estas expectativas te generan es un paso importante hacia su liberación.

Llena la caja

Toma cada papel y colócalo dentro de la caja. Mientras lo haces, repite en tu mente o en voz alta:

«Esta expectativa ya no me sirve.
La suelto con amor y confío en lo que será».

Llena la caja con cada papel, transfiriendo ese peso emocional y mental.

Destruye la caja

Este es el momento simbólico más importante: liberar lo que has puesto en la caja. Puedes hacerlo de varias formas:

- **Rómpela:** toma la caja y destrúyela físicamente. Rasga los papeles y siente cómo con cada pedazo rompes el peso de esas expectativas.
- **Dónala o deséchala**: si prefieres no romperla, puedes desecharla simbólicamente o donarla al reciclaje.
- Mientras lo haces, di en voz alta o piensa: «**Acepto lo que es. Me libero de lo que ya no necesito cargar**».

Escribe tu experiencia

Después de destruir la caja, siéntate con calma y escribe cómo te sientes. Pregúntate:

- ¿Qué emociones surgieron durante el ejercicio?
- ¿Qué aprendiste sobre tus expectativas?
- ¿Cómo se siente haber soltado este peso?

Finaliza con una afirmación o promesa a ti mismo: **«Elijo avanzar desde la aceptación y la confianza, dejando atrás lo que ya no me sirve».**Soltar expectativas no significa abandonar el amor ni las relaciones, sino aceptarlas como son, sin las proyecciones que las distorsionan. Este ejercicio es un recordatorio de que tienes el poder de soltar lo que no necesitas cargar y vivir desde la autenticidad. Repite este proceso siempre que lo necesites. Es un acto de amor hacia ti mismo y un paso hacia la libertad emocional.

Reflexión

La vida no necesita cumplir con tus expectativas para ser maravillosa. Deja ir el control y permite que la realidad te muestre la belleza de lo que ya es.

Soltar nuestras expectativas es un acto profundamente liberador. Es el momento en que dejamos de buscar que otros cumplan con los guiones que imaginamos para ellos, y empezamos a aceptar que cada persona actúa desde su propia historia, desde sus propias limitaciones. Pero, sobre todo, soltar expectativas nos invita a algo aún más poderoso: dejar de centrar nuestra energía en lo que otros hacen o no hacen, y comenzar a enfocarla en nosotros mismos.

Cuando sueltas las expectativas que tenías sobre los demás —y también sobre ti mismo—, algo cambia. Dejas de mirar hacia afuera, buscando que alguien más complete lo que crees que te falta, y empiezas a mirar hacia adentro. Es ahí, en ese acto de introspección, donde ocurre la verdadera magia: te das cuenta de que no necesitas cumplir con las demandas externas para sentirte completo. Descubres que siempre tuviste en tus manos el poder de elegirte, de priorizarte y de construir tu vida desde tus propios valores y sueños.

Yo aprendí esto de la manera más difícil. Durante mucho tiempo, viví atrapada en las expectativas de otros y en las mías propias. Creía que debía ser perfecta, fuerte, inquebrantable. Creía que los demás tenían que entenderme y estar siempre a mi lado, como si su apoyo definiera mi valía. Pero cuando todo eso se desmoronó, me di cuenta de que estaba esperando algo que solo yo podía darme: el permiso para elegirme a mí misma.

Soltar expectativas significa liberarte del peso de lo que «debería» ser para abrir espacio a lo que «puede ser». Al hacerlo, recuperas la energía que antes gastabas en tratar de controlar lo incontrolable, y la rediriges hacia lo único que siempre ha estado bajo tu poder: tus decisiones. Porque cuando eliges soltar, también eliges avanzar, y ese avance comienza contigo.

Este fue mi momento de transformación: comprender que soltar no solo era liberarme del peso de los demás, sino también asumir la responsabilidad de tomar las riendas de mi vida. Dejar de ser una espectadora y convertirme en la protagonista. No fue fácil, porque elegirme a mí misma significó desafiar miedos, romper con creencias arraigadas y, sobre todo, confiar en que merecía una vida que reflejara lo mejor de mí.

Ahora, exploraremos cómo dar este paso crucial: elegirte como el protagonista de tu vida. Porque al final, no se trata solo de soltar lo que no puedes controlar, sino de decidir qué quieres construir. Este es el momento en el que empiezas a escribir una nueva historia, una que no está definida por lo que esperabas de otros, sino por lo que eliges para ti.

Prepárate para descubrir el poder de priorizarte, de escucharte y de vivir desde tu propia valía. Porque cuando te eliges, no solo cambias tu relación contigo mismo; cambias todo tu mundo.

Eres el dueño de tu destino. Eres el capitán de tu alma.
William Ernest Henley

Elige ser el protagonista de tu vida

Renacer comienza con una decisión: elegirte a ti mismo. Este es el acto más poderoso que puedes hacer, porque cuando te eliges, no solo abres posibilidades infinitas, sino que tomas las riendas de tu vida. Es el momento en el que decides que no serás definido por lo que te pasó, sino por lo que decides hacer con ello.

Pero ¿qué significa realmente elegirte? Para muchas personas, esta idea puede sonar abstracta o incluso egoísta. En realidad, no hay nada más lejos de la verdad. Elegirte no es cerrar los ojos al sufrimiento o pensar solo en ti; es darte el permiso para priorizarte, para escucharte y para reconectarte con lo que realmente eres. Es reconocer que, para poder cuidar de los demás, primero debes cuidarte a ti misma.

Recuerdo claramente el momento en el que entendí esto. Hasta ese día, había vivido para cumplir expectativas ajenas, para encajar en moldes que nunca fueron míos. Durante mi enfermedad, cuando mi mundo parecía haberse derrumbado, me di cuenta de que no podía seguir viviendo de esa manera. No podía seguir postergándome, descuidándome ni ignorando mis propias necesidades. Había llegado el momento de mirarme al espejo y preguntarme: **«¿Quién quiero ser a partir de ahora?».**

Esta pregunta lo cambió todo. Porque, aunque el cambio no ocurre de un día para otro, empieza con un compromiso: el compromiso de elegirme a mí misma.

Elegirte no siempre es fácil. A menudo requiere soltar culpas, creencias limitantes y, sobre todo, el miedo al qué dirán. ¿Qué pensarán si empiezo a poner límites? ¿Qué pasará si dejo atrás lo que ya no me hace feliz? Estas preguntas son naturales, pero no deben detenerte. Elegirte es un acto de valentía porque implica dar un paso hacia lo desconocido, confiar en que mereces algo mejor y tener el coraje de construirlo.

La sociedad muchas veces nos enseña a buscar la validación externa: en los títulos, en los logros, en las opiniones de los demás. Pero cuando te eliges, cambias ese enfoque. Empiezas a buscar dentro de ti la aprobación que siempre buscaste fuera. Empiezas a construir una vida que no se basa en cumplir expectativas ajenas, sino en ser congruente con tus valores y tus sueños.

Por qué elegirte es transformador

Elegirte a ti mismo suena sencillo, pero no lo es. ¿Por qué? Porque para hacerlo, primero tienes que enfrentarte a las barreras internas que te han detenido toda tu vida. Estas barreras no aparecen por casualidad; muchas de ellas son las creencias limitantes que vimos en uno de los capítulos anteriores, los miedos, las historias que nos contamos para justificar por qué no podemos ser protagonistas de nuestra vida.

Desde pequeños, aprendemos que priorizarnos puede ser egoísta, que amar a los demás significa siempre ponerlos primero, incluso si eso nos desgasta. O tal vez vivimos bajo el miedo constante de no ser suficientes, de fracasar o de decepcionar a los demás. Estas ideas, arraigadas profundamente en nuestra mente, crean un muro que parece infranqueable.

Pero aquí está la verdad: ese muro no es real. Es una construcción mental que puedes derribar. Y elegirte a ti mismo, es el primer golpe que necesitas para empezar a desmoronarlo.

Podemos darle el verdadero significado a lo que dijo Jesucristo: **«Ama a tu Prójimo como a ti mismo».** Aquí la pregunta: ¿cómo y cuánto te amas?...

Elegirte no es un acto egoísta, es un acto de amor propio y responsabilidad. Es decirle a tu mente, a tu corazón y al mundo: «**Merezco ser feliz, merezco vivir una vida que refleje lo mejor de mí**».Y aquí está lo más poderoso: cuando te eliges, inspiras a otros a hacer lo mismo. Te conviertes en un ejemplo viviente de lo que significa vivir desde la autenticidad.

Recuerdo el momento en el que me di cuenta de que no me había elegido en años. Había vivido tratando de encajar, de no decepcionar a nadie, pero en el proceso me había decepcionado a mí misma. Fue durante mi enfermedad que entendí que seguir viviendo así no era una opción. Por primera vez, me miré al espejo y me pregunté: «**¿Qué quiero yo?**».Tomar esa decisión no fue fácil. Implicó soltar creencias, enfrentar miedos y decir «**no**» a cosas que antes aceptaba por compromiso. Pero lo que gané fue invaluable: una vida que realmente se siente como mía.

¿Qué pasa cuando te eliges?

Cuando decides elegirte, todo cambia. No porque las circunstancias externas se transformen de inmediato, sino porque tú cambias desde adentro. Esto es lo que ocurre:

1. **Recuperas tu poder personal:**

- Dejas de esperar que alguien más te rescate o te dé permiso para ser feliz. Entiendes que el poder de cambiar tu vida está en tus manos.

2. **Te reconectas con tu autenticidad:**

- Empiezas a escucharte de verdad, a descubrir quién eres y qué quieres. Y en ese proceso, te das cuenta de que no necesitas cumplir con estándares externos para sentirte valioso.

3. **Construyes relaciones más auténticas:**

- Cuando te eliges, las relaciones que mantienes se vuelven más genuinas. Dejas de atraer personas que solo buscan aprovecharse de ti y comienzas a rodearte de quienes te valoran por lo que realmente eres.

4. **Encuentras satisfacción y propósito:**

- Cada decisión que tomas desde el amor propio y la autenticidad te acerca a una vida más plena.

¿Qué pasa si no te eliges?

Cuando no te eliges, esto es lo que ocurre:

1. **Vives para cumplir expectativas ajenas:** sigues un guion que otros escribieron para ti, ignorando tus propios deseos y necesidades.
2. **Te desconectas de ti mismo:** con el tiempo, dejas de reconocer quién eres y qué quieres, porque tu vida gira en torno a lo que esperan los demás.
3. **Te sientes frustrado y vacío:** aunque cumplas con todo lo que se espera de ti, la sensación de insatisfacción persiste, porque no estás viviendo tu verdad.
4. **Pierdes tu poder:** dejas que las circunstancias o las personas decidan por ti, lo que te hace sentir atrapado y sin opciones.

Un ejemplo común:

Imagina a alguien que pasa años en un trabajo que no le gusta, levantándose cada día con pesadez porque le dijeron que debía priorizar la «seguridad» antes que la felicidad. Esta persona se esfuerza, cumple con sus responsabilidades y sigue todas las reglas «correctas». Desde fuera, parece que tiene todo bajo control: un sueldo estable, una rutina definida, incluso el reconocimiento de sus colegas.

Pero por dentro, cada día siente cómo una pequeña parte de sí mismo se apaga. El entusiasmo que alguna vez tuvo ha sido reemplazado por la monotonía. Se pregunta constantemente: «¿Esto es todo lo que hay en la vida?». Pero nunca dice nada, porque teme decepcionar a su familia, que siempre le inculcó que un «buen trabajo» es lo más importante.

Con el tiempo, esa sensación de vacío comienza a manifestarse de otras maneras: estrés constante, problemas para dormir, incluso molestias físicas. Y aunque sabe que algo no está bien, sigue adelante porque cree que no tiene otra opción.

Sin embargo, la verdad es que no es la falta de opciones lo que la detiene, sino el miedo a elegir. Miedo a fallar, miedo al juicio, miedo a soltar lo conocido. No es que no pueda cambiar su vida; es que no ha tomado la decisión de hacerlo.

Ahora imagina cómo sería su vida si un día decidiera elegir su felicidad sobre el miedo. Si reconociera que su bienestar no depende de un trabajo seguro, sino de una vida que lo haga sentir vivo. Quizás al principio sería difícil, pero esa decisión marcaría el inicio de algo completamente nuevo: un camino donde, por primera vez, sea el protagonista de su historia.

Cómo elegirte y tomar el control

1. **Reconoce tus necesidades:** pregúntate: «¿Qué estoy ignorando en mi vida? ¿Qué necesito para sentirme pleno y realizado?».
2. **Deja atrás el miedo al qué dirán:** recuerda que las opiniones externas son reflejos de otras perspectivas, reflejos de ellos mismos, no verdades absolutas.
3. **Toma decisiones conscientes:** cada pequeño paso hacia lo que realmente quieres es un acto de valentía, un acto de amor propio.
4. **Construye una rutina que te nutra:** prioriza tiempo para cuidar tu cuerpo, tu mente y tu espíritu.

Ejercicio: elegirte cada día - reconecta contigo mismo

Este ejercicio te ayudará a reflexionar sobre tus prioridades, reconectar con tus deseos y comprometerte contigo mismo de manera consciente.

1. Reflexiona sobre tus prioridades actuales

Tómate unos minutos para escribir una lista sincera de las cosas que actualmente ocupan tu tiempo, atención y energía. Sé honesto contigo mismo: incluye tus responsabilidades laborales, familiares, compromisos sociales e incluso las actividades que haces por hábito. Pregúntate:

- ¿Qué de esta lista me está nutriendo realmente?
- ¿Qué estoy haciendo solo por obligación o rutina?

Por ejemplo:

- Trabajar horas extras constantemente.
- Decir «sí» a reuniones innecesarias.
- Ayudar a otros antes que cuidar de mí mismo.

2. Conecta con lo que realmente deseas

Haz una segunda lista, pero esta vez enfócate en lo que realmente anhelas para tu vida. Imagina cómo sería tu día ideal si pudieras elegir libremente. Piensa en actividades, relaciones y metas que te llenen de alegría, paz y satisfacción. Pregúntate:

- ¿Qué me hace sentir vivo y pleno?
- ¿Qué estoy postergando porque no me estoy priorizando?

Por ejemplo:

- Tener más tiempo para leer o hacer ejercicio.
- Pasar momentos de calidad con mis seres queridos.
- Dedicarme a un proyecto que me apasiona.

3. Identifica un paso sencillo para priorizarte hoy mismo

Elige una acción concreta y alcanzable que puedas realizar hoy para priorizarte. No tiene que ser algo grande, solo algo que te acerque a lo que realmente deseas. Esto puede incluir:

- Tomar 10 minutos para respirar profundamente y meditar.
- Decir «no» a un compromiso que no es esencial.
- Llamar a un ser querido con quien deseas reconectar.
- Iniciar un diario para expresar tus pensamientos y emociones.

Por ejemplo:

- Si siempre estás ocupado con las necesidades de los demás, podrías empezar hoy diciendo «no» a algo que no es urgente.
- Si anhelas tiempo para ti, bloquea 15 minutos en tu agenda solo para hacer algo que te guste.

4. Comprométete contigo mismo

Escribe una carta breve dirigida a ti mismo en la que te comprometas a priorizarte. Usa un lenguaje amoroso y positivo, reconociendo por qué es importante elegirte y cómo piensas hacerlo. Por ejemplo:

Querido [tu nombre], Hoy me elijo porque merezco sentirme pleno y en paz. Reconozco que he estado postergando lo que realmente importa para mí, pero eso cambia ahora. Me comprometo a dar pequeños pasos cada día para cuidarme y respetarme. Hoy, voy a [acción concreta]. Estoy aquí para mí, siempre. Con amor, [tu nombre]

Guarda esta carta en un lugar visible o donde puedas leerla cuando lo necesites, como un recordatorio de tu intención.

5. Mantén el hábito de elegirte

Haz de este ejercicio una práctica recurrente. Cada semana, revisa tus listas y actualiza tus compromisos contigo mismo. Cada pequeño paso cuenta, y al priorizarte cada día, estarás construyendo una vida más alineada con tus valores y deseos.

Recuerda que elegirte no significa ignorar a los demás; significa darte el espacio y la energía para ser tu mejor versión, para ti y para quienes amas. ¿Qué pequeño paso darás hoy para comenzar a priorizarte? Elige desde el amor, no desde la obligación. Porque cuando te eliges, eliges vivir en plenitud.

El precio de no elegirte

Si no te eliges, el costo es alto. No solo pierdes la oportunidad de vivir desde tu verdad, sino que te desconectas de la persona más importante en tu vida: ***tú mismo.***

Por otro lado, si te eliges, el impacto es transformador. Te liberas de cadenas invisibles, recuperas tu poder y comienzas a construir una vida que refleja lo que realmente eres y lo que mereces.

Elegirte no significa que el camino será fácil, pero sí significa que será auténtico, pleno y lleno de propósito.

Tu momento es ahora

Elegirte no depende de un momento perfecto, porque ese momento nunca llega. La verdad es que el momento de empezar siempre es ahora, con lo que tienes, con lo que eres. La vida no espera, y tú tampoco deberías hacerlo.

Así que, ¿qué estás esperando? Este es tu momento para elegirte y convertirte en la protagonista de tu vida.

Toma el papel protagónico y comienza a escribir una historia que refleje lo mejor de ti. Este podría ser el paso más importante en tu transformación, porque todo comienza cuando decides que lo mereces.

Pregúntate: ¿Qué decisión puedes tomar hoy para empezar a elegirte y transformar tu vida?...

Cuando te eliges como el protagonista de tu vida, algo extraordinario comienza a suceder: recuperas el poder de imaginar quién puedes llegar a ser. Por primera vez, dejas de vivir según las expectativas de otros y te permites mirar hacia adelante, hacia un futuro diseñado por ti mismo. Pero aquí surge una pregunta crucial: **«¿Cómo sabes hacia dónde dirigir tus pasos si no tienes claro quién quieres ser?».**

Elegirte no es suficiente si no tienes una visión clara del destino al que deseas llegar. Es como tener un auto lleno de combustible, pero sin un mapa ni un rumbo definido. Aquí es donde entra el concepto del **Yo Ideal,** una herramienta poderosa para guiar tu transformación. Tu Yo Ideal es esa versión de ti mismo que aspiras a ser, una brújula que te ayuda a tomar decisiones alineadas con tus valores, tus sueños y tu propósito.

En el siguiente tema, exploraremos cómo puedes conectar con esa visión de ti mismo. Porque no se trata solo de soñar; se trata de usar esa visión como un motor para el cambio. Aprenderás a imaginar tu vida en 3, 5 o 10 años, a detallar cómo te gustaría ser en todas las áreas importantes, y a identificar las brechas que debes cerrar para hacer de ese ideal una realidad.

Recuerda: tu Yo Ideal no es un destino inalcanzable; es una guía que te recuerda que cada paso que das hoy puede acercarte a la vida que realmente deseas.

Lo que visualizas en tu mente, como te ves a ti mismo, como visualizas lo que está a tu alrededor, es de gran importancia porque eso se convierte en tu enfoque.

Eric Thomas

Imagina a la persona que deseas ser

Cuando eliges ser el protagonista de tu vida, surge una pregunta inevitable: **«¿Quién quieres ser?».** Esta pregunta es tan poderosa como intimidante. Muchas veces, la evitamos porque nos confronta con nuestras aspiraciones más profundas y, al mismo tiempo, con nuestras inseguridades. Sin embargo, responderla es fundamental para construir una vida plena y alineada con lo que realmente deseas.

La transformación personal se trata de convertirte en alguien completamente diferente. Se trata de descubrir y liberar esa versión auténtica y extraordinaria de ti mismo que ya existe dentro de ti. Esa persona que no está limitada por el miedo, las creencias limitantes o las expectativas ajenas, es lo que llamamos tu **Yo Ideal.**

Imaginar a tu **Yo Ideal** es como dibujar el mapa de tu vida: te ayuda a establecer un destino claro, a tomar decisiones con propósito y a mantenerte enfocado, incluso cuando el camino se vuelva difícil. Sin esta visión, es fácil perderse en la rutina, en las dudas y en las distracciones del día a día.

Vamos a explorar cómo puedes conectar con esa visión de tu Yo Ideal. No es solo un ejercicio de imaginación; es un paso importante para transformar tus pensamientos en acciones y tus acciones en resultados. Te guiaré para que puedas visualizar cómo sería tu vida en todas sus dimensiones: salud, relaciones, trabajo, espiritualidad y más. Porque cuando sabes a dónde quieres ir, es mucho más fácil encontrar el camino.

Este proceso no se trata de buscar la perfección. Se trata de buscar la autenticidad. No se trata de ser alguien más; se trata de ser plenamente tú.

El Yo Ideal: tu brújula para el cambio

Tu Yo Ideal es esa versión de ti mismo que encarna lo mejor que puedes ser. Es la persona que vive alineada con sus valores, que se siente plena en las áreas importantes de su vida y que toma decisiones con confianza y propósito. Este ideal no es una fantasía imposible; es una guía realista que te inspira a crecer y a tomar decisiones conscientes todos los días.

Hagamos algo en este momento… Detente un momento. Cierra los ojos y piensa: «Si todo fuera posible, si no hubiera límites, ¿cómo sería mi mejor versión?...». Este ejercicio es un viaje al futuro, un espacio para imaginar no solo quién quieres ser, sino también cómo deseas vivir. Es el momento de conectar con ese **Yo Ideal** que ya habita en ti, esperando ser descubierto y nutrido.

Visualizar tu **Yo Ideal** no es un acto de fantasía; es un acto de valentía. Es atreverte a soñar con una vida alineada con lo que realmente valoras y deseas. Este ejercicio te permitirá explorar cómo sería tu vida si vivieras con propósito y autenticidad, y te dará claridad sobre los pasos que necesitas tomar para cerrar la brecha entre tu **Yo Actual y tu Yo Ideal.**

Tómate unos minutos, escribe con honestidad y deja que tu imaginación te guíe. Aquí no hay respuestas correctas ni incorrectas; solo tu verdad. Recuerda: este es tu momento para diseñar la vida que quieres construir.

Imagina tu yo ideal:

- **¿Cómo te sentirías?**
  Visualiza despertar cada día con energía, alegría y la certeza de que estás viviendo según tus sueños. Quizás te sentirías más seguro, más pleno, más conectado contigo mismo y con las cosas que amas.

- **¿Qué harías?**
  Piensa en las actividades que llenarían tu día: ¿te dedicarías a lo que realmente te apasiona? ¿Cuidarías tu cuerpo con ejercicio, descanso y alimentación consciente? ¿Dedicarías tiempo a disfrutar de las personas que te hacen feliz? Reflexiona sobre esas pequeñas acciones que podrían transformar tu rutina por completo.

- **¿Qué valores guiarían tu vida?**
  Imagina actuar desde la autenticidad, el amor propio, la compasión y el propósito. ¿Qué principios serían la brújula que guiaría tus decisiones y acciones? Tal vez sería la integridad, el equilibrio o la gratitud.

Este ejercicio se trata de conectar con lo que realmente importa. Escribe con detalle cómo te gustaría sentirte, actuar y vivir. Mientras lo haces, recuerda que este **Yo Ideal** no es un sueño imposible: es la versión de ti mismo que ya existe y que, con cada paso, puedes hacer realidad.

De la idea, a la acción

Visualizar tu **Yo Ideal** no es solo un ejercicio de imaginación; es una herramienta práctica para el cambio. Cada vez que tomas una decisión o enfrentas un desafío, puedes preguntarte: **«¿Qué haría mi Yo Ideal en esta situación?».** Este enfoque te ayuda a actuar de manera más alineada con quien quieres ser, incluso antes de convertirte por completo en esa persona.

Por qué es transformador visualizar tu Yo Ideal:

1. **Te da claridad:** saber qién quieres ser te ayuda a enfocar tus esfuerzos en lo que realmente importa, eliminando distracciones.
2. **Te motiva:** tener una visión clara de tu Yo Ideal te da un motivo para levantarte cada mañana y dar tu máximo esfuerzo, incluso en los días difíciles.

3. **Te conecta con tu propósito:** definir a tu Yo Ideal te permite alinear tus acciones con lo que realmente valoras, ayudándote a vivir con mayor plenitud.

Durante mi proceso de transformación, empecé a imaginar cómo sería la versión de mí misma, que ya no se veía limitada por el miedo o las opiniones ajenas. Visualicé una persona más segura, más saludable y más consciente. Esa visión me inspiró a tomar decisiones diferentes, como cuidar mi cuerpo con yoga, priorizar mi bienestar emocional y construir relaciones más auténticas. Aunque al principio parecía lejano, poco a poco empecé a convertirme en esa persona, simplemente eligiendo actuar como si ya fuera mi Yo Ideal.

Crea tu Yo Ideal

La transformación personal no sucede por casualidad; requiere intención. Una de las herramientas más poderosas para dar ese primer paso es visualizar quién quieres ser. Este ejercicio no es un simple juego de imaginación; es un encuentro contigo mismo, un espacio para diseñar, con detalle y propósito, la vida que deseas vivir.

Este ejercicio es más profundo, así que te invito a que lo realices...

No importa dónde estés hoy; lo importante es que empieces. Este ejercicio no requiere perfección, solo honestidad y disposición para soñar en grande. Mientras escribes, deja de lado las limitaciones y permite que tus pensamientos fluyan libremente. Recuerda: la vida que sueñas comienza en tu mente.

Ejercicio: tu vida en 3, 5 o 10 años

Este ejercicio no es solo para imaginar, es una herramienta para empezar a construir esa vida que deseas vivir. Vamos a explorar todas las áreas que componen tu vida, proyectarlas hacia el futuro y trazar los primeros pasos para acercarte a ellas. Tómate este momento como un regalo para soñar, planear y, sobre todo, comprometerte contigo mismo.

1. **Define las áreas clave de tu vida**

Piensa en tu vida como un todo compuesto por varias áreas interconectadas. Vamos a trabajar en las siguientes dimensiones para que tu visión sea completa:

- **Salud física y mental:** ¿cómo te sientes en tu cuerpo? ¿Qué hábitos te mantienen fuerte y lleno de energía?

- **Relaciones familiares y amorosas:** ¿cómo es tu conexión con tu pareja, hijos o familia? ¿Qué tipo de relación te gustaría construir o fortalecer?
- **Amor propio y desarrollo personal:** ¿qué haces para cuidarte, crecer y ser la mejor versión de ti mismo?
- **Trabajo y propósito:** ¿qué actividad realizas que te llena de satisfacción y aporta al mundo?
- **Finanzas:** ¿qué relación tienes con el dinero? ¿Cómo manejas tus recursos y qué libertad financiera deseas lograr?
- **Espiritualidad:** ¿qué prácticas te ayudan a sentirte conectado contigo mismo y con algo más grande?
- **Tiempo libre y pasiones:** ¿qué actividades disfrutas y cómo las integras en tu vida?

2. **Proyecta tu futuro ideal**

Tómate unos minutos para escribir en detalle cómo te gustaría que fuera cada área en 3, 5 o 10 años. Sé específico, pero también sueña en grande. Aquí tienes algunas preguntas para guiarte:

- **Salud:** ¿qué hábitos diarios practicas? ¿Cómo te sientes física y mentalmente al despertar?
- **Relaciones:** ¿cómo interactúas con las personas importantes para ti? ¿Qué valores predominan en tus relaciones?
- **Amor propio y desarrollo personal:** ¿qué haces para mantenerte motivado y en crecimiento? ¿Qué nuevas habilidades o conocimientos has adquirido?
- **Trabajo y propósito:** ¿cómo es tu día laboral? ¿Qué impacto estás generando en los demás a través de tu trabajo?
- **Finanzas:** ¿qué tan tranquilo te sientes con tus finanzas? ¿Qué has logrado ahorrar, invertir o construir?
- **Espiritualidad:** ¿qué prácticas o rituales has integrado para encontrar paz y conexión?
- **Tiempo libre:** ¿qué haces en tus momentos de descanso que te llena de alegría y energía?

Escribe en presente, como si ya vivieras esa vida. Por ejemplo: *Despierto con energía y gratitud, mi cuerpo se siente fuerte y en equilibrio. Paso el desayuno con mi familia, disfrutando de su compañía. Mi trabajo me inspira; cada día aporto algo positivo al mundo, mientras genero estabilidad financiera. En la noche, leo, medito y agradezco por un día lleno de propósito y amor.*

3. **Construye una tabla de visión**

Para ayudarte a visualizar tu progreso, crea una tabla con las áreas clave de tu vida y escribe en cada columna:

Área	Mi vida hoy	Mi vida en 3, 5 o 10 años	Primer paso a tomar
Salud	Me siento cansado y no tengo hábitos consistentes	Tengo energía, practico yoga y como saludablemente	Incorporar 10 minutos de ejercicio diario
Relaciones	Me falta tiempo de calidad con mi pareja	Fortalezco nuestra relación con cenas semanales y comunicación abierta	Planear una cita este fin de semana

Llena cada celda con honestidad y detalle. Esta tabla será tu guía para trabajar en cada área.

4. **Da el primer paso hoy**

No tienes que esperar años para empezar. Elige una acción concreta para trabajar en cada área desde ahora.

- **Salud:** sal a caminar por 15 minutos.
- **Relaciones:** llama a alguien que amas y dile lo que significa para ti.
- **Finanzas:** revisa tu presupuesto y elimina un gasto innecesario.
- **Amor propio:** tómate 5 minutos para escribir lo que agradeces de ti hoy.

5. **Reflexiona y ajusta**

Cada tres meses, revisa tu tabla de visión y pregúntate:

- ¿He avanzado en alguna área?
- ¿Qué obstáculos encontré?
- ¿Qué puedo ajustar o cambiar?

Imaginar tu vida ideal es un gran paso, pero convertirla en realidad requiere más que sueños: requiere acción. Cada pensamiento que plasmaste, cada pequeño paso que definiste es un ladrillo en el camino hacia esa vida que deseas. Ahora, la pregunta clave es: ¿qué vida te estás comprometiendo a construir hoy? Porque lo maravilloso es que esa transformación no está tan lejos como parece.

El Yo Ideal que visualizaste puede sentirse como una meta distante, pero déjame decirte algo: no hay un abismo entre tu Yo Actual y ese Yo Ideal. La distancia que los separa no es inalcanzable; es un puente que puedes construir con intención y pequeñas acciones diarias. Y aquí hay una herramienta poderosa que te ayudará a acercarte aún más rápido: actuar como si ya fueras esa persona que deseas ser y aprender de quienes ya viven la vida que aspiras a tener.

Finge hasta que te conviertas

Este principio no se trata de engañarte a ti mismo ni a los demás, sino de actuar como si ya fueras tu Yo Ideal. ¿Qué haría esa persona en una situación difícil? ¿Cómo enfrentaría un desafío o celebraría un logro? Actuar como tu Yo Ideal crea un hábito mental y emocional que te alinea con esa versión de ti mismo.

Por ejemplo:

- Si tu Yo Ideal es alguien seguro, practica caminar con la frente en alto y mirar a las personas a los ojos, incluso si no te sientes completamente seguro todavía.
- Si tu Yo Ideal es alguien disciplinado, sigue la rutina de esa persona, aunque al principio te resulte incómoda.
- Si tu Yo Ideal es alguien que disfruta de su trabajo, empieza a encontrar motivos para agradecer lo que haces hoy mientras trabajas en alcanzar lo que realmente deseas.

Actuar como tu Yo Ideal es un recordatorio constante de hacia dónde te diriges. Y con el tiempo, esa actuación se convierte en algo natural. Porque lo que practicas, lo refuerzas; y lo que refuerzas, lo integras en tu identidad.

«Finge hasta que te conviertas» es más introspectivo y personal. Se trata de trabajar desde dentro hacia afuera, cambiando tu comportamiento y tu percepción de ti mismo.

Modela a quienes ya lo son

Otro paso poderoso es modelar a personas que ya han alcanzado lo que tú deseas. Esto no significa copiar cada detalle de sus vidas, sino observar qué hábitos, pensamientos y acciones los llevaron a ese lugar.

Piensa en alguien que admiras y que encarna aspectos de tu Yo Ideal. Pregúntate:

- ¿Cómo gestionan su tiempo?
- ¿Qué hábitos tienen que podrías incorporar en tu vida?
- ¿Cómo enfrentan los desafíos?

Por ejemplo, si admiras a alguien por su inteligencia emocional, observa cómo maneja los conflictos y practica esas mismas estrategias. Si te inspira alguien por su éxito profesional, estudia cómo organiza su día y cuáles son sus prioridades.

Rodearte de personas que te inspiran no solo te motiva, sino que también te muestra que tu Yo Ideal es posible. Su éxito puede ser tu mapa.

«Modela a quienes ya lo son» implica mirar hacia afuera para identificar patrones de éxito en otros y aplicarlos en tu vida.

Lo que ya eres

Cuando imaginas tu Yo Ideal, no solo estás soñando con el futuro, sino que también estás poniendo un espejo frente a tu Yo Actual. Esto puede ser poderoso, pero también desafiante. Ver esa brecha entre dónde estás ahora y dónde quieres estar puede generar emociones como frustración o ansiedad. Sin embargo, es en esa brecha donde reside el potencial para transformarte.

El objetivo no es sentirte abrumado por las diferencias, sino reconocer las áreas donde ya estás alineado con tu **Yo Ideal** y las que necesitan trabajo. Este análisis no es una crítica hacia ti mismo, sino una invitación a crecer.

Antes de enfocarte en lo que necesitas mejorar, celebra lo que ya estás haciendo bien. Identifica las áreas de tu vida donde ya vives de acuerdo con tu **Yo Ideal**. Tal vez ya practicas un hábito saludable, como hacer ejercicio regularmente. O quizás, en tus relaciones, estás actuando con autenticidad y empatía. Estas son fortalezas que puedes seguir cultivando y expandiendo.

¿Qué aspectos de tu vida actual ya reflejan a tu Yo Ideal? ¿Qué estás haciendo ahora que te acercas a esa visión?

Identifica las brechas

Ahora, es momento de observar las áreas donde aún necesitas trabajar. Tal vez tu Yo Ideal es alguien que vive con confianza, pero notas que tu Yo Actual sigue dudando de sus capacidades. O quizás tu Yo Ideal tiene una relación más consciente con su cuerpo, mientras que tu Yo Actual aún lucha con hábitos que no son saludables.

El propósito no es castigarte por las diferencias, sino usar esta conciencia para crear un plan claro y accesible. La brecha no es un obstáculo, sino un camino.

¿Qué área de tu vida actual sientes más desconectada de tu Yo Ideal? ¿Qué creencias o hábitos están manteniendo esa brecha abierta?

Ejercicio: cierra una brecha con pequeñas acciones

1. **Elige una brecha importante:** piensa en un área específica de tu vida que quieras mejorar. Por ejemplo: relaciones, salud, finanzas o desarrollo personal.
2. **Define el resultado deseado:** escribe cómo se vería esa área si estuviera completamente alineada con tu Yo Ideal. Sé lo más específico posible.
   - Ejemplo: «Quiero ser una persona que se habla con compasión y confianza, sin criticarme constantemente».
3. **Identifica un obstáculo principal:** ¿qué te está deteniendo? Puede ser una creencia limitante, un hábito o un miedo.
   - Ejemplo: «Creo que, si no soy perfecto, no merezco valor ni respeto». **Crea una pequeña acción:** define un paso pequeño y accesible que puedas dar esta semana para acercarte a tu Yo Ideal.
   - **Ejemplo:** «Escribiré tres cosas que me gustan de mí mismo cada noche antes de dormir, para empezar a cambiar mi narrativa interna». **Registra tu progreso:** al final de la semana, reflexiona sobre cómo esa pequeña acción impactó tu vida y cómo te hizo sentir.

La distancia entre tu Yo Actual y tu Yo Ideal no es algo fijo; cambia con cada elección que haces. Cada vez que das un pequeño paso hacia esa visión, estás cerrando la brecha y transformando tu realidad.

Recuerda: el camino hacia tu Yo Ideal se construye cada día que avanzas, te acercas más a esa versión auténtica y plena de ti mismo.

Reflexión

Visualizar a tu Yo Ideal es un acto de autoconexión. Se trata de construir la mejor versión de ti mismo. Reflexionar sobre tus fortalezas actuales y las brechas que aún existen no es un ejercicio para juzgarte, sino para motivarte a avanzar.

Cada decisión, acción, cada pensamiento reprogramado y cada hábito positivo son ladrillos que construyen el puente hacia esa vida que deseas. Al comprometerte con este proceso, te das cuenta de que no se trata de una transformación instantánea, sino de una evolución constante y llena de propósito.

Hoy, tu Yo Actual ya ha dado el primer paso al imaginar a tu Yo Ideal. La verdadera magia ocurre cuando decides actuar para convertir esa visión en realidad.Felicidades, acabas de plantar la semilla de la intención de cambio, pero para que crezca, necesitas nutrirla con compromiso. Ahora que has reflexionado sobre quién deseas ser y has identificado las áreas de mejora, es momento de consolidar tu visión con un acto simbólico y poderoso: una carta a tu **Yo Futuro**.

Este ejercicio no solo fortalece tu compromiso, sino que también actúa como un recordatorio tangible de tu determinación. Te invitaré a escribirle a esa versión de ti que deseas construir, detallando cómo será tu vida, cómo te sentirás y qué pasos tomarás para llegar allí.

Porque comprometerte con tu Yo Futuro no es solo una promesa; es el inicio de una relación profunda contigo mismo, una que transforma tus intenciones en acciones y tus sueños en realidad.

La mejor manera de predecir el futuro es crearlo.
Peter Drucker

El compromiso con tu Futuro Yo

El cambio nace de una intención y se fortalece con un compromiso profundo contigo mismo. Visualizar a tu Yo Ideal abre la puerta a tus sueños, pero es el compromiso con esa visión lo que convierte esos sueños en una realidad tangible. Este compromiso es un acto personal de confianza, una promesa a esa versión de ti que sabes que puede florecer.

Una herramienta transformadora para fortalecer este lazo contigo mismo es escribir una carta al Yo Futuro. Más allá de ser simbólica, esta práctica te conecta con tu esencia y te da claridad. Al escribir tus deseos, metas y emociones, trazas un mapa para el camino que estás creando. Es un acto de afirmación: «Creo en mi capacidad y estoy dispuesto a dar los pasos necesarios». Este ejercicio tiene el poder de inspirarte y guiarte. Al escribirla, te permites conectar con la esperanza, la confianza en tu capacidad de evolucionar y el propósito que te impulsa. También se convierte en un recordatorio de todo lo que estás construyendo, especialmente en los momentos en los que la vida parece más desafiante.

Para quienes enfrentan una enfermedad como el cáncer, alguna otra enfermedad o un momento difícil, la carta es un espacio para honrar tu fuerza interna y dialogar con esa versión de ti que ha atravesado retos, encontrado serenidad y crecido desde la adversidad. Es un testimonio de tu resiliencia y de la luz que brilla incluso en los días más oscuros.

Para los familiares, esta práctica puede ser una invitación a comprometerse con el amor, la paciencia y el autocuidado. Su bienestar emocional no solo es importante, es un pilar fundamental para acompañar y sostener a sus seres queridos en el proceso.

Cómo escribirle a tu Yo Futuro

1. **Crea un ambiente propicio:** busca un lugar tranquilo donde puedas reflexionar sin interrupciones. Tal vez pon una música suave o enciende una vela para conectarte emocionalmente.
2. **Imagina a tu Yo Futuro:** visualiza cómo será tu vida en un año, cinco años o el tiempo que elijas. Piensa en cómo te gustaría sentirte, qué logros deseas alcanzar y qué emociones te gustaría experimentar.
3. **Sé honesto:** habla desde el corazón. Esta carta es un diálogo íntimo contigo mismo. Permítete ser vulnerable y soñar en grande.
4. **Incluye los siguientes elementos:**

   - **Gratitud:** agradece a tu Yo Futuro por haber trabajado duro, por haber tomado decisiones difíciles y por no rendirse.
   - **Metas y sueños:** describe los logros que deseas alcanzar. No tienen que ser grandiosos; pueden ser cosas pequeñas que significan mucho para ti, como volver a disfrutar un día sin ansiedad o reconectar con alguien importante.
   - **Compromiso:** escribe las acciones concretas que estás dispuesto a tomar para acercarte a esa versión de ti.

- **Esperanza:** habla sobre lo que te entusiasma del futuro y lo que esperas descubrir o aprender en el camino.

5. **Puedes preguntarte:**¿Cómo te gustaría que fuera tu vida?

- ¿Qué cambios deseas haber realizado?
- ¿Qué consejos te darías a ti mismo desde tu perspectiva actual?

Permítete ser soñador, pero también realista. Esta carta será un recordatorio de tus objetivos y del camino que deseas seguir. Cuando la leas en el futuro, podrás reflexionar sobre cuánto has crecido y qué pasos has tomado.

Ejemplo: carta al Yo Futuro

Querido Yo Futuro,

Hoy escribo desde un lugar de transformación. Sé que el camino no ha sido fácil, pero quiero que sepas cuánto confío en ti. Imagino que ahora te sientes más fuerte, más en paz, y más conectado con lo que realmente importa.

Estoy agradecida por tu valentía. Por haber tomado decisiones que antes parecían imposibles. Por haberte permitido ser feliz, incluso cuando la vida parecía desafiante.

En este momento, me comprometo contigo a seguir trabajando en mi bienestar. A cuidar mi cuerpo con amor, a nutrir mi mente con pensamientos positivos y a rodearme de personas que me eleven. Prometo ser paciente conmigo mismo y recordar que cada pequeño paso cuenta.

Sé que estás viviendo la vida que siempre soñé. Gracias por no rendirte y por demostrarme que el futuro puede ser tan hermoso como decidamos hacerlo.

Con amor y confianza,

Tu Yo de Hoy

Escribe tu carta

Te invito a escribir una carta a tu Yo Futuro como un acto de compromiso contigo mismo y con la vida que deseas construir. Reflexiona sobre cómo te sientes hoy, cómo imaginas que será tu vida en 6 meses, un año o el tiempo que elijas, y cuáles serán las acciones concretas que tomarás para acercarte a esa versión de ti mismo.

Opciones para enviar tu carta: puedes enviártela a ti mismo a través de la página **Yodelfuturo.com**, donde podrás programar el envío para una fecha futura que tú elijas o bien puedes guardarla en un lugar especial, estableciendo una fecha futura para abrirla. Este acto de enviar tu carta puede ser un poderoso símbolo de tu compromiso contigo mismo y tu proceso de transformación.

Comprometerte con tu Yo Futuro es un acto poderoso. Es una declaración de confianza en tu capacidad de crecer, transformar, crear una vida que refleje tus valores y sueños. Este compromiso marca el inicio de una relación más profunda contigo mismo, una conexión que te guía hacia la vida que deseas construir.

En mi experiencia, soltar expectativas fue una revelación. Me permitió comprender que la vida no sigue guiones prediseñados, sino que nos invita a tomar las riendas de nuestra historia. Descubrí que la clave estaba en elegirme a mí misma, en reconocer mi valor y darme el permiso de construir una vida en mis propios términos. Este acto de amor propio no solo me dio claridad, sino que me enseñó que tenía la capacidad de llenar mis propios vacíos y encontrar en mí la fortaleza que buscaba.

Para avanzar hacia tu Yo Futuro es fundamental mirar hacia dentro y sanar las heridas que quedaron de las expectativas incumplidas. En este proceso, el perdón emerge como una herramienta transformadora, capaz de conectar el acto de soltar con la confianza necesaria para abrazar tu historia y construir una nueva realidad.

Perdonar es un acto profundo de liberación, una oportunidad para soltar el peso de las emociones que han quedado atrapadas en el pasado. Es un proceso que exige valentía, porque implica enfrentar las heridas con honestidad, pero también con la intención de sanar y abrir espacio para nuevas posibilidades.

Cuando eliges perdonar, te liberas. Recuperas la confianza en tu capacidad de avanzar y abres espacio para reconciliarte con tu historia. Este proceso, aunque desafiante, te lleva a la aceptación: una mirada amorosa hacia tu vida y hacia ti mismo, donde reconoces que cada experiencia, incluso las más difíciles, han sido parte de tu evolución.

En el próximo capítulo, exploraremos cómo el perdón actúa como un camino hacia la paz interior. Recuerdo una enseñanza de mi maestro, que llegó en un momento inesperado mientras soñaba con guiar a otros en su proceso de transformación: «Para guiar a otros, primero necesitas liberarte. Solo cuando te perdonas y perdonas, encuentras la paz interior necesaria para ser un verdadero faro de luz».Acompáñame en esta nueva lección, donde descubrirás que el perdón es una puerta hacia la libertad emocional. Al reconciliarte con tu historia, no solo dejas ir el dolor, sino que abrazas la oportunidad de vivir con mayor ligereza y amor hacia ti mismo. Porque al soltar el pasado, creas un presente más pleno y abres las puertas a un futuro lleno de posibilidades.

Capítulo 11: Perdonar para sanar: Reconstruyendo nuestra esencia

Perdonar no cambia el pasado, pero amplía el futuro. Al soltar las expectativas, permites que el amor y la comprensión ocupen su lugar.
Jack Kornfield

Durante mi camino de sanación, descubrí que no basta con transformar nuestra relación con nosotros mismos. También debemos sanar la manera en que nos relacionamos con el mundo que nos rodea: con nuestras relaciones, con nuestras historias, con lo que esperamos de los demás.

Mi maestro decía:

«Las cadenas más invisibles son las que nos atan al resentimiento. No puedes verlas, pero las sientes cada vez que el peso del pasado limita tu capacidad de avanzar».

Aprender a soltar estas cadenas fue una de las lecciones más profundas que recibí. Entender que no podía controlar cómo los demás reaccionaban, ni podía obligar a la vida a ajustarse a mis deseos, me llevó a enfrentar una verdad incómoda: la paz no llega de imponer control, sino de aprender a aceptar.

Sin embargo, mi maestro sabía que liberar las expectativas no era suficiente. Había algo aún más profundo que debía trabajar: el perdón. Soltar no solo implica dejar ir nuestras ideas de cómo deberían ser las cosas; también significa sanar las heridas del pasado, liberarnos de los resentimientos y permitir que nuestras almas respiren de nuevo.

En este capítulo, exploraremos tres lecciones clave para sanar nuestras relaciones y, sobre todo, nuestra relación con nosotros mismos: cómo romper las cadenas del resentimiento, cómo abrazar el perdón como un acto de fortaleza y cómo confiar en que este proceso nos llevará a la aceptación total.

El perdón es una llave poderosa que no solo libera el pasado, sino que también construye una base sólida de confianza y reconciliación, permitiéndonos avanzar con mayor autenticidad y paz.

¿Estás listo para soltar las cadenas y liberar tu alma?

El débil nunca puede perdonar. El perdón es un atributo de los fuertes.
Mahatma Gandhi

El perdón: la llave para liberar el alma

El perdón nunca fue fácil para mí. Durante años acumulé resentimientos que, aunque no lo sabía, pesaban más en mi corazón que en las personas hacia quienes los dirigía. Mi vida estaba llena de pequeñas heridas que guardaba inconscientemente, decepciones y amarguras que me negaba a soltar. Mi frase favorita: «Perdono, pero no olvido». A qué gran mentira, ni olvidaba, ni perdonaba y es que nunca nadie me enseñó a perdonar, creía que guardar esos rencores era una forma de protegerme, pero con el tiempo descubrí que eran cadenas invisibles que me mantenían atrapada, afectando no solo mi bienestar emocional, sino también mi salud física.

Fue mi maestro quien, una vez más, me hizo enfrentar esta verdad de manera contundente.

Estaba allí, sentada en mi lugar habitual, sintiéndome cómoda y preparada para una sesión que prometía reconectar cuerpo y mente, como todas las que mi maestro daba. Él entró, saludó a todos con esa energía cálida que siempre transmitía y anunció algo que capturó mi atención de inmediato:

—Voy a abrir las inscripciones para formar instructores de yoga. Es un proceso de dos años. Necesito saber quién está interesado.

Sin pensarlo mucho, levanté la mano. Pero entonces vino lo inesperado.

—Tú no.

Su respuesta me dejó helada. ¿Cómo que yo no? Mi cabeza empezó a llenarse de preguntas. ¿Qué quería decir con eso? ¿Por qué no era apta para algo que anhelaba? Mientras la clase avanzaba, mi mente estaba en otra parte. «¿Será porque tengo cáncer? ¿Porque no estoy «lista»? ¿Porque aún no encajo en el molde de lo que debería ser un instructor de yoga?».

No pude contenerme. Al final de la clase, me acerqué a él.

—¿Por qué dijiste que no puedo ser instructora?

Él me miró directamente a los ojos y me dio una respuesta que resonaría en mi interior durante mucho tiempo:

—Porque no puedes enseñar algo que no eres.

No entendí del todo. ¿Qué significaba eso?

Él continuó:

—Un maestro de yoga necesita un proceso espiritual profundo. Y tú, ahora mismo, no estás ahí. Para llegar, necesitas soltar lo que llevas dentro. Tú traes odio acumulado, y mientras no lo sueltes, no vas a sanar.

Sus palabras fueron como un terremoto en mi alma. Nunca me había visto a mí misma como alguien llena de odio, pero conforme las horas pasaron, empecé a reconocer lo evidente. Estaba llena de resentimientos.

Un espejo frente a mi alma

El primer rostro que apareció en mi mente fue el de mi exjefe. Llevaba meses acumulando un odio, un enojo profundo hacia él. Fue alguien a quien consideré mi amigo, un confidente, alguien que estuvo presente en los momentos importantes de mi vida. Pero cuando enfrenté mi diagnóstico de cáncer, él me dio la espalda de la peor manera posible: me despidió. Sentí traición, abandono y una injusticia que me carcomía por dentro.

Después, surgió otra figura: mi padre. Durante mi infancia y juventud, él había estado ausente, no solo físicamente, sino también emocionalmente. Mientras mis hermanos disfrutaban de su presencia y apoyo, yo crecí sintiéndome marginada, cargando con el dolor de esa indiferencia. Incluso durante mi enfermedad, ni una llamada, ni un gesto. Nada.

Por último, me enfrenté a mí misma. Me odiaba por tantas cosas. Me culpaba por haberme enfermado, por las decisiones que me llevaron hasta donde estaba, por no poder estar cerca de mi hijo tanto como quería. Mis propias expectativas incumplidas se habían convertido en cadenas invisibles que yo misma había creado.

Mi maestro había visto algo que yo no quería aceptar: estaba atrapada en un ciclo de odio y autocompasión que me alejaba de cualquier posibilidad de sanación.

El perdón como camino

Esa noche, decidí que algo tenía que cambiar. No podía seguir viviendo así. Pero ¿cómo se perdona algo que te ha lastimado tanto? Sabía que no sería un camino fácil, así que busqué ayuda.

Empecé terapia, contraté un *coach* de vida y me aferré más que nunca al yoga como una herramienta para conectar conmigo misma.

Perdonar a alguien al que le has guardado resentimiento por más de 38 años no ocurre en una sola sesión, ni en un momento de inspiración repentina. Es un proceso. Un camino que te enfrenta a tus heridas más profundas, esas que preferirías enterrar y olvidar. Si quería sanar, tenía que enfrentarme a la ausencia de mi padre.

No fue fácil, porque hablar de mi padre significaba abrir una herida que había estado cerrada con costuras frágiles y mal hechas. En mis primeras sesiones de *coaching* y terapia, cada pregunta que me hacían parecía remover el enojo acumulado. Me sentía molesta incluso con la idea de que tenía que perdonarlo. «¿Por qué perdonarlo? Él nunca hizo nada por mí. ¿Por qué tenía que ser yo quien diera el primer paso?».

Habían pasado semanas, sabía que debía perdonar. Lo sabía, pero aún no encontraba cómo hacerlo. Hablar directamente con mi padre no era una opción. Las heridas eran demasiado profundas, y él no parecía siquiera consciente de cómo su ausencia me había marcado. Fue mi *coach* quien me sugirió algo que, al principio, no me parecía buena idea y menos hacer delante de él: ***la técnica de la silla vacía.***

—Imagina que tu padre está sentado frente a ti. Dile todo lo que sientes, todo lo que has guardado por años. Cuando termines, siéntate en su lugar y responde como si fueras él —me explicó.

—¿Hablarle ahora a mi papá en la silla vacía? —pregunté, algo escéptica.

—Sí, creo que ya llevamos trabajando el tema y es buen momento para que puedas sacar lo que llevas dentro —insistió.

Acepté. La silla estaba ahí, frente a mí, vacía pero cargada de simbolismo.

Respiré profundamente y cerré los ojos. Imaginé a mi padre sentado frente a mí, tal como lo recordaba en mi infancia: un hombre que quería parecer simpático, pero que en realidad era distante, alguien que parecía tener todo bajo control, excepto nuestra relación. Al abrir los ojos, empecé a hablar.

—¿Sabes cuánto me dolió crecer sin ti? —dije con la voz temblorosa, sintiendo que las palabras se liberaban como un torrente que llevaba años contenido—. ¿Sabes lo difícil que fue para mí crecer sin muestras de tu cariño?, ni cuando estuve al borde de la muerte en mi adolescencia después de ese accidente en la carretera, ni siquiera una llamada o una visita o qué tal ahora que tengo cáncer y tampoco hay señales tuyas. Pero eso sí, cada vez que me hablas es para presumir lo bien que criaste a mis hermanos mientras yo tenía que hacer todo sola. Nunca te importó. Nunca estuviste ahí. ¿Por qué?

Mi tono se endureció.

—Siempre pensé que había algo mal en mí. Que por eso me abandonaste. Que no merecía tu amor, tu tiempo, tu presencia. Te odié, ¿sabes? Odié cada promesa que rompiste, cada ausencia en los momentos importantes de mi vida. ¿Cómo pudiste?

El enojo dio paso al llanto. Las palabras salían atropelladas, pero no me detuve.

—Cuando me enfermé, ni siquiera una llamada. Nada. Me sentí tan sola, tan abandonada. ¿Cómo puede alguien ignorar tanto a su hija? ¡Soy tu hija!

El cuarto estaba lleno de mi voz y mis lágrimas. Cuando sentí que ya no quedaban más palabras, mi *coach* me indicó que cambiara de lugar. Ahora, yo sería mi padre.

Escuchando la otra cara de la historia

Me senté en la silla imaginando que era él. Fue un cambio extraño, pero cerré los ojos e intenté ponerme en su piel. No sabía qué palabras saldrían de mi boca, pero lo dejé fluir.

—No supe cómo ser un padre para ti —dije, con una voz que no parecía mía, pero que resonaba profundamente—. Nunca aprendí a conectar. No fui el padre que necesitabas, porque yo también estaba roto.

Me sorprendí al decirlo. Sentí un nudo en la garganta, como si la figura imaginaria de mi padre hablara a través de mí.

—No era justo, lo sé. Pero no sabía cómo estar presente. Nunca quise que te sintieras así. Y, aunque no lo demostré, siempre te he querido.

La intensidad de esas palabras me golpeó. Regresé a mi silla original y sentí que mi perspectiva cambiaba. Aunque mi padre nunca me diría esas palabras en la vida real, en ese momento entendí algo importante: había actuado desde sus propias heridas, no desde un deseo consciente de hacerme daño.

La sesión no fue mágica. No salí de ahí con un perdón absoluto y completo. Pero fue un paso significativo. Esa silla vacía me permitió expresar todo lo que llevaba guardado y, más importante, imaginar qué podía haber detrás de sus acciones. Era como si una ventana se abriera, dejando entrar aire fresco en una habitación que había estado cerrada por demasiado tiempo.

Durante los meses siguientes, probamos otras técnicas y, cada vez, desentrañando un poco más de mi enojo y mi tristeza. Recordé momentos específicos: la Navidad en que hubiera querido verle y no apareció, las veces que me prometió apoyo económico y nunca llegó. Pero con cada sesión, la carga se volvía más ligera. Me di cuenta de que no necesitaba su aprobación, ni siquiera una disculpa. Lo que realmente necesitaba era soltar.

El día que finalmente sentí que lo había perdonado, no hubo un gran evento ni un gesto dramático. Solo dije en voz alta: «No necesito que me pida perdón, porque ya no lo estoy esperando». Fue una declaración simple, pero con un peso emocional enorme. Al día siguiente, me desperté con una ligereza que no había sentido en años. Ya no estaba cargando con la necesidad de que él cambiara o me buscara, de que reconociera su ausencia o sus errores. Había soltado la expectativa, y con ello, había soltado el odio. No lo llamé para decirle: «Te perdono». No era necesario. El perdón no era para él; era para mí.

Esa silla vacía cambió algo profundo en mí. No llenó los vacíos que dejó mi padre, pero me permitió entender que no estaba definida por su ausencia. Mi valor no dependía de lo que hizo o dejó de hacer. Ese peso que había cargado durante tantos años finalmente desapareció.

Perdonar no significa justificar, olvidar o borrar el pasado. Significa soltar la carga emocional, dejar de esperar algo que nunca llegará y encontrar paz en el proceso. Enfrentar ese vacío no fue fácil, pero me mostró que la sanación no viene de otros; viene de nosotros mismos.

Reflexión

Hoy quiero preguntarte: ¿a quién tienes frente a esa silla vacía en tu vida? ¿Qué palabras necesitas decir?, ¿qué emociones necesitas liberar? Permítete el espacio para sentirlo todo, para escuchar incluso aquello que crees que no quieres escuchar. Porque el perdón no es un regalo para el otro; es un acto de amor hacia ti mismo.

El acto de perdonar: una decisión constante

Perdonar no es un acto único; es un ejercicio constante. Incluso después de haber hecho las paces en mi corazón, todavía hay días en los que las viejas emociones intentan regresar. Pero ahora sé cómo enfrentarlas, cómo elegir el perdón una y otra vez. Mi padre no sabe todo lo que este proceso significó para mí. No le dije explícitamente: «Te perdono», pero cuando hablé con él por teléfono después de meses de introspección, algo en mi tono había cambiado. Era más amable, más abierto, más en paz.

Ese acto de soltar no fue solo para él; fue para mí, liberarme del poder que esos eventos y emociones tenían sobre mí. Y al hacerlo, me liberé a mí misma.

Pero aún quedaba un tema por resolver: mi exjefe. Sabía que, para liberarme de verdad, debía enfrentar ese enojo. Mi maestro de yoga, siempre lleno de sabiduría, me ayudó a ver algo, que hasta ese momento había pasado desapercibido para mí durante años, con una sola pregunta hizo que me entendiera algo tan profundo y evidente:

—¿Sabes qué hay en común entre tu papá y tu exjefe? —me preguntó.

—Nada —conteste después de pensarlo unos segundos.

Entonces me hizo una pregunta que me sacudió hasta lo más profundo de mi ser.

—¿Cómo se llama tu papá?

—Carlos.

—¿Y tu exjefe?

—Carlos.

Se me quedó viendo con esa mirada profunda que parecía atravesar todo.

—No existen las coincidencias. Lo que no sanas en un área de tu vida, se repite en otra.

De pronto, todo tuvo sentido. Mi exjefe no era solo una persona que me había traicionado. Representaba ese mismo abandono que había sentido con mi padre. Eran dos caras de la misma herida y por eso ese sentimiento era tan grande.

Después de llorar y asimilar esta información, tomé valor y llamé a mi exjefe. Lo invité a comer y, aunque fue incómodo, decidí ser honesta. Le pregunté por qué me había despedido en el peor momento de mi vida. Su respuesta no era lo que esperaba:

—Sentí que no estabas al 100 en ninguna parte y creí que necesitabas ese espacio para sanar.

¿Fue la mejor decisión? Quizás no. Pero entendí algo importante: su intención no había sido herirme. Estaba lidiando con su propio proceso. Lo perdoné (en mi interior), porque en el fondo no hay nada que perdonar, las acciones, palabras y comportamientos de los demás no son reflejo de nosotros, sino de ellos mismos: de su percepción del mundo, sus creencias y emociones.

Nada de lo que hacen los demás es por ti. Lo hacen por ellos mismos.
Miguel Ruiz

Ese acto de perdón fue un punto de inflexión. Algo en mi interior cambió. Era como si todas las piezas de mi vida comenzaran a encontrar su lugar. Volví al yoga con más intensidad, no solo como practicante, sino como aprendiz de vida.

Mi maestro tenía razón: la vida no es sobre lo que te pasa, sino sobre cómo decides enfrentarlo. Cada postura de yoga, cada respiración, cada momento de introspección se convirtió en un recordatorio de que la calma y la fortaleza vienen de adentro.

No temas buscar ayuda, hacer preguntas incómodas o enfrentarte a tu propia historia. Porque, al final, la vida siempre te mostrará lo que necesitas aprender. Y tú, querido lector, tienes el poder de decidir cómo escribir el resto de tu historia.

Yo ya no me sentía cargada de las emociones que antes me limitaban, pero con cada paso hacia adelante, también sentía que la vida me pedía más.

El acto de perdonar no siempre es lineal ni sencillo. A veces, aunque nuestra mente comprende la importancia de soltar el resentimiento, nuestro corazón y nuestro cuerpo no están listos. Las emociones que hemos acumulado a lo largo del tiempo pueden quedarse atrapadas, manifestándose como dolor, ansiedad o incluso enfermedades físicas. Perdonar no solo implica soltar mentalmente; también requiere liberar esas emociones retenidas que cargamos a nivel profundo.

Mi maestro solía decir:

—El perdón no comienza con una acción, sino con una decisión: la de dejar ir.

Y esta decisión no siempre ocurre de inmediato. A menudo, requiere tiempo, paciencia y herramientas que nos ayuden a dar ese paso con consciencia. Una de esas herramientas, que me ayudó en mi camino, es el ejercicio que quiero compartir contigo:

Ejercicio: siente, libera y transforma emociones

Este ejercicio es una herramienta poderosa para trabajar con emociones intensas, aquellas que a veces parecen dominarnos. Al dedicarte a este proceso, no solo permites que la emoción fluya y se libere, sino que también creas espacio para una sensación renovada de calma y claridad. Tómate el tiempo necesario y sigue cada paso con paciencia y compasión hacia ti mismo.

1. **Crea un espacio seguro**
   Busca un lugar donde te sientas cómodo y tranquilo. Puede ser tu rincón favorito en casa, un parque o cualquier espacio que te permita desconectar del ruido exterior. Siéntate en una postura relajada. Este es un momento solo para ti.

2. **Respira y encuentra tu centro**
   Cierra los ojos y toma varias respiraciones profundas. Imagina que con cada inhalación traes calma a tu cuerpo y mente, y con cada exhalación sueltas cualquier tensión o distracción. Puedes practicar una respiración rítmica para centrarte:

3. **Identifica la emoción que deseas liberar**
   ¿Sientes enojo, tristeza, miedo, frustración? No trates de cambiarla ni evitarla; simplemente obsérvala. Permite que una emoción surja, pregúntate:

«¿Qué estoy sintiendo ahora? o ¿qué emoción aparece con frecuencia y quiero trabajar? Puede ser cualquier sensación que reconozcas como un peso. Dale un nombre, como si estuvieras etiquetándola con suavidad. Este paso es importante porque al reconocerla, comienzas a entenderla.

4. **Encuentra dónde se siente, conecta con tu cuerpo**
   Lleva tu atención al lugar de tu cuerpo donde sientes esta emoción físicamente. ¿Está en tu pecho, en tu estómago, en la garganta? Siente su textura: ¿es como un nudo, una presión, una vibración? ¿Calor o vacío? No intentes cambiar esa sensación; simplemente obsérvala con curiosidad. Nota su forma, intensidad y movimiento. Este reconocimiento es el primer paso para soltar.

5. **Expande la emoción sin resistencias**
   Permite que crezca, que se muestre por completo. En lugar de resistirla, acéptala tal como es. A menudo evitamos nuestras emociones por miedo a lo que pueden desencadenar, pero al darles permiso de existir, les quitas el poder de controlarte. No tengas miedo de sentirla. Dale espacio para que se exprese completamente, como si estuvieras abriendo una puerta para dejarla entrar, pero en realidad la vas a dejar salir.

6. **Dialoga con tu emoción**
   Visualiza la emoción como si fuera un visitante. Habla con ella en tu mente o incluso en voz alta:
   - ¿Por qué estás aquí?
   - ¿Qué intentas proteger o enseñarme?
   - ¿Qué necesito hacer para soltarte?

7. **Escucha las respuestas sin juicio**
   Muchas veces, las emociones son mensajeras de algo más profundo, como un miedo o una necesidad insatisfecha. Reconocerlas es parte del proceso de liberación.

8. **Permite que fluyan y se transformen**
   A medida que te conectas con la emoción, imagina que se transforma en energía que fluye libremente. Puede ser un río que lleva consigo lo que ya no necesitas, o un humo que se disuelve con cada exhalación. Con cada respiración, visualiza cómo esta energía se libera de tu cuerpo y mente. No apresures este proceso; deja que ocurra naturalmente.

9. **Siente el cambio**
   Después de un tiempo, notarás que la intensidad de la emoción disminuye. Puede sentirse como una ligera calma, un alivio en el cuerpo o un espacio más liviano en tu interior. Permítete disfrutar de esta sensación y reconoce el trabajo que has hecho.

10. **Reflexiona y agradece**
   Tómate un momento para reflexionar sobre tu experiencia. ¿Qué aprendiste al liberar esta emoción? Agradece a tu cuerpo por guiarte y a ti mismo por permitirte enfrentar lo que antes evitabas. Este acto de gratitud refuerza tu conexión contigo mismo.

11. **Registra tu experiencia**
   Si lo deseas, escribe en un cuaderno o diario lo que experimentaste. Anota qué emoción trabajaste, cómo se manifestó en tu cuerpo, y cómo fue el proceso de liberarla. Este registro te ayudará a reconocer patrones emocionales y te recordará que eres capaz de transformar tus emociones cuando lo necesites.

Este ejercicio me enseñó que liberar una emoción no significa olvidarla o invalidarla, sino dejar de permitir que tenga poder sobre mí. Perdonar no siempre ocurre de un día para otro, pero cada vez que eliges soltar una emoción, eliges tu libertad.

El perdón es un camino, y soltar es un paso importante en ese camino. A medida que practiques esta herramienta, descubrirás que puedes liberarte de cargas que parecían imposibles de soltar, acercándote cada vez más a la paz que anhelas.

Reflexión

En esta sección vimos que el perdón no es un acto de debilidad ni de resignación; es una declaración de fortaleza. Es el momento en el que decides que tu pasado ya no tendrá poder sobre tu presente y mucho menos sobre tu futuro. Perdonar no significa olvidar ni justificar, sino liberar. Soltar el resentimiento es regalarte a ti mismo la oportunidad de avanzar y de ser libre.

En mi camino, descubrí que el perdón no ocurre de un día para otro. Es un proceso que te enfrenta a tus heridas más profundas, pero también te permite verlas con nuevos ojos. Es reconocer que lo que te hicieron los demás no define tu valor ni tu capacidad de sanar. Y más importante aún, es entender que, al perdonar, el mayor beneficiado eres tú.

Cuando logras dar ese paso, se abre ante ti un terreno fértil: el de la aceptación. Porque al perdonar, te reconcilias no solo con los demás, sino también contigo mismo. Es en ese acto de aceptación donde encuentras la verdadera paz, la que no depende de lo externo, sino de tu capacidad de abrazar la vida tal como es, con sus luces y sus sombras.

El perdón nos enseña a soltar; la aceptación, a sostener. Aceptar lo que es no significa conformarte con menos, sino abrirte a las posibilidades de lo que puede ser. Es un acto de amor propio que te libera de la resistencia y te permite confiar nuevamente en la vida, y lo más importante, en ti mismo.

Ahora vamos a explorar cómo la aceptación se convierte en el punto de partida para construir una autoconfianza sólida. Descubrirás que, al reconciliarte con lo que eres y lo que has vivido, te das el permiso de avanzar con autenticidad y fuerza. Porque la confianza no surge de la perfección, sino de la valentía de mirarte con amor y decidir que eres suficiente, tal y como eres.

La vida no siempre será como queremos. Por más que trabajemos en nosotros mismos, hay cosas que no podemos controlar, heridas que no podemos evitar y pérdidas que no podemos recuperar. Es ahí donde la aceptación se convierte en nuestra brújula, un acto de rendición consciente que nos libera de la lucha constante contra lo que simplemente es.

Mi maestro, con su forma única de ver el mundo, describía la aceptación de esta manera:

—La aceptación no es resignación; es abrazar la vida con todo lo que trae, lo bueno y lo difícil, sabiendo que es parte de nuestra formación y de nuestra misión.

La aceptación nos enseña a vivir con gratitud por lo que somos y lo que tenemos, en lugar de enfocarnos en lo que nos falta. Pero aceptar no significa conformarnos ni quedarnos quietos. Es el punto de partida para reconectar con nosotros mismos y empezar a construir una relación más fuerte y amorosa con nuestra propia identidad.

Una vez que hacemos las paces con nuestra realidad, se abre un nuevo camino: el de descubrir nuestra autoconfianza, esa certeza interior que no depende de lo externo, sino de reconocer nuestra propia valía.

Cuando discutes con la realidad, pierdes. Pero solo el 100 % de las veces.
Byron Katie

La aceptación: el poder de amar lo que es

La aceptación es uno de los actos más poderosos y liberadores que podemos experimentar, pero también uno de los más difíciles. Nos aferramos a la resistencia como si fuera nuestra única opción, discutiendo con la realidad, deseando que las cosas fueran diferentes. Sin embargo, como mi maestro, nos decía:

«La resistencia no cambia nada, solo te drena. La aceptación, en cambio, te transforma».

Un día, durante una de sus clases, mi maestro compartió una historia que resonó profundamente con todos nosotros. No era solo una lección; era una invitación a mirar más allá de nuestras resistencias internas.

Habló de una mujer que enfrentó la pérdida más desgarradora que una madre puede experimentar: la muerte repentina de su hija de seis años. Un accidente, tan inesperado como cruel, había dejado a su pequeña sin vida y a ella sin un propósito claro para seguir adelante. Los días después de esa tragedia eran un callejón sin salida, había muchas preguntas, pero ninguna respuesta: «¿Por qué a ella? ¿Por qué no a mí? ¿Cómo pudo la vida ser tan injusta?». En un instante, su vida se quebró. Lo que antes estaba lleno de risas y amor se convirtió en un vacío interminable. Las semanas se volvieron años, ella vivió atrapada en un ciclo de dolor, rabia y negación. Cada día era una lucha para levantarse de la cama, y cada noche se preguntaba cómo podría sobrevivir a otro día más.

La pérdida dejó cicatrices no solo en su corazón, sino también en su mente y en su cuerpo. El tiempo avanzó, pero para ella, cada día era como retroceder. La culpa y la resistencia eran sus compañeras constantes. «¿Por qué no estuve atenta? ¿Por qué la dejé salir ese día?». Su vida comenzó a desmoronarse en todos los sentidos: se aisló de su familia y amigos, su matrimonio se deshizo, y su salud empezó a deteriorarse. Buscó respuestas en libros, en consejos bienintencionados de quienes la rodeaban, pero nada lograba aliviar el peso que cargaba. Por más que intentaba avanzar, algo la mantenía anclada.

Pasaron los años, y su depresión ya había afectado todos los ámbitos de su vida, así que, en un momento de desesperación, decidió buscar ayuda profesional. Comenzó terapia, aunque al principio lo hizo más por insistencia de su hermana que por convicción propia. Fue en esas sesiones de terapia donde comenzó a darse cuenta de algo fundamental: había aspectos de su pérdida que no podía cambiar, por más que se aferrara al sufrimiento. No podía volver el tiempo atrás, ni controlar el curso de los eventos que habían llevado a esa tragedia. Pero sí podía decidir qué hacer con las historias que había construido alrededor de su dolor. Comprendió que el dolor era inevitable, pero que el sufrimiento adicional provenía de su lucha por cambiar algo que estaba fuera de su control.

Esta revelación marcó un punto de inflexión. Entendió que había aspectos de la vida —lo que mi maestro llamaba «asuntos de la vida o de Dios»— que no podían ser modificados, sin importar cuánto lo deseáramos. De la misma forma, se dio cuenta de que otras cargas que llevaba no eran realmente suyas, sino expectativas o juicios de los demás. Y finalmente, aprendió que lo único que podía cambiar era cómo ella elegía manejar sus propios pensamientos, emociones y acciones.

Mi maestro nos llevó a reflexionar con una pregunta simple:

—¿Dónde estás invirtiendo tu energía? Hay asuntos que son tuyos, otros que pertenecen a los demás, y otros que simplemente son de Dios o de la vida misma. El sufrimiento aparece cuando intentamos controlar lo que no podemos. Sufrimos porque pasamos demasiado tiempo en los temas de Dios o en los temas de los demás, en lugar de ocuparnos de nuestros propias cosas o asuntos.

Me di cuenta de cuántas veces había discutido internamente con el pasado (un tema de la vida), o intentando controlar cómo los demás reaccionaban hacia mí (un tema del otro). Pero cuando empecé a enfocarme en lo único que realmente podía controlar —mis propios pensamientos y acciones—, algo cambió dentro de mí. Sentí que la carga de intentar controlar lo incontrolable comenzaba a disiparse.

Ejercicio: explorando tus esferas de influencia.

Este ejercicio te ayudará a distinguir entre aquello que está bajo tu control, lo que pertenece a otros y lo que corresponde a fuerzas más grandes que nosotros. Al enfocarte en lo que realmente puedes transformar, liberarás energía para avanzar con claridad y propósito.

Instrucciones:

1. **Lista tus preocupaciones:**
   Escribe una lista de las cosas que actualmente te generan estrés o sufrimiento. Por ejemplo: problemas de salud, relaciones tensas, inseguridad laboral.

2. **Clasifica en tres esferas de influencia:**
   Reflexiona sobre cada preocupación y colócala en una de estas categorías:

   - **Influencia suprema:** aquí colocas aquello que pertenece al flujo natural de la vida o al universo. Ejemplo: la muerte, los desastres naturales, o el paso del tiempo. Estas son fuerzas que no puedes controlar.
   - **Influencia en relaciones y contextos:** aquí entran las decisiones, acciones y pensamientos de otras personas. Ejemplo: cómo actúa un ser querido.
   - **Influencia personal**: aquí está lo que sí puedes manejar: tus pensamientos, emociones, y las acciones que tomas cada día.

   Usa esta tabla para organizar tus respuestas:

Preocupación	Influencia personal	Influencia en relaciones y contextos	Influencia suprema
Mi relación con mi pareja	SÍ	SÍ	NO
Mi salud emocional	SÍ	NO	NO
Desastre climático	NO	NO	SÍ

3. Reflexiona y redirige tu energía:

- Mira en qué esfera se encuentran la mayoría de tus preocupaciones.
- Si están en la primera influencia, pregúntate: «¿Qué acción puedo tomar hoy para mejorar esta situación?».
- Si están en las dos siguientes influencias, pregúntate: «¿Qué puedo hacer para soltar esta carga?».

4. Plan de acción personal:
Escribe tres acciones concretas que puedas realizar para abordar lo que está en tu influencia personal. Por ejemplo: iniciar una conversación pendiente, buscar ayuda profesional, o tomar un momento para autocuidado.

Reconocer qué aspectos de la vida pertenecen a cada influencia no solo aligera el peso emocional, sino que también te empodera para tomar control sobre lo que verdaderamente importa. Este proceso no se trata de ignorar los problemas, sino de aprender a enfrentarlos con sabiduría y elegir dónde enfocar tu energía.

¿Qué decisión puedes tomar hoy para priorizar tu propia influencia y recuperar tu paz?

Elegir la paz en lugar de la lucha

La aceptación no es un signo de rendición; es un acto profundo de valentía. Es decidir dejar de luchar contra lo inmutable y redirigir nuestra energía hacia lo que sí podemos transformar. En esta elección se encuentra la verdadera libertad: la oportunidad de soltar lo que nos pesa y avanzar con ligereza hacia una vida más plena.

Cuando identificas tus áreas de influencia, reconoces que no todo está bajo tu control, y eso está bien. Al soltar lo que pertenece a los demás o a fuerzas más grandes, como la vida misma, abres espacio para enfocarte en lo que realmente puedes cambiar: tus pensamientos, tus emociones y tus acciones. En este proceso, no solo liberas la resistencia, sino que descubres una paz que te permite mirar la vida desde un lugar de amor y claridad.

La aceptación nos invita a hacernos preguntas más significativas:

- ¿Qué puedo construir con esto que me ha pasado?
- ¿Cómo puedo vivir desde un lugar más auténtico y conectado con mi propósito?

Aceptar lo que es, lo que pasó, no significa resignarse; significa elegir la paz sobre la resistencia y el crecimiento sobre el estancamiento. Nos reconecta con nuestra esencia, permitiéndonos reconocernos como suficientes tal y como somos. Desde esa aceptación surge algo aún más poderoso: la confianza en uno mismo. Es desde esa confianza que puedes construir una autoestima sólida y auténtica, una base firme para avanzar hacia la vida que deseas.

Quiero que me acompañes a ver cómo esta autoconfianza puede convertirse en el pilar de una autoestima duradera. Descubriremos que aceptar quién somos y abrazar nuestras capacidades nos impulsa a caminar con seguridad y fortaleza hacia adelante.

¿Estás listo para dar ese paso? Te invito a continuar este camino conmigo y descubrir lo que puedes lograr cuando eliges aceptarte y confiar en ti.

Amarse a uno mismo es el comienzo de una aventura para toda la vida.
Oscar Wilde

La construcción de tu valor: la autoestima y la autoconfianza

No se puede construir una vida plena y con propósito sobre un suelo inestable. La autoestima y la confianza son los pilares que sostienen todo lo demás.

La autoconfianza y la autoestima son como ese tronco fuerte que sostiene un árbol frondoso y lleno de vida. Son las alas de tu ser. Mientras que la autoconfianza nos permite actuar con seguridad, tomar decisiones y enfrentar desafíos, la autoestima nos conecta con el valor intrínseco de ser quienes somos, independientemente de los resultados externos. Estas dos fuerzas, cuando trabajan juntas, se convierten en el fundamento de una vida plena y significativa.

En este apartado, exploraremos cómo construir y fortalecer estas cualidades esenciales, entendiendo que no son dones con los que nacemos, sino habilidades que podemos cultivar con dedicación y práctica. Durante mi propio viaje, descubrí que tanto la autoconfianza como la autoestima requieren un compromiso constante con uno mismo. Son como músculos que se desarrollan a través de pequeños pasos diarios, decisiones conscientes y el aprendizaje que obtenemos incluso en nuestras experiencias más difíciles.

Uno de los momentos que más puso a prueba estas habilidades fue cuando perdí mi trabajo. En ese instante, la inseguridad y el miedo se apoderaron de mí. Sin embargo, fue precisamente en ese periodo de incertidumbre donde aprendí la importancia de fortalecer mi confianza y reconstruir mi autoestima. Comencé por reconocer que mi valor no estaba definido por una empresa, un puesto o un salario. A través de pequeñas acciones, como establecer metas claras, actualizar mis habilidades y recordarme a mí misma lo que ya había logrado, empecé a recuperar mi sentido de identidad.

Con cada paso, mi confianza creció. Finalmente, no solo conseguí reincorporarme al mundo laboral, sino que encontré una oportunidad que superaba mis expectativas. Este proceso me enseñó que la autoconfianza no significa no tener miedo, sino avanzar a pesar de él, y que la autoestima es lo que nos sostiene cuando enfrentamos los desafíos más difíciles.

La autoconfianza es la energía que nos impulsa a tomar acción, mientras que la autoestima es el suelo fértil donde crecen nuestras creencias más profundas sobre quiénes somos. Al aprender a equilibrar estas dos fuerzas, descubrimos no solo cómo levantarnos ante la incertidumbre, sino también cómo vivir con propósito y congruencia con lo que verdaderamente valoramos.

Te invito a descubrir cómo estas herramientas pueden transformar la relación contigo mismo y cómo, desde esa fortaleza interior, puedes empezar a diseñar una vida alineada con tus valores más profundos. No se trata de alcanzar una perfección inalcanzable, sino de construir una relación sólida y amorosa contigo mismo, paso a paso.

Porque cuando la confianza y la autoestima trabajan en armonía, no solo nos levantamos frente a los desafíos, sino que también creamos un camino hacia una vida que trasciende, una vida con propósito.

¿Estás listo para fortalecer estos pilares y dar el siguiente paso en tu transformación? Acompáñame mientras construimos juntos esta base esencial para el resto de tu vida.

Autoestima y autoconfianza: las dos caras de una misma moneda

La autoestima y la autoconfianza son como dos caras de una misma moneda. Una no puede existir plenamente sin la otra, pero cada una cumple un papel único y esencial en nuestra vida. Mientras que la autoestima se basa en el amor y respeto que sentimos hacia nosotros mismos, la autoconfianza es la seguridad en nuestra capacidad para actuar, decidir y enfrentar los desafíos que se presentan en el camino.

Autoestima: el amor y respeto por uno mismo

La autoestima es la base de nuestra relación con nosotros mismos. Es esa voz interna que, en lugar de criticarte, te recuerda tu valor intrínseco. No depende de lo que hagas o de lo que logres; simplemente está ahí porque existes, porque eres. Tener una autoestima saludable significa saber que mereces amor, cuidado y respeto, incluso en tus días más oscuros.

La autoestima sirve para:

- **Conectar contigo mismo:** tener una visión clara y honesta de quién eres, tus fortalezas, debilidades y tu valor inherente, sin depender de la aprobación externa.
- **Tomar decisiones alineadas con tus valores:** la autoestima te da claridad para tomar decisiones que respeten tus necesidades y deseos, sin traicionarte.
- **Establecer límites saludables:** saber cuánto mereces y no permitir que otros te traten de manera que te haga daño.
- **Fomentar el amor propio:** te impulsa a cuidarte física, mental y emocionalmente, entendiendo que mereces bienestar.
- **Superar el juicio:** cuando tienes autoestima, las críticas no te destruyen porque sabes que tu valor no depende de lo que otros opinen.

Autoconfianza: la seguridad en tus capacidades

Por otro lado, la autoconfianza es la energía que te impulsa a actuar. Es esa fuerza que te dice: «Sí, puedo hacerlo», incluso cuando enfrentas lo desconocido. La confianza en ti mismo se construye con experiencia, a través de cada pequeño paso que das y cada reto que enfrentas.

La autoconfianza sirve para:

- **Creer en tus habilidades:** te impulsa a tomar acción, afrontar desafíos y cumplir objetivos, incluso cuando hay incertidumbre.
- **Asumir riesgos:** la confianza te da el valor de intentar cosas nuevas, salir de tu zona de confort y crecer.
- **Recuperarte de fracasos:** saber que puedes manejar los errores y aprender de ellos, sin que afecten tu percepción de ti mismo.
- **Influir en los demás:** proyectar confianza genera respeto y credibilidad en tus relaciones personales y profesionales.

- **Afrontar retos con calma:** te ayuda a mantenerte firme y tomar decisiones bajo presión o frente a la adversidad.

Cuando desarrollas ambas, te das cuenta de que tienes el poder no solo de afrontar la vida, sino también de transformarla a tu favor.

Cómo trabajan juntas

Aunque diferentes, la autoestima y la autoconfianza están profundamente conectadas. La autoestima sana te da el coraje para tomar riesgos porque sabes que tu valor no depende del resultado. Y cuando decides actuar —aun con miedo— y enfrentas esos desafíos, cada victoria fortalece tu confianza. Juntas, estas cualidades forman un ciclo positivo: cuanto más te valoras, más te atreves; cuanto más te atreves, más crees en ti.

Estas dos cualidades no solo te permiten aceptar quién eres y sentirte seguro de lo que puedes lograr, sino que también te abren las puertas a una vida más satisfactoria y alineada con tus sueños y propósito. Te ayudan a construir relaciones basadas en el respeto mutuo, enfrentar los retos de la vida con resiliencia y gratitud, y a tomar decisiones que reflejen tu auténtico yo. Juntas, la autoestima y la autoconfianza son el eje que te impulsa hacia una existencia más plena, significativa, conectada contigo mismo y con los demás.

Cuando enfrenté la pérdida de mi trabajo, mi autoestima sufrió un gran golpe. Me preguntaba si realmente era valiosa, si tenía algo que ofrecer, o si simplemente había fallado. Era fácil caer en un ciclo de autocrítica, especialmente porque durante años mi autoestima había estado ligada a lo que hacía, no a quién era.

Sin embargo, recordé algo que había aprendido durante mi proceso de sanación tras mi enfermedad. En capítulos anteriores hablamos sobre la importancia de soltar expectativas. Esto también aplica a las expectativas que tenemos sobre nosotros mismos. Durante mi recuperación, aprendí a verme más allá de mis logros o roles. Mi autoestima ya no podía depender de mi desempeño laboral, de mi salud física o de lo que otros pensaran. Debía provenir de un lugar más profundo, un amor y respeto hacia mí misma simplemente por ser.

Desde esa base, comencé a reconstruir mi autoconfianza. ¿Cómo? Tomando pequeños pasos. Me actualicé profesionalmente, asistí a talleres y envié currículums, incluso cuando la incertidumbre me pesaba. Recuerdo una entrevista en particular que parecía imposible de conseguir. Me sentía aterrada, pero me recordé: «No necesito que todo salga perfecto. Necesito dar este paso».

No fue fácil, pero con cada acción —grande o pequeña— mi confianza creció. Incluso antes de recibir una respuesta positiva, ya me sentía más segura porque había demostrado que podía actuar a pesar del miedo.

El ciclo de autoestima y autoconfianza

Mi experiencia reflejó lo que ahora entiendo como un ciclo poderoso:

La autoestima me permitió intentar, aun cuando el resultado no estaba garantizado.
Sabía que, pasara lo que pasara, mi valor como persona no estaba en juego.

La autoconfianza creció con cada paso que di.
Cada acción reforzaba mi seguridad en mis capacidades, y cada logro pequeño, como terminar un curso o presentarme en una entrevista, se convirtió en una semilla que nutría mi confianza.

Ambas juntas me llevaron a un lugar de resiliencia. Al final, no solo conseguí un nuevo trabajo, sino que sentí que estaba comenzando un capítulo mucho más significativo y alineado conmigo misma.

Para crear el ciclo positivo de autoestima y autoconfianza, no basta con comprender su conexión; es necesario cultivarlas a través de acciones conscientes y consistentes. Cada pequeño paso que das, cada logro que reconoces y cada hábito que practicas se convierte en un ladrillo que construye una relación más fuerte contigo mismo. Este proceso no se trata de transformaciones instantáneas, sino de un compromiso diario para priorizarte y crecer desde tus experiencias.

La autoestima

La autoestima es el núcleo de nuestro bienestar emocional, el cimiento sobre el que construimos nuestra vida. A menudo creemos que nuestra valía depende de lo que hacemos o de los logros que acumulamos, pero la verdad es que la autoestima florece cuando reconocemos nuestro valor intrínseco, independiente de lo externo. Este amor y respeto hacia nosotros mismos no significa conformarnos, sino abrazar nuestra autenticidad como base para crecer y evolucionar.

Nuestro valor no está definido por los títulos que ostentamos, los éxitos que acumulamos o los fracasos que enfrentamos. Está en nuestra existencia misma, en la riqueza de ser quienes somos, con nuestras luces y sombras. Reconocer este valor intrínseco no significa ignorar las áreas donde podemos mejorar, sino aceptarlas como parte de nuestra humanidad, como piezas necesarias de un mosaico más grande.

En la sociedad actual, donde muchas veces somos medidos por nuestros logros externos, resulta fácil olvidar que el valor más profundo proviene de lo que somos, no de lo que hacemos. Sin embargo, esta desconexión puede ser sanada. Así como un mosaico se compone de fragmentos que, aunque rotos, se transforman en una obra de arte única, tú también puedes reunir todas las partes de ti mismo para ver tu valor de manera integral.

Ejercicio: reconstruyendo el mosaico de tu valor

Este ejercicio te invita a explorar, reconocer y celebrar cada fragmento que te hace único. Desde tus fortalezas hasta las lecciones aprendidas en los momentos difíciles, cada pieza tiene un propósito y un lugar en tu mosaico personal.

Te ayudará a reconectar con tu valor intrínseco al identificar y reunir esos fragmentos de tu vida que, aunque a veces los percibimos como fallas o imperfecciones, son esenciales para formar tu identidad auténtica.

Qué necesitas:

- Tu diario de viaje, o un cuaderno.
- Colores, marcadores o bolígrafos (opcional, para hacer el ejercicio más visual).
- Un lugar tranquilo para reflexionar.

Vamos a reprogramar la percepción que tienes de ti mismo al identificar, consolidar y reforzar tu valor intrínseco y tus fortalezas.

Instrucciones: identifica tus fortalezas únicas. Toma una hoja de papel y divide el espacio en tres columnas.

Columna 1: **Fortalezas.** Escribe tres cualidades o habilidades que consideras positivas en ti mismo. (Ejemplo: resiliencia, creatividad, empatía).

Columna 2: **Evidencia.** Para cada fortaleza, escribe un ejemplo concreto de cómo has demostrado esa cualidad en el pasado. Sé específico para conectar emocionalmente con el recuerdo. (Ejemplo: «cuando perdí mi trabajo, me mantuve resiliente al buscar oportunidades y encontrar algo mejor»).

Columna 3: **Relevancia Actual**. Escribe cómo esa fortaleza puede ayudarte hoy o en el futuro. Esto establece una conexión entre tu valor pasado y tus metas actuales.

Te comparto mi mosaico:

Fortaleza	Evidencia del pasado	Conexión al presente
Resiliencia	Superé el proceso de recuperación tras la pérdida de trabajo.	Enfrento desafíos laborales actuales con más calma y perspectiva.
Empatía	Brindé apoyo emocional a un amigo en momentos difíciles.	Soy un mejor líder al conectar emocionalmente con mi equipo.
Creatividad	Ideé soluciones innovadoras en proyectos laborales.	Contribuyo con ideas originales que benefician a mi trabajo.
Capacidad de Aprendizaje	Aprendí nuevas habilidades rápidamente al cambiar de rol profesional.	Me adapto a las nuevas tecnologías requeridas en mi empleo.

Los ejercicios hay que acompañarlos con acciones que refuercen lo que estamos tratando de fortalecer, así que después de que tengas tu mosaico, puedes hacer las siguientes acciones:

Visualiza tu «mosaico de valor»: imagina cada fortaleza como una pieza de mosaico que contribuye a una obra de arte única: tú. Cierra los ojos e imagina cómo esas piezas se conectan, formando una imagen colorida, fuerte y hermosa. Mientras visualizas, repite en tu mente: «Mis fortalezas son las piezas que construyen quién soy. Soy único, valioso y capaz».

Transforma críticas en afirmaciones: identifica un pensamiento negativo recurrente sobre ti mismo. Escribe este pensamiento en un papel, pero encierra la palabra clave negativa. (Ejemplo: «No soy suficiente» -> enfoca la palabra «suficiente»).

Cambia la narrativa reescribiendo el pensamiento de manera positiva. (Ejemplo: «Soy suficiente, exactamente como soy, y siempre estoy creciendo»). Lee esta afirmación en voz alta todos los días durante una semana, mientras te conectas con la imagen de tu mosaico.

Construye un «diálogo positivo»: imagina que estás hablando con alguien a quien amas y deseas apoyar (un amigo o familiar). Reflexiona sobre cómo le hablarías para reforzar su autoestima. Luego, dirige esas mismas palabras hacia ti, escribiéndolas como un diálogo positivo. (Ejemplo: «Eres increíble por cómo manejaste esa situación difícil. Eso demuestra tu fortaleza y dedicación»).

Acción transformadora: Cada día, realiza una acción que refleje alguna de las fortalezas que escribiste en la columna 1.

Ejemplo:

- Si escribiste «empatía», toma un momento para escuchar profundamente a alguien cercano.
- Si escribiste «resiliencia», reflexiona sobre un desafío que estás enfrentando y escribe tres formas en las que puedes abordarlo.

Este ejercicio es un proceso de autodescubrimiento. Al completar tu mosaico y practicar estas acciones transformadoras, no solo reconocerás tu valor, sino que lo sentirás en tu día a día. Recuerda, la autoestima no se trata de compararte con los demás, sino de honrar la persona que eres y la que estás construyendo.

Para mí fue clave descubrir mi fortaleza intrínseca y transformar mis perspectivas sobre lo que significaba valorarme a mí misma. Pero este es solo uno de los muchos caminos posibles. Existen innumerables herramientas, prácticas y enfoques que puedes explorar para reforzar tu autoestima.

Algunas personas encuentran su fortaleza en la escritura, el arte o incluso en las conexiones con quienes las rodean. Lo importante es que elijas lo que te funciona, lo que realmente te mueve y te lleva a mirar hacia adentro con compasión y aceptación.

Fortalecer tu autoestima no solo transformará tu relación contigo mismo, sino que también será la base para todo lo que deseas construir en tu vida. ¿Qué herramientas elegirás hoy para comenzar o continuar este viaje? Este es tu momento para explorar, crecer y descubrir el poder que siempre ha estado dentro de ti.

Ahora, analizaremos la autoconfianza y cómo, a través de pequeños logros diarios, puedes construir un ciclo positivo que te sostenga en tu camino hacia una vida más plena y auténtica.

Principios fundamentales para construir autoconfianza

A diferencia de la autoestima, que tiene que ver con cómo nos valoramos, la autoconfianza se construye con la práctica, con cada acción que tomamos. Es como un músculo: cuanto más lo usamos, más fuerte se vuelve. Pero también es frágil si no se nutre. Cada pequeño acto de valentía, cada vez que eliges actuar en lugar de quedarte paralizado, refuerza esta fuerza interna que te empuja hacia adelante.

Durante mi propio proceso, aprendí que la autoconfianza no llega de grandes logros, sino de esos pasos pequeños y constantes que damos todos los días. Fue en momentos aparentemente insignificantes, como retomar una rutina después de la pérdida de un empleo, donde encontré el valor para reconstruir mi confianza. Decidir enviar una aplicación a un nuevo trabajo, preparar una presentación o aprender algo nuevo se convirtieron en recordatorios de que era capaz, incluso después de las caídas.

La autoconfianza no necesita grandes escenarios para florecer. Se nutre en lo cotidiano, en las pequeñas decisiones que hacemos para mostrarle al mundo —y a nosotros mismos— que somos más fuertes de lo que pensamos.

¿Cómo puedes empezar a construirla hoy? A través de pequeñas acciones conscientes que refuercen la creencia en tus capacidades. Esas pequeñas victorias no solo fortalecen tu confianza, sino que también te preparan para desafíos mayores. Veamos qué necesitamos para fortalecer la autoconfianza y crear ese ciclo que te sostendrá en tu camino.

1. Lenguaje corporal: refleja quién eres

La forma en que te mueves, te paras y te expresas influye directamente en cómo te sientes contigo mismo. La postura erguida, el contacto visual y los movimientos seguros envían señales positivas a tu cerebro. Piensa en alguien que consideres seguro de sí mismo: antes de que hablara, probablemente ya percibiste su confianza solo por su lenguaje corporal.

Reto: esta semana, practica mantener una postura erguida, con los hombros hacia atrás y el pecho ligeramente hacia adelante. Cada vez que sientas dudas, ajusta tu postura y observa cómo influye en tu estado de ánimo.

2. Positivismo: cambia tu enfoque

Lo que te dices a ti mismo tiene un impacto inmenso en tu autoconfianza. Si constantemente te enfocas en lo que podría salir mal, ese será tu marco mental. En cambio, dirige tu energía hacia lo que puede salir bien.

Frase clave: «Donde va el enfoque, fluye la energía».

Cada vez que identifiques un pensamiento negativo, reemplázalo con uno positivo. Por ejemplo, en lugar de decir: «No puedo hacerlo», di: «Estoy aprendiendo cómo hacerlo».

3. Control emocional: sé el capitán de tu barco

Las emociones no son solo respuestas automáticas a nuestras circunstancias, sino también una fuente inagotable de energía que puede ser dirigida hacia nuestra transformación personal. Al comprender y manejar tus emociones, puedes convertirlas en un motor que impulse tu crecimiento y tu capacidad de alcanzar tus metas.

A menudo creemos que nuestras emociones nos controlan, pero la verdad es que podemos entrenarnos para controlarlas a ellas. La clave está en aprender a identificar qué estás sintiendo, entender por qué lo sientes y luego decidir cómo responder.

¿Cómo convertirlas en aliadas?

- Identifica el origen de la emoción:
- ¿Qué provocó esta emoción?
- ¿Es una reacción al presente, o es un eco del pasado?

Muchas veces, respondemos emocionalmente a situaciones actuales con patrones aprendidos que no hemos cuestionado. Identificar la raíz es el primer paso para liberarte de esas respuestas automáticas.

Acepta tu responsabilidad emocional:

La manera en que te sientes no depende exclusivamente de lo que sucede, sino de cómo interpretas esos eventos. Al asumir responsabilidad por tus emociones, pasas de ser una víctima de las circunstancias a ser el protagonista de tu vida emocional.

Ejemplo: en lugar de pensar: «Esta persona me hizo enojar», reflexiona: «Decidí sentir enojo porque interpreté su acción de esta manera».

- Reprograma tu respuesta emocional:

La autoconfianza, como cualquier emoción, puede ser activada intencionalmente. Al igual que puedes entrenarte para sentir gratitud o felicidad, también puedes entrenarte para sentir confianza.

Ejercicio: cada vez que te enfrentes a una emoción negativa, detente y respira profundamente. Luego, di en voz alta: «Estoy en control de cómo quiero sentirme. Elijo sentirme seguro y capaz».

4. Mentalidad de crecimiento: aprende y adáptate

La autoconfianza no viene de ser perfecto, sino de aceptar que puedes crecer. Una mentalidad de crecimiento te permite ver los errores como oportunidades para mejorar, no como fracasos definitivos.

«Lo que mantienes en tu mente constantemente es lo que experimentarás en tu vida».

Cree en tu capacidad de aprender y de evolucionar, y verás cómo esa creencia fortalece tu confianza.

5. Pequeñas victorias, grandes cambios

A menudo, subestimamos nuestras pequeñas conquistas diarias, creyendo que solo los grandes triunfos merecen reconocimiento. Sin embargo, son esas pequeñas acciones las que, acumuladas, generan cambios significativos. Tal vez te levantaste temprano para hacer ejercicio, tomaste una decisión que habías postergado, o hablaste en una reunión cuando preferías guardar silencio. Cada uno de esos momentos te está entrenando para confiar más en ti mismo.

Cada pequeña victoria es una señal para tu mente de que eres capaz. Como gotas de agua que llenan un recipiente, esas pequeñas conquistas, acumuladas con el tiempo, generan un cambio profundo. Este proceso no solo transforma tus hábitos, sino que también cambia cómo te ves a ti mismo. Empiezas a construir una identidad más sólida, basada en la acción y en la confianza de que puedes superar tus desafíos, uno a la vez.

Ejercicio: el registro de pequeñas victorias

Para empezar a reconocer y aprovechar el poder de tus pequeñas victorias, te invito a realizar este ejercicio. No necesitas grandes eventos ni logros extraordinarios; lo que importa es que empieces a valorarte por los pasos que das, no importa cuán pequeños parezcan.

1. Haz una lista de tus pequeñas victorias esta semana:
Dedica unos minutos a reflexionar y escribir tres cosas que lograste en los últimos días. Tal vez algo tan sencillo como completar una tarea pendiente, iniciar una conversación difícil o darte un momento de descanso merecido. Ejemplo: me levanté temprano y caminé por 15 minutos.

2. Reflexiona sobre tus capacidades:
Por cada logro que anotaste, pregúntate: «¿Qué cualidades mías hicieron esto posible?».

3. Define un desafío pequeño para la próxima semana:
Elige algo que te saque un poco de tu zona de confort, pero que sea alcanzable. Puede ser algo relacionado con tus relaciones, tu trabajo o tu cuidado personal.

Ejemplo:

- Llamar a un ser querido con quien no has hablado en mucho tiempo.
- Probar una actividad nueva, como una clase de yoga o meditación.
- Dedicar 30 minutos al día a leer sobre un tema que te interese.

4. Comprométete y celebra:
Escribe en tu agenda cuándo harás ese desafío y, al completarlo, celébralo. Reconoce que con cada paso que das, estás avanzando hacia una versión más fuerte y confiada de ti mismo.

El rincón del éxito: tu espacio de triunfo

El rincón del éxito es un lugar dedicado exclusivamente a tus logros, grandes y pequeños, para recordar y celebrar todo lo que has conseguido.

Puede ser una repisa, un tablero con diplomas, fotos, cartas, recuerdos simbólicos o frases inspiradoras. Este espacio no solo refuerza tu autoestima, sino que también fomenta gratitud y te motiva a seguir avanzando.

En mi propio rincón del éxito, guardé una foto de la primera vez que pude hacer un parado de cabeza en la clase de yoga, un diploma simbólico de «superviviente» que imprimí para mí misma, y una nota de un amigo que me recordaba mi fortaleza. Este espacio se convirtió en mi refugio emocional, llenándome de orgullo y esperanza cada vez que lo miraba.

Tu desafío: después de registrar tus pequeñas victorias semanales, selecciona una y agrégala a tu rincón del éxito. Este ejercicio no solo te conectará con tus logros, sino que también reforzará tu confianza de manera tangible y poderosa.

Cada pequeña victoria es una semilla que estás plantando en el jardín de tu confianza. Al cultivarlas con constancia y gratitud, descubrirás que el cambio significativo no llega en un solo momento, sino que crece a partir de esos pequeños pasos que diste todos los días.

Recuerda: no es el tamaño del paso lo que importa, sino el hecho de que decidiste avanzar. Confía en que, con el tiempo, estas pequeñas acciones se convertirán en el gran cambio que estás buscando.

Cultivar el ciclo: de la autoestima y la autoconfianza

Fortalecer tu autoestima y construir tu autoconfianza no son logros que se alcanzan una vez y ya están listos para siempre. Son habilidades vivas que requieren atención diaria. Al igual que cuidar un jardín, necesitas nutrirlas con pequeñas acciones constantes. ¿Qué puedes hacer cada día para seguir cultivando este ciclo?

Comienza con gratitud por ti mismo: antes de iniciar tu día, toma un momento para reconocer una cualidad que valoras en ti. Puede ser tu creatividad, tu resiliencia o simplemente tu disposición a intentarlo de nuevo. Este acto de reconocimiento fortalece la autoestima.

Tómate el tiempo para reflexionar: al final de cada día, revisa no solo lo que lograste, sino cómo enfrentaste los desafíos. Incluso si las cosas no salieron como esperabas, tu esfuerzo y valentía son dignos de celebrarse.

Crea tu propia afirmación diaria: repite frases que refuercen tu confianza. Por ejemplo: «Estoy aprendiendo y creciendo cada día», o «Confío en mi capacidad para superar los retos que enfrento». Estas palabras se convertirán en un ancla en momentos de duda.

Al integrar estas prácticas en tu vida diaria, te conviertes en el arquitecto de un ciclo positivo. La autoestima te da el suelo firme, y la confianza te permite construir. Cada pequeña acción es un ladrillo que refuerza tu capacidad de vivir desde un lugar de autenticidad y valentía.

Habrá días en los que te sentirás fuerte y capaz, y otros en los que dudarás de ti mismo. Pero recuerda: la verdadera fortaleza no radica en no caer nunca, sino en levantarte cada vez que caes. Este ciclo de amor propio y autoconfianza es tu brújula, una guía para enfrentar la vida con mayor claridad y propósito.

Con estas herramientas en tus manos, has dado un paso importante hacia una versión más auténtica y resiliente de ti mismo. Pero el verdadero poder de la autoestima y la autoconfianza radica en cómo las utilizas para avanzar hacia lo que realmente importa: vivir una vida con propósito.

Con una autoestima fortalecida y una autoconfianza que te impulsa, estás listo para dar el siguiente paso en este camino: construir una vida alineada con lo que verdaderamente valoras. Pero una vida con propósito no se alcanza solo con buenas intenciones; requiere la fuerza de voluntad para superar las distracciones y la disciplina para mantenerte firme en tu camino.

En los próximos capítulos, exploraremos cómo desarrollar esa fuerza interna que te permitirá sostener tus sueños y convertirlos en realidad. Aprenderás que la fuerza de voluntad es una habilidad que puedes entrenar, y que la disciplina, lejos de ser una carga, es la llave que te permitirá vivir de acuerdo con tus valores más profundos.

Prepárate para descubrir cómo la voluntad y la disciplina no solo transforman tu vida, sino que también te acercan a un propósito que trasciende tus propios límites. Este es el puente que conecta tu transformación interna con el impacto que deseas dejar en el mundo. ¡Nos vemos en el siguiente capítulo!

Capítulo 12: Forjando tu camino: la fuerza de voluntad y la disciplina como aliados

Para dominarte a ti mismo, necesitas fuerza de voluntad; para transformarte, necesitas dejar ir lo que ya no te sirve.
Eckhart Tolle

La fuerza de voluntad y la disciplina son las columnas que sostienen una vida intencional y alineada con nuestro propósito. Sin embargo, estas cualidades no surgen de la nada; son el resultado de un proceso profundo de autodescubrimiento, transformación y práctica consciente. Todo lo que hemos explorado hasta este punto ha sido una preparación para este momento: conectar las piezas de tu crecimiento personal y aprender a utilizar tu voluntad como un motor para la acción y la disciplina como el camino que mantiene tu rumbo.

A lo largo de este libro, hemos trazado un recorrido que comienza con el autoconocimiento y culmina en la construcción de una vida con propósito. Comenzamos reconociendo los destellos de nuestra alma, aprendimos a dominar nuestra mente, reconociendo que nuestros pensamientos moldean nuestra percepción de la realidad. Dimos el valiente paso de dejar de ser víctimas, asumiendo la responsabilidad sobre nuestras vidas y nuestras elecciones. Luego, exploramos el poder de soltar el apego, liberándonos de las cadenas emocionales que nos atan al sufrimiento.

Desde ahí, avanzamos hacia la reconstrucción interna: aprendimos a desprendernos de creencias limitantes, creando espacio para una nueva narrativa más poderosa. Entendimos que al elegirnos a nosotros mismos dejamos de buscar validación externa y comenzamos a construir desde nuestra autenticidad. Finalmente, abrazamos el poder transformador del perdón, fortalecimos nuestra autoestima y cultivamos autoconfianza, sentando las bases emocionales necesarias para actuar con firmeza y determinación.

Cada paso de este viaje no ha sido aislado; ha sido parte de un proceso intencionado de fortalecimiento interno. Ahora es momento de integrar todo lo aprendido y aplicarlo a las herramientas prácticas que transformarán tus aspiraciones en realidades.

La fuerza de voluntad y la disciplina requieren la claridad mental de quien ha aprendido a dominar sus pensamientos, la fortaleza emocional de quien ha soltado el pasado y la confianza interna de quien sabe que es capaz de afrontar cualquier desafío. Este capítulo te mostrará cómo estas habilidades son la columna vertebral de una vida con propósito. Aprenderás a superar los impulsos momentáneos, a crear sistemas que respalden tu crecimiento y a alinear cada acción con los valores que guían tu camino.

El momento de actuar es ahora. Con todo lo que has construido hasta aquí, estás listo para dar el siguiente paso: cultivar la fuerza de voluntad y la disciplina que te permitirán no solo avanzar, sino también sostenerte en el camino hacia una vida llena de propósito y congruencia.

En mi caso, fue mi maestro quien me enfrentó al desafío de manera directa y sin rodeos. Durante una de nuestras conversaciones, me dio un ultimátum que sacudió todo lo que creía sobre mí misma:

—O dejas de fumar, o dejas las clases de yoga.

Esa frase, tan simple como contundente, fue un espejo que me obligó a enfrentarme a una verdad incómoda: ¿cómo podía aspirar a sanar mi cuerpo si no tenía la voluntad de cuidarlo? La transformación personal no empieza en los grandes cambios, sino en las pequeñas elecciones que hacemos cada día. Es un acto de amor propio, de convertirte en tu mayor aliado y en el arquitecto consciente de la vida que deseas construir.

La fuerza no proviene de la capacidad física.
Proviene de una voluntad indomable.
Mahatma Gandhi

La fuerza de voluntad, el motor del cambio

Recuerdo claramente aquel día. Había estado asistiendo a sus clases de yoga durante unos meses, sintiéndome más conectada conmigo misma, aunque todavía luchaba con muchos hábitos poco saludables que venía arrastrando. Entre ellos, el más dañino: fumar.

Fumaba desde la adolescencia y, para cuando me detectaron cáncer, el cigarro era una parte constante de mi día: una cajetilla diaria. No es algo de lo que me sienta orgullosa, pero lo comparto porque tal vez, como yo, tengas un hábito que sabes que no es bueno para ti, algo que reconoces como perjudicial, pero que te cuesta dejar. Créeme, lo entiendo. Había intentado dejarlo en muchas ocasiones y siempre fracasaba. Incluso después de pasar por las quimioterapias y radiaciones, seguía fumando. Era como si, a pesar de todo, ese vicio tuviera más control sobre mí que yo misma.

El grado de mi inconsciencia o de mi vicio eran más grandes que yo, pero entonces conocí lo que era la fuerza de voluntad, la convicción interna de un compromiso, de ser congruente, de realmente querer algo con todas tus fuerzas y yo quería ser mi mejor versión y no volver a recaer en el cáncer o alguna otra enfermedad.

Realmente quería cambiar y esa fue la prueba de fuego…

Después de una clase, mientras recogíamos nuestras cosas, mi maestro se acercó a mí con su mirada tranquila, pero firme, esa que siempre parecía leerme el alma. Me dijo:

—Julieta, quiero que tomes una decisión. O dejas de fumar, o dejas el yoga.

Me quedé inmóvil. Sentí cómo las palabras atravesaban el aire y se clavaban directamente en mi orgullo. ¿Dejar el yoga? Ni pensarlo. ¿Dejar de fumar? No estaba segura de poder hacerlo.

Por un momento, sentí enojo. ¿Cómo podía exigirme algo así? «No es justo», pensé. Pero su voz, serena como siempre, cortó mis excusas antes de que siquiera pudiera verbalizarlas.

—No puedes sanar tu cuerpo mientras lo dañas. No puedes construir una vida diferente si sigues aferrándote a lo que te destruye. Si realmente quieres cambiar, debes comprometerte contigo misma.

Esas palabras me dejaron pensando. Nunca antes alguien me había hablado con tanta claridad sobre la conexión entre mis decisiones y mi bienestar. Durante días, esa frase resonó en mi mente: «No puedes construir una vida diferente si sigues aferrándote a lo que te destruye».

Me di cuenta de que, hasta ese momento, había visto la fuerza de voluntad como una lucha externa: resistir un cigarro, evitar una tentación. Pero, en realidad, era mucho más que eso. Se trataba de un acto de amor propio.

La fuerza de voluntad no es una lucha contra ti mismo; es una declaración de quién quieres ser. No era sobre «prohibirme» algo, sino sobre elegir algo mejor para mí.

Dejar de fumar no fue solo una decisión, fue un acto de amor hacia mi vida. Después de que mi maestro me dio el ultimátum, pasé un par de días reflexionando, tratando de justificarme, negociando conmigo misma. Pero algo en su mensaje seguía resonando: «Si sigues aferrándote a lo que te destruye..., si realmente quieres cambiar, debes comprometerte contigo misma». Esas frases calaban hondo. No quería renunciar al yoga, pero sobre todo no quería seguir renunciando a mí misma.

Una noche llegué a casa decidida. Recorrí cada rincón: el bolso, los cajones, el coche. Como buena fumadora, tenía cajetillas de cigarro escondidas por todas partes, por si acaso. Pero esa vez no me importaba perderlas; quería deshacerme de ellas. Una a una las fui tirando a la basura, sintiendo cómo liberaba un peso que había cargado por años. Ese fue el momento en que dije: «Hasta aquí». Desde ese día, hasta el día de hoy, no he vuelto a fumar, y sé con certeza que nunca más lo haré.

Los primeros días no fueron fáciles. Hubo momentos de ansiedad, de tentación, de querer rendirme. Pero el amor por mí, por mi salud, por mi familia y por mi nueva versión fue más fuerte que cualquier deseo pasajero. Cada vez que el impulso de fumar aparecía, recordaba por qué había comenzado este proceso. No era solo dejar un hábito; era construir una vida diferente, más sana, más consciente, más alineada con la persona que quería ser.

Dejar de fumar no fue solo un desafío, fue una declaración de poder. Fue la primera vez que me demostré que, cuando decido elegir lo mejor para mí, no hay obstáculo que no pueda superar. Ese acto de voluntad marcó un antes y un después en mi vida, enseñándome que las decisiones más transformadoras no nacen del miedo, sino del amor propio. Porque cada vez que elegimos desde el amor, abrimos la puerta a una nueva versión de nosotros mismos. «La disciplina no es solo una herramienta, es el camino para construir la vida que mereces y deseas».

Me seguí apoyando en la práctica de yoga. Cada vez que sentía la necesidad de fumar, colocaba mi tapete en el suelo, cerraba los ojos y comenzaba a respirar profundamente. Cada inhalación era un recordatorio de la vida que quería construir, y cada exhalación, una forma de liberar el deseo que me ataba a viejos hábitos.

Mientras avanzaba en las posturas, sentía cómo mi cuerpo se fortalecía y mi mente encontraba calma. A través de la respiración y la meditación, aprendí a redirigir mi enfoque: en lugar de sucumbir al impulso de fumar, elegía estar presente, en paz conmigo misma.

Repetía con cada respiración:
«Estoy eligiendo mi bienestar. Estoy eligiendo mi salud. Estoy eligiendo vivir plenamente». La fuerza de voluntad se manifiesta en la práctica diaria, en esas pequeñas decisiones que tomas para mantenerte fiel a tus metas, incluso cuando el camino se vuelve incómodo o desafiante.

Los beneficios de elegir con voluntad

Poco a poco, empecé a notar cambios. Mi cuerpo comenzó a sentirse más ligero, mi mente más clara, mi práctica de yoga más fluida. Pero, más allá de los beneficios físicos, hubo un cambio profundo en mi interior: sentí que estaba recuperando mi poder.

Cada vez que resistía la tentación de volver a un hábito dañino, me daba cuenta de algo importante: yo tenía el control de mi vida.

La fuerza de voluntad se convirtió en mi motor del cambio. Me enseñó que cada pequeña decisión importa. Que cada vez que eliges algo que te acerca a tu mejor versión, estás reescribiendo tu historia.

La fuerza de voluntad es una habilidad poderosa que te impulsa hacia la vida que anhelas. Se construye en la constancia, en los pequeños pasos que das día a día, y en la valentía que demuestras al levantarte después de cada tropiezo. Más que buscar perfección, se trata de mantener tu compromiso contigo mismo, aprendiendo y creciendo con cada experiencia.

Pregúntate:

- ¿Qué hábito o creencia te está limitando?
- ¿Qué decisión puedes tomar hoy para acercarte a la vida que deseas?
- ¿Qué pequeño acto de fuerza de voluntad puedes practicar ahora mismo?

Recuerda, como me enseñó mi maestro: «La fuerza de voluntad no se mide por lo que renuncias, sino por el valor de lo que eliges construir cada día».

Con esta lección, entendí que la fuerza de voluntad no es algo que «se tiene» o «no se tiene». Es una práctica, una elección diaria, y el motor que nos impulsa hacia la transformación. Ahora sé que lo más difícil no es dejar un mal hábito, sino decidir día con día que mereces algo mejor. Y esa decisión, querido lector, está completamente en tus manos.

Cada decisión que tomamos tiene el poder de construir o erosionar la vida que deseamos. Dejar atrás los hábitos que me limitaban no solo fue un acto de voluntad, sino un compromiso constante conmigo misma. Esa fortaleza, que parecía lejana al principio, se fue construyendo poco a poco en los momentos más simples, cuando elegí conscientemente avanzar, incluso ante los impulsos que amenazaban con desviarme.

En esos pequeños actos de elección diaria descubrí una herramienta poderosa: transformar las primeras decisiones del día en una base sólida para el resto del día. Fue así como aprendí que la clave para mantener el rumbo no está en grandes gestos heroicos, sino en esas primeras victorias que marcan el tono de lo que está por venir. Quiero invitarte a explorar esta técnica que me ha acompañado en mi transformación: tu primera victoria del día.

La técnica de la «primera decisión del día»

Esta técnica se centra en el concepto de que las primeras decisiones que tomas cada mañana son las más importantes para fortalecer tu fuerza de voluntad y establecer el tono del día. Dominar esas primeras elecciones crea un efecto dominó que refuerza la disciplina en otros aspectos de tu vida.

Cómo funciona:

1. **Crea un ritual matutino impactante:** establece una rutina que te impulse al éxito desde el momento en que te despiertas. Por ejemplo:
    - Beber un vaso de agua para hidratarte.
    - Hacer 10 minutos de ejercicio (saltos, estiramientos o respiraciones profundas).
    - Practicar gratitud o afirmaciones positivas.
2. **Identifica y enfrenta un pequeño desafío:** incluye una actividad que requiera esfuerzo y que habitualmente evitarías. Esto puede ser:
    - Tomar una ducha fría.
    - Salir a caminar temprano, incluso si hace frío o estás cansado.
    - Responder a un correo difícil que has estado postergando.

3. **Reflexiona sobre tu victoria:** tómate un momento para reconocer y celebrar que completaste la actividad. Esto refuerza el hábito y la conexión emocional positiva con las decisiones disciplinadas.

Ahora te toca a ti:

Decide tu primera victoria del día

1. **Elige una actividad simple pero retadora:**
   - Haz 10 flexiones o una rutina de yoga breve.
   - Toma 5 minutos para escribir tus metas diarias.
   - Di tres afirmaciones frente al espejo sobre tu capacidad de enfrentar el día.
2. **Comprométete por siete días:**
   - Anota en tu «diario de viaje» qué actividad elegiste y cómo te sentiste después de completarla.
   - Reflexiona sobre los cambios que notas en tu motivación y fuerza de voluntad.
3. **Crea una cadena de logros:**
   - Marca cada día que cumplas con tu rutina en un calendario o lista.
   - Si logras los siete días, recompénsate con algo significativo (pero saludable, como tiempo para ti mismo o un pequeño obsequio).

Esta técnica, aunque simple, tiene un gran impacto en la manera en que percibimos y ejercitamos nuestra fuerza de voluntad.

Registra «tu primera victoria del día»:

Día	Actividad elegida	¿Lo completé? (✔/✘)	Cómo me sentí después	Comentario o reflexión
1				
2				
3				
4				
5				
6				
7				

Registra tu progreso diario completando la tabla donde indiques la actividad matutina elegida, si la realizaste (✔/✘), cómo te sentiste después y cualquier reflexión o aprendizaje. Este registro no solo te permitirá observar tu avance, sino también crear un mapa tangible de tu crecimiento personal. Con cada entrada en tu tabla, estarás fortaleciendo el músculo invisible de tu fuerza de voluntad y comprobando que cada pequeña elección consciente suma hacia un cambio significativo.

La fuerza de voluntad es como un faro que guía tus decisiones en medio de la incertidumbre, recordándote que el verdadero poder reside en cada momento que eliges lo mejor para ti. Este ejercicio es un paso hacia esa dirección, un compromiso diario contigo mismo que demuestra que, incluso en los días más desafiantes, puedes seguir avanzando.

Ahora que has comenzado a trabajar en esta capacidad transformadora, es momento de reflexionar sobre cómo esta chispa inicial puede ser sostenida en el tiempo. Aquí es donde la disciplina entra en juego, convirtiendo los pequeños actos en hábitos sostenibles y construyendo el puente hacia una vida con propósito. ¿Estás listo para llevar este esfuerzo al siguiente nivel? ¡Exploremos juntos el arte de la disciplina!

La disciplina es el puente entre metas y logros.
Jim Rohn

Disciplina: el camino hacia la transformación sostenible

La disciplina es el eje central que sostiene nuestras metas, sueños y aspiraciones. Es el puente que conecta quién eres hoy con quién deseas ser mañana. Mientras la motivación puede encender la chispa inicial, es la disciplina la que mantiene el fuego ardiendo, día tras día.

Veremos cómo las pequeñas acciones consistentes se convierten en la disciplina, cómo el reloj interno que estructura tu vida, la alinea con tus metas. No se trata de cambios radicales o gestos heroicos, sino del poder transformador de las decisiones conscientes y repetidas, esas que parecen pequeñas pero que, con el tiempo, generan un impacto inmenso en todas las áreas de tu vida. Aquí descubrirás cómo la disciplina puede ser tu aliada para diseñar un camino hacia la vida que realmente deseas.

El poder de la disciplina

La disciplina me enseñó a reconstruirme desde los cimientos. No llegó como una revelación repentina, sino como un proceso, paso a paso, que empezó en los días más oscuros de mi vida. Cuando atravesé el cáncer, la disciplina era un concepto lejano; sin embargo, se convirtió en mi único refugio. En esos días, mi cuerpo estaba agotado, mi mente dispersa y mi corazón lleno de dudas. Pero incluso en medio de esa tormenta, había una chispa de esperanza, un recordatorio de que avanzar, por pequeño que fuera el paso, aún era posible.

Al principio, presentarme a las clases de yoga parecía un reto imposible. El simple hecho de trasladarme hasta el salón de clase implicaba un esfuerzo monumental. Pero algo en mí sabía que necesitaba esa constancia. La disciplina no era solo mover mi cuerpo; era mostrarme a mí misma que todavía tenía el control de mis elecciones, incluso cuando la vida parecía haberme quitado tanto. Día tras día, un hábito nació. Y con el tiempo, ese hábito se convirtió en disciplina, y esa disciplina en fuerza. Fue un viaje silencioso de pequeños actos repetidos que poco a poco me recordaron mi capacidad de avanzar.

La disciplina no es solo cumplir con tareas; es un acto de profunda conexión contigo mismo. Cada vez que eliges hacer algo que te acerca a tus metas, aunque parezca insignificante, estás cultivando tu fortaleza interior. Es un mensaje que te dices: «Soy capaz. Estoy construyendo algo valioso». Y es en esos pequeños compromisos diarios donde se produce la transformación. No ocurre de un día para otro, pero un día miras hacia atrás y te das cuenta de cuánto has avanzado.

En mi caso, esa práctica constante me llevó más allá de la simple recuperación física. La disciplina no solo fortaleció mi cuerpo, también me dio claridad mental y un sentido renovado de propósito. Me enseñó que, aunque no podemos controlar todas las circunstancias que enfrentamos, siempre podemos decidir cómo responder a ellas. Y esa elección, por pequeña que parezca, tiene un poder inmenso.

En mi caso, esa práctica constante me llevó más allá de la simple recuperación física. La disciplina no solo fortaleció mi cuerpo, también me dio claridad mental y un sentido renovado de propósito. Me enseñó que, aunque no podemos controlar todas las circunstancias que enfrentamos, siempre podemos decidir cómo responder a ellas. Y esa elección, por pequeña que parezca, tiene un poder inmenso.

Cada postura de yoga es una metáfora de la vida y una preparación para enfrentar sus desafíos. La postura del árbol, por ejemplo, nos enseña a encontrar nuestro centro en medio de la inestabilidad. Al balancearnos sobre una pierna, debemos mantener la calma y enfocarnos, incluso si perdemos el equilibrio momentáneamente. Esa misma habilidad de centrarnos ante los altibajos se traduce a cómo enfrentamos el caos de la vida cotidiana.

Del mismo modo, posturas como la del guerrero simbolizan la fuerza interior y la determinación para avanzar con confianza, incluso cuando nos sentimos vulnerables. Estas prácticas nos recuerdan que, al igual que en el yoga, en la vida siempre podemos regresar al presente, reajustarnos y encontrar nuestra estabilidad.

Hoy, cuando pienso en esos días iniciales de esfuerzo, veo más que desafíos. Veo la base sobre la que construí una vida más plena y significativa. Cada paso que di, por pequeño que pareciera, me enseñó que la disciplina no es una imposición, sino una forma de construir el futuro. Es el camino hacia una vida intencionada, donde cada acción, cada hábito, refleja la persona que estás eligiendo ser.

Tu camino, tu transformación

No importa dónde te encuentres hoy, siempre hay un primer paso que puedes dar. Ese paso no necesita ser grandioso ni perfecto; solo necesita ser tuyo. Tal vez sea escribir una meta en tu diario, salir a caminar o dedicar unos minutos a respirar conscientemente. Lo importante no es la magnitud del acto, sino el compromiso contigo mismo.

La disciplina no se trata de alcanzar la perfección; se trata de perseverar, de recordar que cada pequeño esfuerzo suma. Con el tiempo, esos actos te transforman, no solo en lo que haces, sino en quién eres. Porque cuando eliges avanzar, incluso frente a los obstáculos, estás diciéndote: «Soy fuerte. Estoy construyendo algo que vale la pena».

La disciplina es la diferencia entre querer algo y trabajar activamente para conseguirlo. No importa cuán ambicioso sea tu sueño, todo comienza con la constancia en lo cotidiano.

Cada pequeña acción que realizamos a diario —como beber un vaso de agua al despertar, practicar gratitud, o dedicar unos minutos a estiramientos— tiene un efecto acumulativo. Con el tiempo, estos actos aparentemente insignificantes generan resultados profundos que transforman nuestra salud, mentalidad y calidad de vida.

El Efecto Acumulativo

El concepto del efecto acumulativo nos enseña que los pequeños actos, repetidos consistentemente, no solo suman, sino que se multiplican en impacto con el tiempo. En mi camino de sanación, este principio se volvió una verdad palpable. Recuerdo un momento clave: decidir dedicar unos minutos al día a escribir en un diario. Al principio, parecía un acto simple, casi insignificante. Solo anotaba pensamientos sueltos, emociones que necesitaban ser liberadas o pequeños agradecimientos que encontraba en medio de la tormenta.

Sin embargo, con el tiempo, esas palabras empezaron a construir algo más grande. Mis pensamientos caóticos comenzaron a ordenarse; lo que antes parecía un mar de confusión empezó a transformarse en claridad. Ese hábito me ayudó a encontrar patrones en mis emociones, a identificar lo que necesitaba soltar y lo que quería cultivar. Día tras día, sin darme cuenta, estaba construyendo un refugio emocional, un espacio donde podía conectar conmigo misma y dar sentido a lo que estaba viviendo.

Lo fascinante del efecto acumulativo es que a menudo no somos conscientes de su impacto hasta que miramos hacia atrás. Es como llenar un frasco gota a gota: al principio, no parece cambiar mucho, pero un día te das cuenta de que está lleno. Esos minutos diarios de escritura no solo me ayudaron a sanar, sino que también me prepararon para enfrentar los desafíos con una mentalidad más fuerte y un corazón más en paz.

La magia del efecto acumulativo está en su simplicidad: no necesitas empezar con grandes acciones. A veces, basta con un primer paso pequeño pero constante. Puede ser algo tan sencillo como expresar gratitud al final del día, caminar por cinco minutos o elegir una comida que te nutra. La clave está en la repetición, en confiar en que cada pequeño acto tiene el poder de transformar tu vida con el tiempo.

El impacto del efecto acumulativo está al alcance de todos. No subestimes el poder de un pequeño paso, porque es ese paso el que inicia la transformación. Piensa en algo que puedas hacer hoy, por más simple que parezca, y comprométete a repetirlo mañana. Con el tiempo, esos actos cotidianos se convertirán en el puente hacia una versión más plena de ti mismo.

Este efecto no solo se limita al hábito en sí, sino que también tiene un efecto dominó en otros aspectos de tu vida. Por ejemplo, establecer una rutina de respiraciones no solo mejora tu capacidad de gestionar el estrés, sino que también puede mejorar tu calidad de sueño, tu concentración y tu bienestar emocional. Este principio aplica a cualquier hábito positivo: lo que parece un esfuerzo pequeño, hoy puede convertirse en un cambio transformador que impacta más áreas de tu vida con el tiempo.

No importa si algunos días la práctica es menos intensa o si cometes errores en el camino. Lo importante es volver, una y otra vez, a esa acción sencilla que elegiste para ti. A medida que lo haces, estás construyendo un hábito y fortaleciendo tu disciplina, esa capacidad que convierte la intención en acción.

Los hábitos no son solo prácticas aisladas; son la manifestación diaria de tu compromiso contigo mismo. Cada vez que eliges repetir una acción positiva, estás entrenando tu mente y cuerpo para alinearse con tus metas. En este proceso, la disciplina y los hábitos trabajan de la mano: uno sostiene al otro, creando un ciclo virtuoso que transforma pequeños pasos en grandes logros.

Para maximizar este potencial, vamos a explorar cómo incorporar hábitos que realmente funcionen para ti y cómo estructurarlos de manera que fortalezcan tu camino hacia la vida que deseas construir.

La ciencia detrás de los hábitos: mielinización y dopamina

Los hábitos no solo transforman nuestro comportamiento; también reconfiguran nuestro cerebro. Este proceso, conocido como mielinización, fortalece las conexiones neuronales asociadas con las acciones repetidas, haciendo que cada vez sean más automáticas. Por ejemplo, al principio, meditar o escribir tus metas puede requerir un gran esfuerzo consciente, pero con la repetición, estas prácticas se convierten en parte de tu rutina diaria, liberando espacio mental para enfocarte en otras áreas de tu vida.

Además, cada vez que cumplimos un hábito positivo, nuestro cerebro libera dopamina, la molécula de la recompensa. Esta sustancia química nos hace sentir bien y motiva a nuestro cerebro a repetir esa acción. Es como darle un premio a tu mente cada vez que realizas algo alineado con tus metas, reforzando así el hábito.

Construir hábitos que impulsen tu transformación

Elegir conscientemente hábitos alineados con tus metas no solo te acerca a tus objetivos, sino que también transforma la percepción que tienes de ti mismo. Cada vez que decides actuar, aunque sea de manera sencilla, estás creando una narrativa interna de fortaleza y resiliencia. No necesitas transformar toda tu vida de golpe; lo importante es comenzar con algo pequeño y manejable, como caminar unos minutos al día o escribir una reflexión al final de cada jornada.

Así como en mi caso, esos pequeños actos se convierten en puntos de apoyo para momentos más desafiantes. Durante mi recuperación, aprendí que no era solo asistir a mis clases de yoga, meditar o de cuidar mi cuerpo lo que marcaba la diferencia, sino la constancia de hacerlo. Cada hábito era un recordatorio de mi capacidad para superar cualquier desafío, un paso a la vez.

Los hábitos, como las raíces profundas de un árbol, son lo que nos sostiene frente a las tormentas de la vida. No importa cuán pequeños sean al principio, cuando son cultivados con paciencia y consistencia, se convierten en la base de una transformación significativa y duradera

Cómo incorporar hábitos que funcionen para ti

Los hábitos efectivos no son fruto de la suerte, sino de un diseño consciente. Para que un hábito funcione y perdure en el tiempo, debe ser claro, manejable y vinculado a un gatillo que lo active de manera natural. Estos tres elementos garantizan que el hábito se integre sin esfuerzo excesivo y se convierta en una parte estable de tu vida.

Pautas prácticas para crear hábitos sostenibles

1. **Claridad:**
   Define el hábito con precisión. En lugar de decir «quiero hacer ejercicio», especifica: «Caminaré 15 minutos después del almuerzo durante los próximos 5 días». Una meta clara elimina la ambigüedad y establece un marco concreto para actuar.

2. **Manejabilidad:**
   Comienza con algo que puedas lograr fácilmente, incluso en tus días más ocupados. Un hábito demasiado ambicioso puede desmotivarte

rápidamente. Si quieres comenzar a meditar, no te propongas 30 minutos al día de inmediato; empieza con solo 3 minutos. Lo importante es generar un compromiso constante.

3. **Conexión con un gatillo:**
   Vincula tu nuevo hábito a una acción o rutina que ya realices habitualmente. Por ejemplo, si quieres incorporar afirmaciones positivas, podrías hacerlo inmediatamente después de cepillarte los dientes. Este vínculo aprovecha la estructura existente de tu día y hace que sea más fácil recordar y mantener el hábito.

Ejercicio: identifica tu primer hábito transformador

Este ejercicio te ayudará a elegir un hábito pequeño, pero significativo, que pueda iniciar una cadena de cambios positivos en tu vida.

1. **Reflexiona sobre tus metas:**

Identifica un área de tu vida que te gustaría mejorar. **Pregúntate:**

- ¿Qué quiero cambiar o fortalecer?
- ¿Qué meta personal o profesional me gustaría alcanzar?

Ejemplo: «Quiero sentirme con más energía durante el día».

- **Elige un hábito pequeño que apoye esa meta:**
  Encuentra una acción sencilla y manejable que te acerque a tu objetivo. **Ejemplo para más energía:** «Beber un vaso de agua al despertar cada mañana».

- **Define el gatillo que lo activará:**
  Vincula este hábito a una acción que ya hagas regularmente. **Ejemplo:** «Beberé agua justo después de apagar mi alarma por la mañana».

- **Comprométete a practicarlo durante una semana:**
  Dedica 7 días a realizar este hábito, anotando tu progreso y reflexionando sobre cómo te hace sentir. Al final de la semana, evalúa su impacto y ajusta si es necesario.

Ejemplo:

Meta	**Sentirme con más energía durante el día.**
Hábito elegido	Beber un vaso de agua al despertar.
Gatillo	Apagar la alarma por la mañana.
Duración	Practicar este hábito durante una semana.
Reflexión diaria	Anotar cómo me siento después de hacerlo cada día.

Al identificar un hábito transformador y estructurarlo con claridad, manejabilidad y un gatillo, te estás preparando para el éxito. Recuerda que los cambios pequeños, pero constantes, tienen el poder de transformar tu vida de maneras profundas y sostenibles. Este es solo el primer paso en un camino hacia la disciplina y la transformación personal.

Porque la disciplina no solo te mantiene firme; es el hilo conductor que conecta tus acciones diarias con la vida que deseas construir. Pero para que esta disciplina se traduzca en resultados, necesita un propósito claro y un sistema que la respalde. Aquí es donde los hábitos se convierten en aliados esenciales.

Cada hábito que eliges cultivar refuerza tu compromiso contigo mismo, transformando pequeños actos en cambios significativos. Pero estos hábitos no deben existir aislados; necesitan integrarse en un plan que los conecte con tus metas y sueños más grandes.

Para lograrlo, vamos a introducir el tablero Kanban, una herramienta sencilla y efectiva que organiza tus hábitos y metas en un sistema visual y tangible. Más allá de ayudarte a estructurar tus objetivos, este tablero se convierte en un espacio práctico donde puedes practicar la disciplina de manera constante, reforzándola día a día.

Este método no solo te permitirá dar seguimiento a tus acciones, sino también celebrar tus avances, recordándote que cada pequeño paso es parte de un cambio más grande. Así, a medida que trabajas en tus metas, también estarás fortaleciendo el hábito esencial de la disciplina, la base para toda transformación sostenible.

Ejercicio: diseña tu plan con el tablero Kanban

El camino hacia tus metas se vuelve más claro y alcanzable cuando tienes un sistema que organiza tus esfuerzos y te motiva a avanzar. Aquí es donde entra el tablero Kanban, una herramienta sencilla pero poderosa que te ayuda a visualizar tus objetivos, estructurar tus acciones y celebrar tus logros. Este sistema, ampliamente utilizado en gestión de proyectos, puede adaptarse a tu vida personal para que cada paso hacia la transformación sea tangible y significativo.

Cómo crear tu tablero Kanban

Opciones físicas

1. Usa postits y un cartón grande o una pizarra.
2. Crea columnas para: por hacer, en proceso, completado, reflexión, celebraciones.

Opciones digitales

1. Usa plataformas gratuitas como Trello o Asana.
2. Personaliza tu tablero con etiquetas de colores para áreas clave (emocional, físico, social).

Paso 1: Define tu meta principal

Escribe una meta clara y específica en la parte superior del tablero. Usa el método SMART (Específica, Medible, Alcanzable, Relevante, y con un Tiempo definido).

Ejemplo: *Meditar 10 minutos diarios durante las próximas 4 semanas para fortalecer mi bienestar emocional.*

Paso 2: Desglosa tu meta en microacciones

Desglosa tu objetivo en pasos pequeños y manejables que puedas realizar diariamente o semanalmente.

Ejemplo:

- Descargar una *app* de meditación.
- Configurar una alarma diaria.
- Practicar 5 minutos diarios en la primera semana.

Paso 3: Establece un horario consistente

Asigna un momento específico para realizar cada acción y asegúrate de cumplirlo. Usa recordatorios visuales o alarmas para reforzar el hábito.

Ejemplo: *meditar justo después de desayunar.*

Paso 4: Evalúa tu progreso regularmente

Reserva un momento semanal para reflexionar sobre tus avances, identificar desafíos y ajustar tu plan según sea necesario.

Ejemplo: *Medité 5 de los 7 días; necesito un espacio más cómodo para meditar.*

Paso 5: Ajusta y celebra tus logros

A medida que avances, ajusta las microacciones para que sigan siendo relevantes y desafiantes. Celebra cada logro, por pequeño que sea, como un recordatorio de tu esfuerzo y dedicación.

- **Ejemplo:** al completar dos semanas de meditación, premia tu consistencia con algo que disfrutes, como un té especial o una sesión extra de yoga. Crea una columna adicional en tu tablero llamada *Celebraciones* para registrar estos momentos.

Aquí tienes cómo podría verse tu tablero Kanban. Recuerda que puedes hacerlo con herramientas digitales como Canva, Trello, o simplemente usar pósits y papel para crear algo físico y tangible.

Objetivo: *Meditar 10 minutos diarios durante las próximas 4 semanas para fortalecer mi bienestar emocional y reducir el estrés.*					
Semana	**Por hacer**	**En proceso**	**Completado**	**Reflexión**	**Celebraciones**
(20 al 26 de tal mes)	Descargar *app* de meditación Investigar dónde dan clases	Practicar 5 minutos diarios	Practiqué durante la primera semana	Me ayuda a comenzar el día con calma, pero necesito ajustar el horario para evitar interrupciones	Comprar cojín hermoso
2					

Este tablero no solo organiza tus tareas, sino que también te motiva al visualizar tu progreso y logros. ¡Empieza ahora y adapta el tablero a tus necesidades únicas! ¡Atrévete a empezar y personaliza este plan para que refleje tu viaje único!

Reflexión

La disciplina y la fuerza de voluntad son compañeras inseparables en el camino hacia una vida con propósito. En mi experiencia, estos conceptos no surgieron de un día para otro; fueron el resultado de pequeños actos diarios que me ayudaron a reconstruirme tras los momentos más desafiantes de mi vida. Recuerdo los días en los que apenas podía reunir fuerzas para asistir a mis clases de yoga después del cáncer. Mi cuerpo estaba exhausto y mi mente llena de dudas, pero algo dentro de mí, una chispa de decisión, me empujaba a intentarlo. Esa pequeña acción repetida no solo encendió mi fortaleza física, sino que también plantó las semillas de un hábito transformador.

Como dijo Jim Rohn: «La disciplina es el puente entre metas y logros». Esa frase cobra un significado profundo cuando descubres que no se trata solo de esforzarte por un objetivo, sino de construir una estructura sólida que sostenga tu crecimiento. Al principio, la voluntad me ayudó a dar los primeros pasos, pero fue la disciplina la que me permitió mantener el ritmo, incluso cuando el entusiasmo inicial comenzó a desvanecerse. Así, cada pequeño acto —desde asistir a una clase, resistir la tentación de fumar, hasta preparar alimentos que nutrían mi cuerpo— se convirtió en una prueba tangible de mi compromiso conmigo misma.

La disciplina, lejos de ser una imposición, es una manifestación de amor propio. Es ese recordatorio de que mereces cuidar de ti mismo, incluso en los días en los que rendirse parece más fácil. Pero su impacto no se detiene en nosotros. Con el tiempo, la energía que dedicamos a fortalecernos empieza a derramarse en quienes nos rodean. Al cultivarla, no solo construimos una base sólida para nuestra vida, sino también un legado positivo que puede inspirar a otros a hacer lo mismo.

En esencia, la disciplina es la clave que abre la puerta hacia nuevas posibilidades. Nos permite trascender nuestras propias metas y transformar nuestra energía en un motor que impulsa cambios significativos, no solo en nuestra vida, sino también en la de quienes tocamos. Mientras avanzamos hacia el próximo capítulo, veremos cómo esta constancia puede convertirse en una herramienta poderosa para vivir con propósito. Prepárate para explorar cómo tu esfuerzo personal puede ser el catalizador de algo más grande, conectándote con un propósito que trascienda tus logros individuales.

Capítulo 13: Propósito de vida: El poder de servir a los demás

La felicidad consiste en dar sentido a tu vida a través del propósito, no en la búsqueda de la felicidad en sí misma.
Viktor Frankl

Después de trabajar en fortalecer nuestra disciplina y descubrir el impacto transformador de los hábitos, surge una pregunta fundamental: «¿Qué hago con todo esto?». La respuesta nos lleva a mirar más allá de nosotros mismos, hacia la conexión con el mundo y las personas que nos rodean. Es aquí donde el propósito cobra vida.

Encontrar un propósito no es un acto de descubrimiento inmediato, sino un camino de introspección, servicio y acción. A menudo, nuestros mayores aprendizajes nacen de experiencias inesperadas que nos invitan a abrir el corazón y dar más de lo que creíamos posible.

Este entendimiento, para mí, no llegó de forma teórica, sino a través de una experiencia que marcó un camino en mi vida. Fue un día en el que, visitamos un orfanato y con el corazón abierto, descubrí que el propósito no es algo que busques, sino algo que creas al servir. Aquí comienza esa historia que transformó mi forma de ver mi lugar en el mundo.

Mi maestro nos dio un anuncio que encendió la curiosidad y, al mismo tiempo, el nerviosismo en todos nosotros:

—Mañana habrá una actividad especial para aquellos que estén dispuestos a enfrentar sus miedos, superar sus limitaciones y abrir sus corazones. Necesito un grupo de voluntarios valientes.

El salón quedó en silencio. Su tono era solemne, pero a la vez cargado de emoción. No podíamos ignorar la intriga.

—No puedo decirles qué haremos, pero les aseguro que, si confían, será una experiencia transformadora. Lo único que necesitarán es tiempo, voluntad, valor, amor y compasión.

La incertidumbre llenó el espacio. Él no daba más detalles, y eso nos descolocaba. Nos dijo que lo consultáramos con el corazón y que, al final de la sesión, le diéramos nuestra respuesta.

Mientras realizábamos las posturas de yoga, mi mente no dejaba de dar vueltas: «¿Qué clase de actividad podría requerir tanto misterio?». Pero, al mismo tiempo, sentía una emoción que iba creciendo en mi interior. Algo me decía que debía confiar.

Al final de la clase, levanté la mano junto con unas cuantas personas más. Éramos unos 15 en total. Mi maestro sonrió con calidez y nos dio las últimas instrucciones:

—Nos vemos mañana a las 6:00 a. m. en el salón. Ropa cómoda y, para las mujeres, sin maquillaje.

Esa noche casi no pude dormir. Me preguntaba qué nos esperaba, pero también sentía una especie de emoción infantil, como si algo mágico estuviera por suceder.

Al día siguiente, a las 6:00 a. m., llegué al salón junto con Max, mi hijo mayor, quien había decidido acompañarme. La sala estaba llena de energía y expectación. Sobre una mesa, había cajas con disfraces de payasos: pelucas coloridas, narices rojas, ropa extravagante y maquillaje para el rostro.

Mi maestro nos miró con una sonrisa amplia y anunció:

—Hoy, ustedes serán portadores de alegría. Vamos a una casa hogar a compartir amor y esperanza con más de 100 niños.

Un murmullo de sorpresa recorrió la sala. ¿Payasos? ¿Niños? Algunos se rieron nerviosamente; otros parecían desconcertados. Yo sentí una mezcla de miedo y emoción.

—Hoy no necesitan ser perfectos ni saber qué decir o hacer —continuó él—. Solo necesitan abrir sus corazones. Cuando servimos a otros, dejamos de enfocarnos en nuestras propias limitaciones y encontramos nuestra verdadera fuerza.

Nos dividimos en grupos, mi hijo y yo formamos un equipo. Nos ayudamos mutuamente a maquillarnos y ponernos los disfraces. Fue divertido ver cómo todos íbamos dejando atrás nuestras máscaras diarias para convertirnos, literalmente, en payasos. El ambiente era ligero, lleno de risas y camaradería.

Cuando llegamos a la casa hogar, los niños ya nos esperaban con ojos curiosos y emocionados. Algunos eran pequeños, de apenas 3 o 4 años; otros eran adolescentes, que intentaban mantener una actitud más seria, aunque sus sonrisas los traicionaban.

El primer contacto fue algo torpe. No sabía exactamente qué hacer, pero mi hijo, con su espontaneidad y alegría natural, rompió el hielo. Pronto estábamos jugando, cantando y haciendo tonterías para sacarles risas.

Recuerdo a una niña, Valeria, que apenas tenía 5 años. Al principio se mantuvo al margen, observando desde lejos. Me acerqué a ella, hice una pequeña broma y le ofrecí un globo. Al principio dudó, pero poco a poco su rostro se iluminó con una sonrisa. Fue un momento tan sencillo, pero al mismo tiempo tan poderoso.

Descubriendo mi propósito

Ese día entendí algo que cambió mi vida para siempre: cuando servimos a los demás, nos conectamos con nuestra esencia más pura. Dejamos de pensar en nuestras propias preocupaciones y nos abrimos a algo más grande que nosotros mismos.

Mi maestro lo expresó de manera perfecta cuando, al final del día, nos reunió para reflexionar:

—El propósito no es algo que encuentras afuera; es algo que descubres cuando te das a otros. Hoy, cada uno de ustedes ha tocado una vida, y esa es la mayor expresión de amor y significado.

Mientras escuchaba sus palabras, sentí una claridad que nunca antes había experimentado. Mi propósito, el motor que quería que guiara mi vida, estaba en el servicio. Desde ese día, he llevado conmigo esta lección, buscando maneras de aportar algo positivo al mundo, de ayudar a otros a encontrar su luz y su camino.

Esa experiencia no solo transformó mi relación con los demás, sino también conmigo misma. Descubrí que en el servicio puedes encontrar tu esencia y tu camino. Me enseñó que cada pequeña acción cuenta, que podemos ser una chispa de luz en la vida de alguien más, incluso si no somos conscientes de ello en el momento.

Mi hijo también salió transformado. Me dijo:

—Mamá, creo que nunca había visto a tantos niños felices al mismo tiempo. Fue el mejor día de mi vida.

Esa frase quedó grabada en mi corazón. Me recordó que el servicio no solo beneficia a quienes lo reciben, sino también a quienes lo dan.

El propósito no tiene que ser algo grandioso o extraordinario. No necesitas cambiar el mundo de un solo golpe. A veces, tu propósito se encuentra en los pequeños gestos: una sonrisa, una palabra amable, un momento de atención plena.

No necesitas tener todas las respuestas para comenzar. El propósito no se encuentra esperando sentado, sino caminando, explorando, haciendo. Para mí, se reveló al abrir mi corazón, al entregarme completamente a una experiencia que me conectó con algo más grande. Y ahora quiero invitarte a iniciar este viaje.

Tu historia y tus acciones están llenos de claves que pueden guiarte hacia tu propósito. Encontrarlo no es una tarea que debas apresurar; requiere un momento de introspección, una pausa para conectar con lo que amas, con aquello que haces con pasión y lo que el mundo puede necesitar de ti. Hoy te invito a dedicar un tiempo a explorar tu historia. Este proceso no busca respuestas definitivas ni es una carrera; es una oportunidad para descubrir, paso a paso, las señales que guían tu camino.

Ejercicio: descubriendo el propósito en tu historia

Tu historia está llena de momentos, lecciones y emociones que, al entrelazarse, crean un mapa único hacia tu propósito. Cada experiencia que has vivido, cada desafío que has enfrentado y cada decisión que has tomado tienen algo que enseñarte. Hoy te invito a recorrer ese mapa, a explorar con curiosidad y valentía las claves que han estado ahí todo el tiempo, esperando a ser descubiertas.

1. Reconociendo el llamado a algo más

A veces, un momento o una emoción nos sacude y despierta algo dentro de nosotros, un anhelo de cambio, de algo más significativo. Puede ser una experiencia intensa o incluso un destello del alma, un susurro constante que nos dice que hay más en la vida de lo que estamos viendo. Este llamado no siempre llega de manera clara, pero si lo escuchas, puede ser la primera pista hacia tu propósito.

Instrucciones:

Reflexiona sobre esos momentos o pensamientos que te hicieron cuestionarte: ¿Estoy viviendo la vida que quiero? Busca en tus recuerdos esas experiencias que te llevaron a replantearte tu vida y lo que realmente importa.

Pregúntate:

- ¿Qué situaciones o emociones despertaron en ti el deseo de cambiar algo?
- ¿Qué sentiste o pensaste en esos momentos?

Ejemplos:

1. Para mí, el llamado llegó cuando enfrenté un diagnóstico de cáncer; ese momento redefinió mi percepción del tiempo y lo que significaba vivir con intención.
2. Una amiga me compartió que su llamado surgió al perder un empleo que creía fundamental, lo que la llevó a descubrir una pasión por el diseño que nunca había explorado.
3. Otro ejemplo podría ser una persona que, tras un viaje a un lugar con pobreza extrema, sintió la necesidad de involucrarse en causas sociales y marcar una diferencia en el mundo.

2. Resistencias internas: Reconociendo la negación al llamado

Cuando sentimos un llamado al cambio, es natural que aparezcan miedos o dudas. Estas resistencias pueden venir disfrazadas de excusas, inseguridades o creencias limitantes que nos dicen que no somos capaces, que no es el momento adecuado o que no lo merecemos. Reconocer esas resistencias es un paso crucial para superarlas.

Instrucciones:

Reflexiona sobre las ocasiones en las que sentiste el impulso de cambiar algo en tu vida, pero no actuaste. Identifica los miedos o barreras que te detuvieron y observa qué puedes aprender de ellos.

Pregúntate:

- ¿Qué temores o creencias te han impedido seguir ese llamado?
- ¿Qué excusas has utilizado para no dar el siguiente paso?
- ¿Qué sentirías si decidieras superar esas resistencias?

Ejemplos:

1. Cuando mi maestro me pidió elegir entre dejar de fumar o dejar el yoga, mi primera reacción fue negarme. Me convencía de que «no estaba lista» o que «era demasiado difícil». Esa resistencia era mi miedo hablando, no mi verdad.
2. Para otra persona, el miedo a cambiar de carrera puede venir acompañado de pensamientos como: «Soy demasiado viejo para empezar de nuevo» o «¿Y si fracaso?».
3. A veces, la negación surge incluso en momentos pequeños, como evitar inscribirte en ese curso que siempre quisiste porque crees que no serás lo suficientemente bueno.

3. Encuentros clave: mentores, aliados y desafíos

En el camino hacia tu propósito, no estás solo. Siempre hay personas, experiencias o incluso libros que llegan en el momento adecuado para iluminar el siguiente paso. Del mismo modo, los desafíos que enfrentamos, aunque incómodos, son a menudo los maestros que nos enseñan lo que más necesitamos aprender. Reconocer a estos aliados y obstáculos te ayudará a conectar con las lecciones que han guiado tu vida.

Instrucciones:

Haz una lista de las personas, experiencias o aprendizajes que han sido cruciales en tu desarrollo. Piensa también en los desafíos más importantes que enfrentaste y cómo te moldearon.

Pregúntate:

- ¿Quién o qué ha actuado como guía o inspiración en tu vida?
- ¿Qué desafíos se convirtieron en oportunidades de aprendizaje?

Ejemplos:

1. Mi maestro de yoga fue un mentor crucial en mi transformación. Sus lecciones y palabras me enseñaron que el cambio requiere compromiso y amor propio.
2. Para alguien más, un mentor pudo haber sido un jefe que les brindó la oportunidad de liderar un proyecto desafiante, ayudándoles a descubrir su fortaleza y capacidad de liderazgo.
3. Los desafíos también enseñan: una amiga superó la pérdida de un ser querido y, a través de esa experiencia, encontró su vocación en la terapia emocional para ayudar a otros a sanar.-

4. Reconociendo tu don para compartir

Tu historia y tus aprendizajes no son solo para ti. Todo lo que has vivido puede convertirse en un regalo para los demás: tus conocimientos, tus habilidades y las lecciones que has aprendido. Al identificar estos dones, encontrarás pistas claras sobre cómo tu propósito puede beneficiar al mundo.

Instrucciones:

Piensa en las habilidades o aprendizajes que has adquirido a lo largo de tu vida. Reflexiona sobre cómo puedes usarlos para ayudar a otros y aportar algo positivo a su camino.

Pregúntate:

- ¿Qué talentos o habilidades tengo que puedan marcar la diferencia en la vida de alguien más?
- ¿Qué lecciones he aprendido que podrían inspirar o guiar a otros?
- ¿Qué impacto positivo me gustaría tener en las personas o el mundo?

Ejemplos:

1. Mi experiencia de superar el cáncer me llevó a una transformación total y esta historia la comparto con otros, ayudándoles a encontrar esperanza y fortaleza en sus propios retos.
2. Un Amigo descubrió que su habilidad para escuchar sin juzgar lo convertía en una fuente de apoyo en momentos difíciles, lo que lo llevó a considerar estudiar psicología.
3. Otra persona, que siempre disfrutó cocinar para su familia, decidió usar esa pasión para organizar talleres de cocina saludable online, impactando la vida de muchas personas.

5. Preguntas clave para profundizar

Estas preguntas te ayudarán a conectar los puntos de tu viaje personal y acercarte aún más a tu propósito:

1. ¿Qué harías si tuvieras recursos ilimitados?
2. ¿Qué problema social o global te gustaría resolver?
3. ¿Qué legado te gustaría dejar en el mundo?
4. ¿Qué consejo darías a alguien en tu situación?
5. ¿Qué acción concreta puedes tomar hoy mismo para acercarte a una vida más alineada con tu propósito?

Tu primer paso hacia el propósito: de la reflexión a la acción

Encontrar tu propósito no es un destino al que se llega de inmediato, sino un camino que se construye paso a paso. Ahora que has reflexionado sobre tus experiencias, aprendizajes y dones, es momento de transformar esas ideas en una acción concreta que te acerque a una vida con significado.

Instrucciones:

Revisa tus reflexiones y elige una acción que puedas tomar hoy mismo para avanzar hacia tu propósito. Puede ser algo pequeño pero significativo: un compromiso contigo mismo que marque el inicio de tu nuevo camino.

Pregúntate:

- ¿Qué acción pequeña puedes tomar hoy para avanzar hacia tu propósito?
- ¿Qué necesitas dejar atrás para dar este paso?
- ¿Cómo te gustaría sentirte al final del día al haberlo realizado?

Ejemplos de acciones:

1. En mi caso, una de las primeras acciones fue humanizar los cursos que impartía en las empresas, integrando parte de mi historia personal. Ese pequeño ajuste se transformó en una nueva misión: inspirar a otros a enfrentar sus propios retos con valentía y esperanza.
2. Para otra persona, el primer paso puede ser inscribirse en un curso que siempre ha querido tomar pero que postergó por cualquier excusa.
3. O quizás alguien decide dedicar un par de horas a la semana como voluntario en una causa que le apasione, empezando a descubrir el impacto de su servicio en el mundo.

Este ejercicio te invita a explorar con valentía y curiosidad los momentos clave de tu vida. El propósito, como has explorado, comienza con un pequeño paso, una decisión consciente que alinea tus acciones con lo que realmente importa. No se trata de alcanzar la perfección de inmediato, sino de avanzar con intención y autenticidad, construyendo poco a poco un camino lleno de significado.

Aquel día en la casa hogar, disfrazada de payasa, aprendí que el propósito no se encuentra en la perfección, sino en la autenticidad. Al abrir mi corazón y simplemente dar, descubrí que servir a los demás ilumina tanto sus caminos como el nuestro. Cada sonrisa y cada conexión me mostraron que el propósito no siempre es algo que buscamos, sino algo que construimos en pequeños actos de amor.

El ejercicio de explorar tu historia como un viaje heroico me ayudó a aterrizar esa lección. Reflexionar sobre mis experiencias, aprendizajes y fortalezas me mostró que el propósito no es estático, sino algo que evoluciona con cada decisión consciente que tomamos. Si estás buscando claridad, detente y escucha tu historia. Tal vez descubras que tu propósito ya está ahí, esperando a ser reconocido y puesto en acción.

Conectar con tu propósito no es solo un acto de introspección, sino también de alineación con los valores que guían tu vida. En el siguiente apartado, profundizaremos en cómo identificar esos valores fundamentales y cómo pueden convertirse en la brújula que dirige tus acciones hacia una vida con significado.

Porque, al final, nuestros valores no son solo ideas abstractas; son los ladrillos con los cuales construimos el propósito, las decisiones y la vida que queremos vivir.

¿Qué valores están guiando tu camino hoy? Vamos a descubrirlo juntos.

Tus valores se convierten en tu destino.
Mahatma Gandhi

Tus valores fundamentales como base para descubrir tu propósito

Los valores son con lo que construimos nuestra identidad y nuestras decisiones. No son simples ideas abstractas, sino cualidades profundamente arraigadas que guían cada paso que damos. Al actuar como una brújula interna, nos inspiran y nos dan dirección, ayudándonos a construir una vida alineada con lo que realmente importa para nosotros. Desde nuestras relaciones personales hasta nuestras metas profesionales, los valores reflejan nuestras prioridades, definen nuestras acciones y, lo más importante, conectan nuestra esencia con el mundo que nos rodea.

Cuando identificamos y priorizamos nuestros valores, desbloqueamos un recurso invaluable: claridad. Esta claridad nos permite tomar decisiones con confianza, resolver conflictos internos y vivir de manera auténtica. En un mundo lleno de distracciones y presiones externas, nuestros valores son un faro constante, recordándonos lo que es esencial y evitando que nos perdamos en el camino.

Tus valores son como filtros que moldean tu percepción del mundo y tus interacciones con los demás. Actúan como un marco de referencia que define lo que consideras aceptable, importante y significativo. Este marco no solo afecta cómo te relacionas con los demás, sino también cómo afrontas desafíos y qué tipo de vida eliges construir.

Relaciones más auténticas: este entendimiento te permite establecer conexiones más genuinas y significativas.

Evitar conflictos innecesarios: muchas veces, los desacuerdos en las relaciones surgen porque los valores de las personas no están alineados. Cuando conoces tus valores, puedes detectar posibles áreas de incompatibilidad desde el principio, ahorrándote conflictos futuros.

Tomar decisiones más alineadas: imagina que estás considerando un cambio de carrera. Si tienes claridad sobre tus valores, como la creatividad o el impacto social, puedes evaluar mejor si la nueva oportunidad realmente se ajusta a lo que buscas.

Los valores y el propósito de vida

Conectar tus valores con tu propósito te permite vivir con mayor intención y significado. Tus valores son el punto de partida para descubrir qué te motiva a levantarte cada mañana y qué quieres aportar al mundo. Por ejemplo, si valoras profundamente la empatía y el cuidado, puede que tu propósito esté relacionado con ayudar a otros, ya sea a través del servicio comunitario, la educación o incluso actos cotidianos de bondad.

Los valores también actúan como una guía en momentos de incertidumbre. Cuando enfrentas decisiones difíciles o momentos de duda, reflexionar sobre tus valores te ayuda a mantener el rumbo hacia tu propósito, incluso cuando el camino parece confuso.

Identificar tus valores fundamentales no es solo un acto de autoconocimiento; es una herramienta práctica para construir una vida en armonía con tu esencia y tu propósito. Al convertirlos en la brújula que guía tus acciones, puedes asegurarte de que cada decisión que tomes esté alineada con lo que realmente importa, llevándote un paso más cerca de la vida plena y significativa que deseas.

La importancia de conocer mis valores

Cuando enfrenté uno de los momentos más complicados de mi vida, después de superar mi tratamiento médico, decidí buscar apoyo en terapia y con un *coach*. Sentía que algo faltaba, como si estuviera desconectada de lo que realmente era importante para mí. Mi propósito no estaba claro, y aunque tenía metas, sentía que me movía en diferentes direcciones, sin un rumbo definido.

En una de las primeras sesiones, mi *coach* me hizo una pregunta simple pero reveladora: «¿Qué es lo que más valoras en la vida?». Al principio, me quedé en blanco. ¿Era la salud? ¿La familia? ¿Mi libertad? Me pidió que hiciera una lista extensa de valores, desde los más obvios hasta aquellos que apenas había considerado, y que luego los priorizara. Este ejercicio me llevó a reflexionar profundamente, sobre lo que realmente importaba para mí, más allá de las expectativas externas.

Descubrí que entre mis valores fundamentales estaban el amor, la empatía, y la comprensión. Estas palabras no eran solo conceptos; eran principios que habían guiado mi vida, incluso antes de que fuera consciente de ellos. Me di cuenta de que, en mis relaciones y proyectos anteriores, había ignorado señales claras de que esos valores no se estaban respetando, lo que generaba frustración y desconexión.

Por ejemplo, había veces en las que intentaba adaptarme demasiado a las necesidades de los demás, dejando de lado mi propia autenticidad. También entendí que, aunque la empatía siempre ha sido un motor para mí, no siempre la recibía de vuelta, lo que me hacía sentir vacía en algunas relaciones. Finalmente, el amor y la comprensión me recordaron que mi capacidad de conectar desde un lugar auténtico y compasivo era una fortaleza, y que al priorizar estos valores, podía construir vínculos más significativos.

Una experiencia clave que reforzó estos valores fue mi vivencia en el orfanato. Allí, mientras compartía momentos de risa y juego con los niños, pude experimentar plenamente el amor, la empatía y la comprensión en su forma más pura. Esa experiencia despertó algo profundo en mí y me hizo darme cuenta de la importancia de vivir desde esos valores en todos los aspectos de mi vida.

Con esta claridad, empecé a tomar decisiones más alineadas con mis valores. En lugar de aceptar cualquier oportunidad o relación, me preguntaba: ¿Esto refleja mis valores fundamentales? Este cambio me permitió construir conexiones más genuinas, encontrar un propósito más claro y, sobre todo, vivir en congruencia conmigo misma.

El proceso de identificar tus valores no es solo un ejercicio de autoconocimiento; es una herramienta poderosa para tomar decisiones que reflejen quién eres realmente. Cuando entiendes lo que valoras, puedes construir relaciones y proyectos que nutran tu esencia en lugar de agotarte. ¿Qué valores te están guiando hoy? ¿Están alineados con la vida que quieres construir?

Con esta claridad, empecé a tomar decisiones más alineadas con mis valores. En lugar de aceptar cualquier oportunidad o relación, me preguntaba: ¿Esto refleja mis valores fundamentales? Este cambio me permitió construir conexiones más genuinas, encontrar un propósito más claro y, sobre todo, vivir en congruencia conmigo misma.

Ejercicio: tus valores fundamentales

Este ejercicio te ayudará a identificar los principios que son esenciales para ti. No necesitas prisa; tómate tu tiempo para reflexionar.

1. Haz una lista de por lo menos 40 o 50 valores. La siguiente tabla es para darte una idea, puedes completarla con las que tú consideres. Elige todos los que resuenen contigo y añádelos a tu lista inicial. Ejemplos de valores fundamentales:

Valores personales	Valores sociales	Valores profesionales
Honestidad	Conexión	Integridad
Libertad	Igualdad	Profesionalidad
Amor	Apoyo	Desarrollo
Creatividad	Compañerismo	Progreso
Resiliencia	Diversión	Innovación
Espiritualidad	Comunicación	Liderazgo
Aventura	Empatía	Excelencia

2. **Prioriza tus valores:**

   - **Selecciona los valores esenciales:** revisa tu lista inicial y elige los 10 valores que sientas como más importantes, aquellos que representan quién eres y lo que realmente importa en tu vida.
   - **Identifica tus «valores faro»:** de esos 10, selecciona los 5 que consideres absolutamente indispensables. Pregúntate: «¿Cuáles son los principios que me guían incluso en los momentos más difíciles?». Estos valores serán tu brújula, iluminando el camino hacia las decisiones que reflejan tu esencia.

3. **Reflexiona sobre tus elecciones:**

   - **Conecta con tu historia:** piensa en decisiones significativas que has tomado en el pasado. ¿Cómo influyeron estos valores en esas elecciones? Por ejemplo, ¿elegiste un trabajo, relación o proyecto alineado con ellos?
   - **Detecta áreas de crecimiento:** si notas algún valor importante que no has respetado o priorizado, tómalo como una oportunidad para ajustar tu vida. Pregúntate: «¿Qué cambios podría hacer para integrar este valor más plenamente en mi día a día?».
   - **Enfócate en el impacto:** considera cómo estos valores pueden guiar tus próximas decisiones. Visualiza cómo una vida alineada con tus principios te dará mayor claridad, paz y autenticidad.

4. **Escribe tus valores fundamentales**: anótalos en un lugar visible para ti, como tu diario de viaje, tu teléfono o incluso en un pósit en tu espacio de trabajo. Esto te ayudará a mantenerlos presentes en tu día a día.

   Te comparto mis valores fundamentales:

   - **Amor:** es la base de todas mis relaciones y acciones; me impulsa a dar lo mejor de mí misma y a conectar profundamente con quienes me rodean.
   - **Comprensión:** me permite escuchar y empatizar con los demás, buscando siempre ver las situaciones desde diferentes perspectivas.
   - **Empatía:** es la brújula que me guía a relacionarme con los demás de manera auténtica, poniéndome en su lugar y entendiendo sus emociones y experiencias.
   - **Honestidad:** es el principio que guía mis palabras y acciones; valoro la transparencia y la verdad, incluso cuando es incómodo.

- **Congruencia:** es vivir en armonía con mis valores, asegurándome de que mis pensamientos, palabras y acciones estén alineados con la persona que quiero ser.

Vivir de acuerdo con tus valores no solo te da claridad y confianza, sino que también te conecta con tu propósito más profundo. Cada valor es una guía que te ayuda a construir una vida auténtica y significativa. Ahora, te invito a explorar los valores que han moldeado tu camino y a permitir que se conviertan en la brújula que te guíe hacia una vida alineada con tu esencia. ¿Qué valores llevarás contigo mientras continúas este viaje?

Las cosas más bellas de este mundo no se ven ni se tocan, se sienten en el corazón, como el amor que brindamos a otros.
Helen Keller

Del propósito al servicio: un camino hacia la conexión

Cuando vivimos alineados con nuestros valores, nuestras acciones adquieren un nuevo significado. Cada decisión, cada pequeño gesto, se convierte en una extensión de nuestra esencia, resonando con autenticidad. Es esta alineación la que nos lleva naturalmente a un terreno aún más profundo: el servicio. Servir no es renunciar a uno mismo; es dar vida a lo que realmente importa. Es cuando el amor, la empatía, o cualquier otro valor que atesoramos se convierten en actos concretos que transforman tanto nuestro mundo interior como el que nos rodea.

Recuerdo un día especialmente revelador durante mi recuperación del cáncer. Una amiga cercana me pidió que acompañara a un grupo de mujeres que habían sido diagnosticadas recientemente. Era un espacio lleno de vulnerabilidad y esperanza. Al principio dudé. ¿Qué podía ofrecer yo, que apenas estaba aprendiendo a reconstruirme? Pero me armé de valor, tomé mi historia y decidí compartirla.

La sala estaba llena de miradas cargadas de incertidumbre y miedo, pero también de una fuerza silenciosa que me conmovió profundamente. Mientras hablaba de mi experiencia —de mis miedos, mis caídas y de cómo había comenzado a encontrar pequeñas luces en medio de la oscuridad— noté algo increíble: no era solo mi historia la que resonaba, eran las emociones compartidas, la humanidad que nos conectaba. No necesitaba tener todas las respuestas ni una vida perfectamente resuelta; solo necesitaba estar presente y dispuesta a abrir mi corazón.

Esa tarde, entendí que el servicio no es solo para quienes reciben; es un puente que nos conecta con algo más grande. Ver cómo las mujeres compartían sus propios relatos, cómo se atrevían a expresar sus temores y esperanzas, me transformó tanto como, quizás, las transformó a ellas. Aprendí que, en el servicio, nuestra vulnerabilidad es una fortaleza, porque nos permite crear vínculos genuinos y significativos.

El servicio no requiere perfección ni grandeza; requiere autenticidad. A veces, basta con estar ahí, escuchar o compartir una palabra de aliento. Son los actos pequeños, como ofrecer una sonrisa, prestar atención sincera o simplemente decir «te entiendo», los que tienen el poder de sanar. Y en ese proceso, descubrimos que sanar a otros también nos sana a nosotros mismos.

Al final, servir es amar sin expectativas. Es ofrecer lo que somos, sin buscar aplausos ni recompensas. Es un acto de confianza: confiar en que, al dar desde nuestra esencia, estamos sembrando algo valioso, algo que, aunque no veamos de inmediato, florecerá en los corazones de quienes tocamos. Este amor desinteresado, que nace de la conexión más pura, no solo transforma a quienes lo reciben, sino también a quienes lo ofrecen.

El impacto del servicio se extiende más allá de nuestras acciones inmediatas. La energía que compartimos crea un eco en quienes nos rodean, inspirando a otros a abrir sus corazones. Mi hijo no solo aprendió el poder de dar, sino también la magia de recibir gratitud y amor en su forma más pura. Estas experiencias compartidas, que comienzan con pequeños actos de bondad, tienen el potencial de moldear valores, inspirar compasión y sembrar propósito en los corazones de quienes amamos.

Ahora te pregunto: «¿Qué has vivido que podrías compartir?». Todos llevamos dentro historias y lecciones que tienen el poder de inspirar y transformar. Tal vez enfrentaste un miedo, superaste una pérdida o descubriste una nueva forma de vivir. Esas experiencias, lejos de ser casualidades, pueden ser herramientas para ayudar a otros.

¿Cómo podrías invitar a alguien cercano a ti a unirse en un acto de servicio? Quizás, juntos, puedan descubrir nuevas formas de conectar con el mundo y entre ustedes.

El poder de tu historia

Tu experiencia, por simple o compleja que parezca, tiene un valor inmenso. Al compartirla, estás creando un puente emocional que conecta tus vivencias con las de otros. Esa conexión puede ser transformadora, porque le muestra al otro que no está solo, que las adversidades pueden superarse y que todos tenemos el poder de encontrar luz incluso en los momentos más oscuros.

A veces, el propósito y el servicio encuentran formas inesperadas de manifestarse, recordándonos que cualquier talento puede convertirse en un vehículo para transformar vidas. Tal es el caso de Juan, un chef cuya historia ejemplifica cómo redescubrir el sentido de lo que hacemos puede tener un impacto duradero.

De la alta cocina a sembrador de esperanza

Juan era un chef reconocido en el mundo de la alta cocina. Su restaurante era un referente, con reservaciones agotadas y platos que despertaban ovaciones de críticos gastronómicos. Durante años, su vida giró en torno a la perfección culinaria: largas horas en la cocina, experimentos con ingredientes exóticos y la constante búsqueda de innovación. Su trabajo era su orgullo, pero también su refugio. Aunque amaba lo que hacía, había algo en su vida que nunca terminaba de llenarlo.

Una tarde, mientras revisaba los detalles de un menú para una importante cena, ocurrió lo inesperado: un accidente en la calle lo dejó hospitalizado durante varias semanas. Esa pausa forzada lo obligó a detenerse y, por primera vez en años, reflexionar. Desde su cama de hospital, rodeado de silencio, se preguntaba: «¿Todo este esfuerzo, para qué? ¿Qué impacto tiene realmente lo que hago?». Cada plato que había creado era una obra de arte, pero en ese momento comenzó a cuestionar si estaba nutriendo algo más que los paladares de los comensales más privilegiados.

Después de semanas de recuperación, Juan volvió a la cocina, pero algo había cambiado dentro de él. Las rutinas que antes lo llenaban de entusiasmo ahora se sentían vacías. Sabía que debía buscar un propósito más profundo. Una tarde, mientras caminaba cerca de su vecindario, vio un cartel en un centro comunitario que solicitaba voluntarios para enseñar habilidades prácticas. En ese momento, una idea surgió como un relámpago: podía enseñar cocina.

Podía compartir su talento, no solo para deleitar a los paladares más exigentes, sino para empoderar a quienes lo necesitaban.

Con entusiasmo renovado, Juan organizó su primer taller gratuito de cocina para madres solteras. Preparó recetas sencillas, pero nutritivas y versátiles, que las mujeres podían preparar con recursos limitados. Su objetivo no era solo enseñar a cocinar, sino también mostrarles que la cocina podía ser una herramienta poderosa para cuidar de sus familias e, incluso, generar ingresos.

En cada clase, Juan descubría algo nuevo. Ya no era el chef perfeccionista que buscaba aplausos, sino un maestro que encontraba alegría en las risas de las mujeres, en su entusiasmo por aprender y en su gratitud. Una de sus alumnas, Clara, lo conmovió profundamente. Era una madre de tres hijos que había enfrentado enormes desafíos para mantener a su familia. Al final del taller, Clara se acercó a Juan, con lágrimas en los ojos, y le dijo: «Gracias por esto. Ahora no solo puedo alimentar mejor a mis hijos, sino también tengo una forma de ganarme la vida».

Las palabras de Clara resonaron en el corazón de Juan como ninguna ovación lo había hecho antes. Ese día, entendió algo fundamental: su talento no solo era para crear arte culinario, sino también para sembrar esperanza y construir oportunidades para otros. Las historias de mujeres como Clara le recordaron que el verdadero impacto no siempre se mide en estrellas Michelin o críticas favorables, sino en las vidas que tocas con lo que haces.

A partir de ese momento, Juan dedicó parte de su tiempo a expandir su proyecto. Colaboró con organizaciones locales para llevar talleres a comunidades en situación vulnerable y ayudó a muchas mujeres a crear pequeños negocios, como la venta de comida casera. Su vida seguía vinculada a la cocina, pero ahora cada plato que enseñaba tenía un ingrediente adicional: propósito.

El camino de Juan nos recuerda que, a veces, las crisis nos detienen para mostrarnos un nuevo horizonte. Cuando miramos más allá de nosotros mismos, descubrimos que nuestros talentos no solo son un regalo para perfeccionarnos, sino también una herramienta para transformar el mundo a nuestro alrededor.

La historia de Juan nos recuerda que todos poseemos talentos únicos que pueden convertirse en vehículos para el servicio. No importa si eres chef, maestro, artista o profesional en cualquier área; lo que haces puede tener un propósito más profundo cuando eliges compartirlo con los demás. Tu habilidad, cuando se alinea con tu intención de contribuir, tiene el poder de transformar vidas.

El servicio no siempre requiere grandes actos. Puede comenzar con un pequeño gesto: ofrecer tus conocimientos a alguien que los necesite, escuchar con atención a quien busca apoyo o encontrar maneras creativas de impactar a tu comunidad. Cuando eliges servir desde tus talentos, no solo creas un cambio en los demás; también encuentras un propósito renovado y una conexión más auténtica con el mundo.

¿Qué talentos podrías usar para servir a los demás? Reflexiona sobre cómo puedes convertir lo que haces, incluso en lo más cotidiano, en una herramienta para crear impacto. Al igual que Juan, puedes descubrir que el verdadero significado de tu trabajo no está en los resultados, sino en las vidas que tocas.

Reflexión

El propósito y el servicio se complementan como la raíz y el fruto de un árbol robusto. Mientras el propósito surge de nuestras experiencias y valores más profundos, el servicio es la forma en que esos valores florecen y se manifiestan en el mundo. Cuando conectamos nuestras acciones con algo más grande que nosotros mismos, encontramos no solo un sentido de dirección, sino también una profunda satisfacción interior. Este capítulo no solo ha sido una invitación a mirar hacia adentro para descubrir tus talentos y valores, sino también a extender esa mirada hacia afuera, para convertirte en un agente de cambio en el mundo.

El servicio no se trata de perfección ni de gestos grandiosos. Es un acto de amor que nos conecta con nuestra humanidad compartida. Cada historia que compartes, cada talento que ofreces, y cada momento en el que decides dar sin esperar nada a cambio es un paso hacia la plenitud. Porque el verdadero propósito no se encuentra en los logros personales, sino en el impacto que creamos juntos, en comunidad.

Pero vivir con propósito requiere algo más que buenas intenciones; exige congruencia. Esa alineación entre lo que piensas, sientes, dices y haces es lo que da fuerza y autenticidad a cada acción. Es el puente que conecta las lecciones que has aprendido hasta aquí con la vida plena y significativa que deseas construir.

Al reflexionar sobre el propósito y el servicio, surge una pregunta fundamental: «¿Cómo mantener esa conexión viva y constante en nuestro día a día?». Aquí es donde entra la congruencia, esa brújula interna que asegura que cada decisión y cada acción reflejen nuestra esencia. La congruencia no solo es la clave para vivir en armonía con el mundo, sino también vivir saludables y felices con nosotros mismos.

En el próximo capítulo, exploraremos cómo la congruencia se convierte en el puente hacia la salud del alma. Aprenderás a integrar las lecciones de transformación personal, propósito y servicio en una vida guiada por la coherencia, la paz y la autenticidad. Porque al final, el verdadero éxito no está en lo que hacemos, sino en cómo lo vivimos.

¿Estás listo para dar este último paso hacia una vida en armonía? Acompáñame en esta reflexión final, donde reuniremos todos los hilos de este viaje para tejer un camino de equilibrio y plenitud.

Capítulo 14: Vivir en armonía

Cuando vivimos en armonía con nosotros mismos,
todo a nuestro alrededor se alinea con esa paz.
Eckhart Tolle

Llegar a este punto no ha sido un viaje fácil. Has explorado cada rincón de tu ser, enfrentado las partes de ti mismo que preferías evitar y, con valentía, has comenzado a soltar lo que te pesaba. Has aprendido a dominar tu mente, a trabajar con tu fuerza de voluntad, a aceptar la vida tal como es y a descubrir el propósito que da sentido a tu existencia. Ahora es momento de dar un paso atrás y observar el panorama completo.

Vivir en armonía no significa que todo sea perfecto o que los retos desaparezcan. Significa aprender a fluir con la vida, enfrentando cada momento desde un lugar de paz interior. Es la capacidad de alinearte con lo que piensas, lo que sientes, lo que dices y lo que haces, para que cada paso que des esté en sintonía con quien realmente eres.

Como mi maestro solía decir:

La congruencia no se trata de ser perfecto, sino de ser honesto contigo mismo. Si tus pensamientos y tus acciones caminan juntos, todo en tu vida comenzará a alinearse.

Este capítulo no es solo una reflexión; es una invitación a integrar todo lo que has aprendido y a vivir desde un estado de equilibrio y paz. Porque, al final, la armonía no está en lo que sucede a tu alrededor, sino en cómo decides vivir cada día.

Aquí encontrarás la lección más importante: la congruencia. Esa capacidad de alinear tu mente, tu corazón y tus actos para vivir desde tu verdad. Porque, como descubrirás, la congruencia no solo transforma tu relación contigo mismo; también es el puente hacia relaciones más auténticas, un mundo más armonioso y por increíble que parezca con el cumplimiento de tus sueños.

Este es el momento de unir todas las piezas, de mirar hacia adentro y de dar el paso final hacia la vida en paz que mereces. ¿Estás listo para vivir en armonía y abrazar la mejor versión de ti mismo? Entonces, acompáñame a esta última lección: la congruencia.

La congruencia entre lo que piensas, sientes, dices y haces es la clave para vivir en un estado de bienestar y salud óptima.
Deepak Chopra

La congruencia: el puente hacia la salud del alma

Sentía que había dado pasos de gigante hacia mi sanación. Pero, como solía suceder en las clases de yoga, justo cuando creía haber alcanzado una cima, mi maestro me mostraba que había una montaña aún más alta por escalar.

Fue durante una de esas tardes, en las que el aire estaba lleno de esa calma expectante. Nos sentamos en círculo, como era habitual, mientras él, con una serenidad, nos explicaba cuál era el siguiente paso en nuestro proceso de sanación: la congruencia.

—Tener un proceso de transformación limpia las heridas, pero la congruencia es lo que evita que se abran nuevas.

Hizo una pausa, dejando que sus palabras se asentaran en nosotros, y luego agregó:

—Si tus pensamientos, tus palabras y tus acciones no están alineados, no solo traicionas tu alma, también invitas al conflicto a tu vida. Y ese conflicto no se queda en lo emocional; se manifiesta en lo físico.

Sus palabras resonaron en mí de una forma que no esperaba. Mi cuerpo había sido el escenario de un conflicto profundo durante años. ¿Era posible que mi falta de congruencia hubiera contribuido a mi enfermedad?

Mi maestro, con esa manera tan suya de conectar todo, continuó:

—Cuando estás enfrentando un proceso de sanación, ya sea físico, mental, emocional o espiritual, la congruencia se vuelve aún más importante. No puedes decir que quieres sanar mientras llenas tu cuerpo de alimentos que lo dañan, mientras consumes noticias que te alteran, o mientras hablas de lo mal que te trata la vida. Todo lo que entra en ti —alimentos, imágenes, sonidos, palabras— debe estar alineado con tu deseo de sanarte.

Sentía que las palabras de mi maestro resonaban en lo más profundo de mi ser. Era como si alguien hubiera encendido una luz en una habitación que había permanecido cerrada por demasiado tiempo. De repente, comencé a ver con claridad cómo, a lo largo de mi vida, había tomado decisiones que contradecían lo que decía querer. Decía buscar sanación, pero ¿cómo podía lograrlo si mis acciones no respaldaban ese deseo? ¿Qué estaba permitiendo entrar en mi vida? ¿Qué estaba alimentando mi cuerpo, mi mente y mi alma? Cada una de esas preguntas abrió una puerta hacia una reflexión más honesta.

Revisé mi vida con nuevos ojos, como si estuviera desentrañando un mapa que había ignorado por completo. Me pregunté: «¿Qué pasos me habían llevado hasta aquí? ¿Qué rutas alternativas había pasado por alto?». Y, sobre todo, «¿qué podía hacer ahora para regresar al camino que realmente quería recorrer?». Fue entonces cuando entendí que cada pequeño cambio, por más insignificante que pareciera, tenía el poder de alinear mis pensamientos, palabras y acciones con mi deseo de sanar. Desde preparar alimentos que nutrían mi cuerpo hasta permitirme momentos de silencio para meditar y escucharme, cada acción era un acto de amor propio y congruencia.

Sin embargo, este proceso no era algo que pudiera hacer una vez y olvidar. Mi maestro lo dijo de forma contundente: «La congruencia es un trabajo constante, un compromiso diario con tu alma». Esa idea, aunque desafiante, me dio esperanza. No necesitaba resolver todo de inmediato; solo tenía que ser honesta y tomar un paso a la vez, confiando en que esos pasos, al acumularse, me llevarían hacia la vida que deseaba.

Fue entonces cuando mi maestro compartió con nosotros una historia que encapsulaba lo que significa vivir en congruencia con el alma.

La historia de mi maestro

—Hace muchos años, antes de dedicarme a enseñar, tomé una decisión que cambió mi vida para siempre —nos confesó con una serenidad que siempre parecía venir de un lugar muy profundo, había una intensidad en sus ojos que nos hizo enderezarnos en nuestros tapetes—. Vivía aquí, en México, rodeado de mi familia y amigos. Tenía una vida cómoda: un trabajo estable, una casa acogedora y todas las comodidades que muchos considerarían el ideal de éxito. Era una vida sin grandes sobresaltos, pero también sin grandes emociones. Aunque tenía todo lo que necesitaba, algo dentro de mí no encontraba paz. Había un fuego que ardía en mi interior, un llamado insistente que me decía que debía ir a la India para estudiar ayurveda y yoga. Era como si mi alma supiera que ese camino, aunque incierto y lleno de sacrificios, era el único que me llevaría a encontrar lo que realmente buscaba.

»Cuando le dije a mi familia que había tomado esta decisión, no lo entendieron. Mi madre, especialmente, me miró con lágrimas en los ojos y me dijo: «¿Para qué vas allá? ¿Por qué nos abandonas? ¿No te importamos?». Sus palabras me desgarraron. Yo amaba a mi familia, pero no podía negar que mi alma me estaba pidiendo algo más.

»Decidir irme fue como partirme en dos. Sabía que seguir este camino sería doloroso, pero también sabía que no hacerlo sería traicionarme a mí mismo. Y entonces aprendí la primera lección sobre la congruencia: no siempre será fácil ni cómodo, pero siempre será necesario.

»Durante los 10 años que pasé en la India, hubo días en los que me cuestioné si había tomado la decisión correcta. Recordaba el calor de mi hogar, las risas de mi familia, y sentía una tentación profunda de regresar. Pero cada vez que pensaba en volver, escuchaba una pequeña voz dentro de mí que susurraba: sigue adelante, estás exactamente donde necesitas estar. Mis maestros me enseñaron algo que hasta hoy me ha salvado: cuando tus pensamientos, palabras y acciones están alineados, experimentas una paz interior que nada ni nadie puede arrebatarte. Esa paz es la recompensa de vivir en congruencia.

Hizo una pausa y añadió con una seriedad que se sintió como un susurro directo al alma:

—Pero cuando no eres congruente, ese conflicto se queda en tu interior. Y si lo ignoras por mucho tiempo, tu cuerpo encontrará la manera de llamar tu atención.

Congruencia en el proceso de sanación

Después de compartir esta historia, mi maestro se volvió hacia mí. No sé si lo había planeado o si simplemente sintió que era el momento adecuado, pero lo que me dijo fue directo y personal:

—¿Quieres sanar? Entonces comienza siendo congruente con tu proceso de sanación.

Me quedé en silencio, tratando de entender la magnitud de lo que quería decir. Entonces continuó:

—Piensa en lo que estás permitiendo en tu vida. ¿Qué estás comiendo? ¿Te estás alimentando con alimentos frescos, llenos de vida, o con cosas que solo dañan tu cuerpo? ¿Cuánta agua tomas? ¿Cuánto descansas? Pero no solo eso. ¿Qué estás viendo? ¿Qué estás escuchando? ¿Te rodeas de drama, de noticias que te alteran, de canciones que refuerzan el sufrimiento? Todo esto importa. Si dices que quieres sanar, todo en tu vida debe reflejarlo.

Sentí que acababa de recibir una verdad que no había considerado. Siempre había asumido que mi proceso de sanación era solo físico: seguir un tratamiento, descansar cuando fuera necesario. Pero él me estaba mostrando que la sanación era mucho más que eso. Era un compromiso integral con mi cuerpo, mi mente y mi alma.

Entonces, enumeró con detalle muchas de las incongruencias comunes en las que caemos, y fue como si estuviera hablando directamente conmigo. Mientras lo hacía, profundizaba en cada punto con ejemplos claros:

- Dices que quieres sanar, pero te quedas despierto hasta altas horas de la noche.

  El cuerpo necesita descanso para regenerarse. Mientras duermes, tus células se reparan, tu sistema inmunológico se fortalece, y tu mente procesa lo vivido durante el día. Si te privas del sueño por ver series, revisar tu teléfono o simplemente por no poner límites al tiempo, estás negándole a tu cuerpo una de las herramientas más poderosas para sanar. Es como pedirle a un jardín que florezca sin agua. ¿Cómo esperas sanar si no permites que tu cuerpo descanse?

- Dices que quieres energía, pero abusas del café o consumes alimentos ultraprocesados.

  El café puede darte un impulso momentáneo, pero si dependes de él constantemente, estás forzando a tu cuerpo a trabajar más allá de su capacidad natural. Y los alimentos ultraprocesados —ricos en azúcar, grasas saturadas y químicos— inflaman tu organismo y lo cargan con toxinas. Cada vez que eliges alimentos que no nutren, le estás quitando recursos a tu cuerpo para sanar. Imagina tratar de encender un fuego con madera mojada; por más que lo intentes, no va a funcionar.

- Dices que buscas claridad mental, pero llenas tu mente con redes sociales que te distraen, te hacen perder el tiempo, te comparan y te quitan la paz.

  ¿Cuántas veces abres el teléfono para «despejarte» y terminas sintiéndote peor? La comparación constante, las noticias negativas, la sobrecarga de información generan ansiedad, estrés, nublan tu mente y te desconectan de ti mismo. La claridad mental no llega llenando tu mente con ruido, sino permitiéndote momentos de silencio y reflexión.

- Dices que anhelas paz interior, pero sigues viendo dramas en televisión o noticias llenas de tragedias.

  Cada vez que consumes contenido cargado de emociones negativas, estás alimentando tu mente con preocupaciones y conflictos que ni siquiera son tuyos. Esas noticias o dramas no te ayudan a resolver tu situación; solo te alteran y te desgastan emocionalmente. Si buscas paz, pregúntate: ¿estás rodeándote de lo que nutre tu alma o de lo que la contamina?

- Dices que deseas relaciones sanas, pero participas en chismes o en dinámicas tóxicas.

  Hablar mal de otros o involucrarte en conflictos innecesarios crea un ambiente de desconfianza y negatividad, tanto en tu entorno como en tu corazón. ¿Cómo esperas tener relaciones sanas si perpetúas dinámicas que generan distancia en lugar de conexión?

- Dices que buscas bienestar, pero te rodeas de ambientes que fomentan el estrés, el ruido o el desorden.

  Un espacio desordenado o lleno de ruido afecta más de lo que crees. Tu entorno es un reflejo de tu estado interno, y cuando estás rodeado de caos, es difícil encontrar calma. Ordenar tu espacio, crear un rincón tranquilo para ti y limitar las distracciones externas son pasos simples que pueden marcar una gran diferencia en tu bienestar.

- Dices que quieres ser amable contigo mismo, pero eres el primero en criticarte frente al espejo.

  Cada vez que te miras al espejo y solo ves tus defectos, estás enviándole a tu cuerpo un mensaje de rechazo. Ese rechazo se traduce en estrés, en un sentido de insuficiencia que afecta tu proceso de sanación. Ser amable contigo mismo no es solo una idea bonita; es una práctica diaria de aceptar y valorar lo que eres en este momento.

- Dices que quieres amor, pero te cuesta darte amor propio o aceptar el amor de los demás.

  ¿Cuántas veces has mirado al espejo y te has hablado con dureza, enfocándote en lo que consideras defectos en lugar de reconocer lo que te hace único? ¿Cuántas veces has minimizado tus logros, pensando que no son suficientes, o has rechazado un cumplido con un «no es para tanto»? A veces, el mayor obstáculo para recibir amor no son los demás, sino tú mismo.

  El amor propio no es egoísmo; es el cimiento sobre el que puedes construir relaciones más auténticas y significativas. Eso significa cuidar de ti mismo con paciencia, gratitud y comprensión. Amarte a ti mismo y aceptar el amor de los demás es como regar un jardín: cada gota nutre las raíces de tu bienestar.

- Dices que quieres sanar el alma, pero sigues escuchando canciones que hablan de desamor, traición y sufrimiento.

  La música tiene un poder inmenso sobre nuestras emociones. Si constantemente escuchas canciones que refuerzan el dolor, estás perpetuando esas emociones en tu vida. Cambiar tu *playlist* por música que inspire, motive o tranquilice puede parecer un gesto pequeño, pero tiene un impacto profundo en cómo te sientes.

- Dices que deseas avanzar, pero vives anclado en el pasado, revisitando errores y culpándote una y otra vez.

  Cada vez que regresas al pasado para culparte o revivir lo que no salió bien, estás gastando energía que podrías usar para sanar. Avanzar no significa olvidar, pero sí significa soltar el peso de lo que ya no puedes cambiar y enfocarte en construir lo que está por venir.

Un espejo para el alma

Cada una de las incongruencias que enumero golpeaba una parte distinta de mi conciencia. Me veía reflejada en muchas de ellas. Decía que quería paz, pero ¿cuántas veces había permitido que una noticia o un conflicto externo se adueñará de mi mente? Decía que quería sanación, pero no siempre tomaba decisiones que reflejaran ese deseo.

Mi maestro agregó algo más:

—Cuando dices que quieres algo, pero tus acciones no lo reflejan, estás enviando un mensaje confuso al universo… y a ti mismo. Es como intentar remar para llegar al otro lado del río, pero tu bote tiene una fuga.

Puedes esforzarte todo lo que quieras, pero mientras no repares esa fuga, seguirás drenando tu energía sin avanzar realmente. Esa fuga son tus incongruencias: las decisiones, pensamientos y acciones que no reflejan lo que de verdad quieres.

Una vez que te detienes, observas y reparas, el agua deja de entrar, y remar se convierte en un movimiento fluido y con propósito.

Al final de esa clase, entendí que hay que observar cada elección con atención. Cuando eres congruente con tus deseos, todo en tu vida comienza a alinearse para apoyarte. Y es en esa alineación donde se encuentra la verdadera sanación.

Un paso hacia la sanación integral

Esta reflexión me llevó a hacer un inventario de mi vida. Decidí ser honesta conmigo misma y analizar cada área, preguntándome: «¿Esto me está ayudando o me está alejando de la sanación?».

- En lugar de postergar mis horas de sueño, comencé a establecer una rutina nocturna que incluyera un tiempo para desconectar del teléfono, ponerlo lejos de mi cuarto y relajarme con lecturas inspiradoras o escribiendo en mi diario.
- Dejé de ver las noticias, comencé a buscar pódcast, videos de temas de desarrollo personal.
- Revisé lo que comía con más atención. Me di cuenta de que había estado buscando consuelo en alimentos procesados, pero no estaba dándole a mi cuerpo la nutrición que necesitaba para sanar. Comencé a incorporar más frutas, verduras y alimentos frescos, incluso me hice vegetariana.
- También hice un esfuerzo por ser más selectiva con las personas y conversaciones en las que participaba. Dejé de involucrarme en

chismes o en quejas interminables, y comencé a hablar más de cosas que me inspiraban o me hacían sentir agradecida.

- Incluso mis redes sociales cambiaron. Dejé de seguir y de publicar cosas que me hacían sentir insuficiente o que solo mostraban las partes negativas. En su lugar, busqué contenido que me animara a crecer y a ver el mundo con más esperanza.
- Transformé la forma en que comenzaba mis mañanas. Antes despertaba en automático, revisando el teléfono o saltando directamente a mis pendientes. Ahora, mis mañanas se convirtieron en un espacio sagrado. Me levantaba a las 5:00 a. m. para regalarme unos minutos de quietud, agradeciendo, meditando y conectando con mi propósito del día. Este pequeño cambio marcó un antes y un después en mi energía, mi actitud, mi mentalidad, mi productividad para el resto del día y de mi vida.

Cada pequeño cambio fue como encender una luz en un cuarto oscuro. No lo hice todo de golpe, pero cada acción era un destello que iluminaba un poco más el camino hacia mi sanación. Cada decisión consciente de alinear mis pensamientos, palabras y acciones me ayudó a construir, poco a poco, la vida equilibrada y llena de propósito que tanto anhelaba.

Ejercicio: un compromiso con la congruencia

La congruencia no es algo que se logra en un día; es un hábito que se construye poco a poco. Y mientras más congruente era en las pequeñas cosas, más paz sentía. Me di cuenta de que mi maestro tenía razón: la verdadera sanación comienza cuando dejas de sabotearte a ti mismo con acciones que contradicen lo que realmente deseas.

Hoy, quiero invitarte a hacer el mismo inventario que hice yo. Pregúntate:

- ¿Qué estoy permitiendo entrar a mi cuerpo que no lo nutre?
- ¿Qué estoy permitiendo que entre en mi mente que no me inspira ni me da paz?
- ¿Qué estoy permitiendo en mis emociones que me aleja del amor propio?
- ¿En qué lugares estoy permaneciendo cuando sé que no quiero estar ahí?

Quizás sigues en un trabajo, una actividad o incluso una relación que va en contra de lo que tú eres o buscas y la mantienes por miedo, por obligación o por costumbre. Cada vez que fuerzas a tu alma a quedarse donde no pertenece, creas un conflicto interno que, con el tiempo, puede manifestarse en tu cuerpo como malestar o enfermedad.

Recuerda que la congruencia no se trata de ser perfecto, sino de ser honesto contigo mismo.

Cuando tus acciones reflejan lo que realmente deseas, tu cuerpo, tu mente y tu espíritu comienzan a trabajar juntos en lugar de estar en conflicto. Y es en esa alineación donde ocurre la verdadera sanación.

La congruencia no es un destino, sino un camino. Cada día es una nueva oportunidad para decidir si quieres ser fiel a quien eres o si prefieres tomar el camino fácil de la incongruencia. Pero recuerda: o comienzas a ser congruente en todo, o el conflicto seguirá encontrando un lugar para manifestarse.

Reflexión

La vida es un constante viaje de aprendizaje y transformación. A través de estas páginas, hemos recorrido juntos un camino lleno de desafíos, reflexiones y descubrimientos. Cada lección compartida no es un destino, sino un mapa que invita a seguir explorando, creciendo y transformándose.

Identificar tus destellos, dominar la mente, soltar expectativas, reconstruir desde el amor propio, cultivar la disciplina y abrazar el propósito han sido algunas de las estaciones de este viaje. No se trata de un itinerario rígido, sino de una invitación a recorrer tu propio camino, a tu ritmo, con tus propios colores. Como dijo mi maestro: «Las lecciones son semillas, pero depende de ti cuidarlas y nutrirlas para que florezcan».

Estas enseñanzas no buscan ser respuestas absolutas, sino herramientas que puedes adaptar a tu vida. Tal vez algunas resonaron más que otras; tal vez, aún hay ideas que necesitas digerir. Eso está bien. Este libro no es un manual; es un recordatorio de que tienes en tus manos el poder de transformarte y de transformar a quienes te rodean.

Al concluir este recorrido, no puedo evitar preguntarte: «¿Qué aprendiste de ti mismo a lo largo de estas páginas? ¿Qué decisiones estás listo para tomar hoy, no mañana?». Porque la verdadera transformación comienza en el ahora, con un paso, con una acción, con un pensamiento.

Este capítulo cierra las lecciones de mi maestro, lo que viví en mi proceso, pero no cierra el camino. Porque si hay algo que aprendí, es que la vida misma es la maestra más sabia. Cada día y cada momento te ofrecen una nueva oportunidad para aprender, crecer y alinearte con lo que eres y lo que puedes llegar a ser.

En el próximo apartado, quiero compartir algo más íntimo, algo que nace de mi experiencia más vulnerable. Si estás enfrentando un diagnóstico de cáncer, o si estás acompañando a alguien en este proceso, estas reflexiones y consejos están dedicados a ti. Lo que aquí encontrarás no son solo palabras, sino un abrazo extendido desde mi propia historia, lleno de aprendizajes que espero puedan ser una guía o, al menos, un rayo de esperanza.

Y antes de despedir este capítulo, te invito a no perderte la última historia que cierra este libro. Es un reflejo de todo lo que aquí hemos explorado: el poder del amor, la resiliencia y la capacidad infinita que tenemos para crear luz incluso en los momentos más oscuros. Porque, al final, la vida no se mide por los pasos que damos, sino por cómo los damos, con propósito, con amor y con gratitud.

Un camino de esperanza para pacientes y familias

Aunque hoy veas ruinas, recuerda que las semillas siempre crecen en los lugares más inesperados, como el concreto o el desierto.
Julieta Halley

Cuando la vida nos pone frente a un diagnóstico difícil, como el cáncer, el impacto no solo recae sobre quien lo enfrenta directamente, sino también sobre toda su red de apoyo. Cada familiar, amigo cercano y cuidador vive su propia versión del desafío, buscando formas de ser útiles mientras lidia con sus propias emociones y temores. Es un viaje compartido, lleno de altos y bajos, de incertidumbres y momentos de inesperada fortaleza.

Este capítulo está dedicado a quienes están transitando por ese camino, pacientes y familias por igual. Quiero ofrecerte un espacio para reflexionar, algunas herramientas prácticas y, sobre todo, un mensaje de esperanza. Porque incluso en las circunstancias más difíciles, la vida sigue encontrando maneras de florecer, de mostrarnos que aún hay luz, conexión y propósito.

Exploraremos cómo el cáncer, aunque desafiante, puede convertirse en un terreno fértil para el crecimiento personal y familiar. Te invitaré a construir una mentalidad resiliente, enfocándote en el presente y encontrando pequeñas alegrías en el día a día. También hablaremos sobre el papel de las familias: cómo brindar apoyo sin agotarse en el proceso, cómo mantener un equilibrio entre cuidar de los demás y cuidarse a sí mismos.

Este no es solo un capítulo de consejos; es un recordatorio de que no estás solo en este camino. Juntos, podemos encontrar formas de transformar el dolor en fuerza y la incertidumbre en un futuro lleno de posibilidades. Al final del día, no importa cuán difícil sea la travesía, siempre hay esperanza. Y es esa esperanza la que nos guía hacia el próximo paso.

Entendiendo el impacto del cáncer en la dinámica familiar

Cómo el diagnóstico afecta a todos, no solo al paciente

El diagnóstico de cáncer es un terremoto emocional que sacude no solo al paciente, sino a toda la familia. Cada miembro, desde los padres hasta los hijos, lo vive de manera única, enfrentando sus propios miedos, incertidumbres y emociones. A menudo, el foco se centra en el paciente —y con razón—, pero es crucial reconocer que la experiencia transforma la dinámica familiar en su totalidad.

Para algunos, el diagnóstico puede despertar un instinto protector que los lleva a asumir nuevas responsabilidades, como cuidar al paciente o manejar las finanzas del hogar. Otros pueden sentirse impotentes, luchando por encontrar formas de ayudar o lidiar con la idea de que las cosas han cambiado. Los niños, en particular, pueden sentirse confundidos o asustados, y su percepción dependerá mucho de cómo los adultos manejen la situación.

El impacto no se limita al ámbito emocional. Las rutinas diarias, los planes futuros y las interacciones familiares a menudo se ven alterados. Sin embargo, reconocer y aceptar este impacto es el primer paso para encontrar un nuevo equilibrio. La familia, aunque sacudida, puede convertirse en una fuente de fortaleza colectiva, donde cada miembro contribuye a navegar este desafío.

Consejos para mejorar la comunicación y el apoyo mutuo

La comunicación abierta y sincera es la columna vertebral de una dinámica familiar resiliente durante el cáncer. Sin embargo, hablar sobre el tema no siempre es fácil. A menudo, las personas evitan ciertas conversaciones por miedo a herir, preocupar o abrumar al otro. Este silencio, aunque bien intencionado, puede generar malentendidos y aislar a los miembros de la familia.

Fomentando conversaciones abiertas:

- **Escucha activa:** asegúrate de escuchar sin interrumpir ni juzgar. A veces, el simple acto de escuchar puede aliviar la carga emocional de quien habla.

- **Establece un espacio seguro:** busca momentos tranquilos para hablar sobre los sentimientos y preocupaciones de cada uno. Evita hacerlo en medio de tensiones o conflictos.
- **Valida las emociones:** cada miembro de la familia experimenta el cáncer de manera diferente. Evita minimizar o descartar lo que otros sienten. Frases como: «Entiendo por qué te sientes así» pueden fortalecer los lazos y fomentar una comunicación más profunda.
- **El poder del apoyo mutuo:** la clave para mantener la unidad familiar es recordar que cada miembro tiene algo valioso que ofrecer. Esto podría ser desde tareas prácticas, como acompañar al paciente a las citas médicas, hasta un simple abrazo reconfortante en un día difícil. Dividir responsabilidades no solo reduce la carga sobre una sola persona, sino que también da a cada miembro un sentido de propósito y pertenencia en este proceso compartido.

Consejos prácticos:

- **Define roles claros:** asigna tareas según las fortalezas de cada persona. Por ejemplo, alguien con habilidades organizativas puede encargarse del calendario médico, mientras que otro puede enfocarse en ofrecer apoyo emocional, otro de la administración de la casa y alguien más de distracciones o salidas.
- **Usa recursos externos:** busca grupos de apoyo o profesionales que puedan guiar a la familia. A veces, la ayuda externa puede facilitar la resolución de conflictos o aliviar tensiones.

Frases que no ayudan y por qué evitarlas

A menudo, familiares y amigos quieren consolar o motivar, pero sin darse cuenta pueden decir cosas que resultan contraproducentes o insensibles. Es importante recordar que las palabras tienen un impacto significativo en el estado emocional de quien enfrenta el cáncer. Aquí algunos ejemplos de frases comunes que es mejor evitar, junto con alternativas más útiles:

1. «Échale ganas» o «Sé fuerte»

Por qué no ayuda: estas frases, aunque bien intencionadas, pueden hacer que el paciente sienta que debe ocultar su dolor o tristeza. Implícitamente, sugieren que no está haciendo lo suficiente o que no tiene derecho a sentirse vulnerable. Además, enfrentar el cáncer ya requiere un esfuerzo monumental, por lo que este tipo de comentarios puede generar presión adicional.

Alternativa:

- «Entiendo que este proceso es difícil, y estoy aquí para apoyarte en lo que necesites».
- «Puedes contar conmigo, incluso en los momentos más difíciles».

2. «Todo va a estar bien» o «No te preocupes»

Por qué no ayuda: aunque puede parecer tranquilizadora, esta frase puede minimizar los miedos y preocupaciones reales del paciente. También puede dar la impresión de que sus emociones no están siendo validadas.

Alternativa:

- «No sé exactamente cómo te sientes, pero quiero que sepas que estoy aquí para ti».
- «¿Hay algo que te esté preocupando? Me gustaría escucharte».

3. «Mi primo/amigo también tuvo cáncer y está bien ahora»

Por qué no ayuda: comparar la experiencia del paciente con la de otra persona puede invalidar su vivencia única. Cada diagnóstico, tratamiento y respuesta emocional es diferente, y este tipo de comentarios puede hacer que el paciente sienta que sus miedos o preocupaciones no son importantes.

Alternativa:

- «Tu proceso es único, y quiero acompañarte en lo que necesites».
- «Si en algún momento quieres compartir cómo te sientes, estoy aquí para escuchar».

4. «Debes mantenerte positivo todo el tiempo»

Por qué no ayuda: aunque la actitud positiva es importante y esencial, esta frase puede imponer una carga emocional innecesaria, haciendo que el paciente sienta que no puede expresar tristeza, enojo o miedo. Las emociones difíciles también forman parte del proceso y deben ser reconocidas.

Alternativa:

- «Está bien sentir lo que sientas; es parte del proceso, y aquí estoy contigo».
- «¿Cómo puedo hacerte sentir mejor hoy?»

5. «Esto podría ser peor» o «Al menos no es tan grave»

Por qué no ayuda: minimizar la situación puede ser percibido como una falta de empatía. Cada experiencia es válida, y los sentimientos del paciente no deben ser comparados con los de otros.

Alternativa:

- «Lo que estás pasando es importante y cuenta conmigo para enfrentarlo juntos».
- «¿Cómo te sientes hoy? Quiero entenderte mejor».

6. «No te ves enfermo»

Por qué no ayuda: aunque parece un cumplido, puede hacer que el paciente sienta que su dolor o su lucha no son reconocidos. Además, el impacto del cáncer no siempre es visible, y esta frase puede trivializar lo que está viviendo.

Alternativa:

- «Gracias por compartir tu experiencia conmigo. Estoy aquí para apoyarte en lo que necesites».
- «Me alegra verte hoy. ¿Cómo te sientes?».

Consejo:

Cuando no sepas qué decir, el silencio empático es más valioso que una frase mal escogida. **Frases como:**

- «Estoy aquí para ti».
- «¿Cómo te sientes hoy y cómo puedo ayudarte?».
- «Gracias por confiar en mí para compartir lo que estás viviendo».

Estas simples expresiones muestran amor, respeto y disposición para acompañar sin imponer expectativas. Pequeños gestos, como preparar una comida, acompañarlo a una cita médica o simplemente sentarte a su lado, pueden tener un impacto profundo y reconfortante.

El cáncer, aunque desafiante y doloroso, también tiene el poder de revelar la resiliencia y el amor que reside en los vínculos familiares. Este viaje no es solo del paciente, sino de cada miembro que acompaña, escucha y sostiene. Al abrir espacios para la comunicación honesta y al reconocer que todos enfrentan emociones propias, las familias pueden descubrir nuevas formas de unirse y apoyarse mutuamente.

Este proceso, aunque difícil, puede ser una oportunidad para redescubrir el valor de la empatía, el entendimiento y el apoyo incondicional. No se trata de ser perfectos, sino de estar presentes, de aprender juntos y de aceptar que cada paso, por pequeño que parezca, es significativo. Al priorizar el bienestar emocional y la conexión, una familia puede transformar el dolor en un catalizador para la fortaleza, la unión y el amor compartido.

Recuerda: no están enfrentando esto solos. Juntos tienen la capacidad de convertir este reto en una experiencia de aprendizaje y crecimiento para todos. En la unidad encontrarán fortaleza, y en el amor compartido, una esperanza que iluminará incluso los días más oscuros.

La resiliencia como fuerza interior

La resiliencia no es simplemente la capacidad de soportar las dificultades; es la habilidad de adaptarse, aprender y crecer a partir de ellas. Frente a un diagnóstico de cáncer, desarrollar resiliencia no significa ignorar el miedo o la tristeza, sino encontrar la fuerza y todos los recursos internos con los que cuentas para enfrentarlos con fe y esperanza. Es reconocer que, aunque no puedes controlar la enfermedad, puedes decidir cómo responder a ella. Esto incluye establecer pequeñas metas, celebrar los avances diarios y buscar apoyo en quienes te rodean. Cada paso dado con valentía es una afirmación de tu capacidad para superar los retos.

En mi experiencia, la resiliencia también se construye al fijar metas alcanzables. Estas metas pueden ser tan simples como completar una sesión de tratamiento o disfrutar una conversación significativa con un ser querido. Cada pequeño logro refuerza la confianza en que puedes manejar lo que venga. Al celebrar incluso los pasos más pequeños, comienzas a sentir que, aunque no controles la enfermedad, puedes controlar cómo decides avanzar.

Prácticas para vivir el aquí y el ahora

Una de las mayores barreras para la paz interior durante un tratamiento es la tendencia a vivir en el «¿Qué pasará?» o el «¿Por qué me ocurrió?». Estas preguntas pueden consumir la mente, llevándote a un ciclo interminable de preocupación y arrepentimiento. Sin embargo, vivir en el presente es un antídoto poderoso para estas emociones. La práctica de *mindfulness* te invita a enfocarte en el ahora, observando tus pensamientos sin juzgarlos y regresando tu atención al momento actual.

Puedes comenzar con ejercicios simples. Dedica cinco minutos a respirar profundamente, prestando atención a cada inhalación y exhalación. Otra práctica efectiva es encontrar gratitud en pequeñas cosas: el calor del sol en tu piel, el sabor de una comida que disfrutas o la risa de un ser querido. Estas prácticas te ayudan a darte cuenta de que incluso en medio de la incertidumbre, hay momentos que vale la pena atesorar.

El poder de la autoaceptación y la paciencia

La resiliencia también requiere que seas paciente contigo mismo y que aceptes tus límites actuales sin juzgarte. Habrá días buenos y días en los que el miedo o la tristeza sean abrumadores, y está bien. La autoaceptación significa reconocer que tus emociones son válidas y que no necesitas ser perfecto o fuerte todo el tiempo. Permítete descansar cuando sea necesario y busca actividades que te reconforten, como leer, escuchar música o simplemente estar en silencio.

La paciencia también se extiende a la forma en que interactúas con tu cuerpo durante este tiempo. Aceptar que tu energía puede variar de un día a otro y ajustar tus expectativas te permitirá experimentar menos frustración y más paz. Aprende a escuchar a tu cuerpo y a honrar sus necesidades, sabiendo que cada pequeño paso cuenta.

Escucha y nutre a tu cuerpo

El cuerpo es el vehículo que te lleva a través de esta experiencia, y cuidarlo no solo mejora tu bienestar físico, sino que también apoya tu recuperación emocional y mental. Incorporar pequeños cambios en tu dieta puede marcar una gran diferencia: elige alimentos ricos en nutrientes, como frutas, verduras y proteínas magras, que aporten energía y fortalezcan tu sistema inmunológico. Además, mantenerse hidratado es crucial; si el agua no resulta atractiva, prueba con infusiones suaves o agua saborizada con limón y menta. Escucha a tu cuerpo y ajusta tu ritmo según lo que necesite cada día, respetando tus niveles de energía y permitiéndote descansar cuando sea necesario.

La actividad física también juega un papel importante, aunque no tiene que ser extenuante. Caminar suavemente, realizar ejercicios de estiramiento o practicar yoga pueden ayudarte a mantener la movilidad, mejorar tu circulación y reducir tensiones. No se trata de exigirle al cuerpo más de lo que puede ofrecer, sino de encontrar maneras de mantenerlo activo y saludable dentro de tus posibilidades actuales.

Una mente fuerte para un corazón resiliente

La mente es un espacio donde se procesan tanto los temores como las esperanzas, y cuidarla es esencial para mantener la calma y la claridad durante el proceso. Mantén un equilibrio entre la información que consumes y el tiempo que dedicas a desconectarte. A veces, leer sobre la enfermedad o las opciones de tratamiento puede ser abrumador. Encuentra momentos para alimentar tu mente con algo positivo: una película que disfrutes, sobre todo las que te hagan reír, ya que está comprobado científicamente que la risa es la mejor anestesia y la mejor vitamina, un libro inspirador o simplemente conversaciones significativas con tus seres queridos. Proteger tu salud mental significa también ser amable contigo mismo, aceptando que no tienes que ser perfecto ni tener todas las respuestas en este momento.

La importancia de cuidar el espíritu

Más allá del cuerpo y la mente, cuidar el espíritu puede ser una fuente inagotable de fortaleza. Para algunas personas, esto significa conectarse con su fe o espiritualidad; para otras, se trata de redescubrir pasiones como la pintura, la escritura o simplemente pasar tiempo en la naturaleza. Encontrar lo que nutre tu espíritu te ayuda a mantener el enfoque en lo que realmente importa, incluso cuando el mundo parece incierto.

La conexión con los demás también es una forma poderosa de alimentar el espíritu. Hablar con personas que comparten experiencias similares, expresar tus emociones con amigos o familiares, o incluso simplemente disfrutar de la compañía de alguien cercano puede recordarte que no estás solo en este camino. Estas conexiones pueden ofrecerte esperanza y energía renovada para continuar.

El valor de reconocer tus emociones

Aceptar tus emociones, tanto las agradables como las difíciles, es un acto de fortaleza. Los días buenos y malos forman parte natural del proceso de sanación, y no debes sentirte culpable por experimentar tristeza, miedo o frustración. Estas emociones son válidas y necesarias; reconocerlas te permite procesarlas de manera saludable y seguir adelante con mayor claridad y resiliencia.

Hablar con un terapeuta especializado o unirte a un grupo de apoyo puede ser un paso poderoso hacia el bienestar emocional. Estos espacios ofrecen un entorno seguro para expresar tus sentimientos sin juicio, donde puedes encontrar consuelo, comprensión y herramientas para manejar los altibajos de tu proceso. No estás solo, y buscar ayuda no es un signo de debilidad, sino de autocuidado y valentía.

Celebrar los pequeños avances

Cada pequeño avance en tu camino es una victoria que merece ser celebrada. Completar una sesión de tratamiento, tener un día sin dolor o simplemente encontrar un momento de paz son logros significativos. Reconocer y agradecer estos instantes no solo te motiva, sino que también refuerza tu capacidad para enfrentar los desafíos con una perspectiva más positiva y esperanzadora.

La resiliencia es un camino que se recorre un paso a la vez. Vivir en el presente te permite descubrir momentos de calma y gratitud, incluso en medio de las adversidades. Aceptarte tal como eres, con tus fortalezas y tus vulnerabilidades, es el primer paso para encontrar paz en el proceso. Y cuando cuidas de tu espíritu, fortaleces no solo tu capacidad de enfrentar el cáncer, sino también tu conexión con lo que da sentido a tu vida. Recuerda: aunque el viaje sea desafiante, dentro de ti hay una fuerza que, al nutrirse con amor, paciencia y esperanza, puede superar cualquier obstáculo. Este es tu momento de confiar en esa fortaleza y avanzar, un día a la vez.

Acreditación de soluciones alternativas

Enfoque complementario en la sanación

En el camino hacia la sanación, es fundamental reconocer que no existe un único enfoque que funcione para todos. Mientras que los tratamientos médicos convencionales son la base del tratamiento contra el cáncer, muchas personas encuentran apoyo adicional en terapias complementarias. Estas alternativas son una gran opción, pero debes ser muy responsable a la hora de elegir porque hasta ahora la medicina tradicional es la que está avalada por la ciencia y en la carrera contra el cáncer el tiempo es fundamental. En cuanto a soluciones alternativas, sin duda puedes encontrar herramientas valiosas para manejar los efectos secundarios, reducir el estrés, fortalecer tu sistema inmune y mejorar la calidad de vida.

El enfoque complementario se basa en la integración, es decir, combinar lo mejor de ambos mundos: los avances científicos de la medicina moderna y las prácticas tradicionales que han sido utilizadas durante siglos para promover el bienestar. Al considerar estas opciones, es esencial informarse, tomar decisiones basadas en evidencia y siempre consultar con un profesional de la salud.

Opciones destacadas

Acupuntura: canalizando energía y aliviando síntomas

La acupuntura, una práctica milenaria de la medicina china, utiliza agujas finas insertadas en puntos específicos del cuerpo para aliviar el dolor y promover el equilibrio energético. Estudios recientes han demostrado que la acupuntura puede reducir las náuseas y vómitos inducidos por la quimioterapia, así como aliviar el dolor crónico y la fatiga.

Si decides probar la acupuntura, busca un profesional certificado y asegúrate de discutirlo con tu médico tratante. Aunque puede parecer intimidante al principio, muchas personas descubren en esta práctica una fuente de alivio y calma.

Medicina herbal: sabiduría de la naturaleza

Las plantas han sido utilizadas durante generaciones por sus propiedades medicinales. Desde el jengibre, conocido por aliviar las náuseas, hasta la cúrcuma, que contiene compuestos antiinflamatorios, las hierbas pueden ser una adición poderosa al tratamiento. Sin embargo, algunas hierbas pueden interactuar con medicamentos convencionales, por lo que es crucial consultar con un médico o nutricionista antes de incorporarlas.

Nutrición: comida como medicina

La alimentación juega un papel central en la sanación. Una dieta bien balanceada puede ayudar a fortalecer el sistema inmunológico, reducir la inflamación y aumentar los niveles de energía. Además, ciertos alimentos pueden ayudar a mitigar los efectos secundarios del tratamiento, como las náuseas o la pérdida de apetito. Un nutricionista especializado en oncología puede ayudarte a diseñar un plan alimenticio que se ajuste a tus necesidades y preferencias.

Yoga y meditación: conexión entre cuerpo y mente

El yoga y la meditación son herramientas poderosas para manejar el estrés y cultivar una mentalidad positiva. El yoga, con sus movimientos suaves y enfoque en la respiración, puede mejorar la flexibilidad, reducir el dolor y promover una sensación de calma. La meditación, por su parte, ayuda a centrar la mente, reducir la ansiedad y mejorar la calidad del sueño. Estas prácticas fomentan un enfoque integral de la salud que beneficia tanto al cuerpo como a la mente.

Reiki: energía para el bienestar

El Reiki, una terapia de sanación energética, se ha integrado en algunos hospitales especializados en cáncer en México como un complemento a los tratamientos médicos convencionales. Esta práctica se realiza colocando las manos suavemente cerca del cuerpo, busca promover la relajación, reducir el estrés y apoyar el bienestar emocional. Aunque el Reiki no reemplaza la medicina tradicional, su capacidad para aliviar tensiones emocionales y mejorar la calidad de vida lo convierte en una herramienta valiosa para muchos pacientes.

Importancia de la evidencia científica y la consulta médica

Al explorar soluciones alternativas, es vital separar los hechos de la ficción. Muchas de estas terapias tienen respaldo científico que demuestra su eficacia, pero también existen opciones sin fundamento sólido que podrían ser riesgosas. Por ejemplo, algunos suplementos herbales pueden interferir con los medicamentos de quimioterapia o causar efectos secundarios no deseados.

Consulta siempre con tu médico antes de incorporar cualquier tratamiento alternativo. Un enfoque informado y equilibrado te permitirá aprovechar al máximo los beneficios de estas terapias, sin comprometer la eficacia de los tratamientos médicos principales.

Consejos prácticos: cómo integrar estas terapias de forma segura y efectiva

1. **Haz tu investigación:** lee sobre las terapias que te interesan y busca estudios científicos que respalden su eficacia.
2. **Consulta a tu equipo médico:** habla con tu oncólogo o un especialista para asegurarte de que las alternativas que consideras son seguras y compatibles con tu tratamiento.
3. **Busca profesionales calificados:** ya sea un acupunturista, un nutricionista o un instructor de yoga, elige expertos con credenciales verificables y experiencia en el trabajo con pacientes oncológicos.
4. **Empieza con cautela:** introduce una terapia a la vez para evaluar cómo responde tu cuerpo. Mantén un registro de los cambios que experimentas, tanto positivos como negativos.
5. **Escucha a tu cuerpo:** si algo no te sienta bien o genera malestar, detente y reevalúa con la ayuda de un profesional.

Las soluciones alternativas pueden ser un puente hacia una sanación más integral, al complementar los tratamientos médicos con prácticas que nutren el cuerpo, la mente y el espíritu. Al adoptar un enfoque informado y equilibrado, puedes descubrir herramientas que te ayuden a enfrentar los desafíos con más serenidad y confianza. Recuerda: el objetivo no es reemplazar, sino enriquecer tu proceso de sanación. Cuando eliges opciones que resuenan contigo y se alinean con tus necesidades, estás construyendo un camino hacia un bienestar más pleno y significativo.

Gestionando los efectos secundarios y adaptándose a los cambios

El tratamiento contra el cáncer, ya sea quimioterapia, radioterapia, cirugía o todo junto, viene acompañado de efectos secundarios que pueden ser agotadores. Desde náuseas hasta fatiga extrema, estos síntomas requieren atención constante y estrategias para manejarlos.

- **Para el paciente:**
  Escuchar a tu cuerpo es fundamental. Si estás cansado, permítete descansar. No sientas presión por mantener el mismo nivel de actividad que antes. Establece una rutina sencilla y flexible que te permita priorizar actividades esenciales y tomar pausas cuando lo necesites. Usa herramientas prácticas como organizadores de medicamentos, diarios para registrar tus síntomas y alertas para tus citas médicas. Pequeños ajustes, como comer alimentos suaves o dividir las comidas en porciones pequeñas durante el día, pueden aliviar molestias como las náuseas.

- **Para los familiares:**
  Informarse sobre el diagnóstico y el tratamiento es una forma poderosa en la que los familiares pueden brindar apoyo real al paciente. Al comprender mejor los desafíos médicos y emocionales que enfrenta, no solo se fomenta la empatía, sino que también se reduce la incertidumbre y los malentendidos. Este conocimiento permite ofrecer un acompañamiento más consciente y efectivo, demostrando al paciente que no está solo en su camino, sino rodeado de personas dispuestas a entender y caminar a su lado.

Roles claros: pacientes y familiares como un equipo

La dinámica familiar durante el tratamiento puede ser un desafío, especialmente si los roles no están claramente definidos. Una comunicación abierta y acuerdos sobre quién se encargará de qué tareas son fundamentales para evitar conflictos y malentendidos.

- **Para el paciente:**
  Aprende a delegar y aceptar ayuda. A menudo, queremos demostrar que podemos con todo, pero permitir que los demás participen no solo alivia tu carga, sino que también les da una forma tangible de apoyarte. Explica cómo prefieres ser ayudado, ya sea con tareas del hogar, transportación a citas médicas o simplemente compañía durante momentos difíciles.

- **Para los familiares:**
  Considera que apoyar al paciente no solo significa encargarse de todo, sino también permitirle mantener independencia donde sea posible. Establece roles claros entre los miembros de la familia. Por

ejemplo, alguien puede manejar las tareas administrativas (como citas médicas o papeleo), mientras que otro se enfoca en el cuidado directo. Esto reduce la presión sobre una sola persona y fomenta un sentido de equipo.

Registro de citas y síntomas

Mantener un registro organizado es fundamental para manejar los múltiples aspectos del tratamiento de cáncer. Ya sea a través de aplicaciones móviles como My Cancer Coach o con un simple cuaderno, anotar citas médicas, síntomas y horarios de medicamentos puede hacer una gran diferencia. Estas herramientas te ayudarán no solo a recordar detalles importantes, sino también a identificar patrones en tu salud que pueden ser útiles para tus médicos. Al dedicar unos minutos al día a registrar esta información, podrás sentirte más en control de tu proceso y optimizar las consultas con tu equipo médico.

Lo que los médicos no siempre te cuentan

Para el paciente:

Cuando me diagnosticaron cáncer y comencé el tratamiento, me enfrenté a efectos secundarios que nadie me había explicado con anticipación. Uno de los momentos más desconcertantes fue perder mi periodo sin saber que esto era normal y, peor aún, sin que nadie me advirtiera que posiblemente no regresaría, pues la quimioterapia me adelantó la menopausia. Recuerdo que me preocupé muchísimo, y cuando le mencioné esto a mi doctora, simplemente me dijo: «Es normal, eso a veces pasa». Fue mucho después que un radiólogo me explicó la razón detrás de este cambio.

Este es solo un ejemplo de los efectos secundarios que pueden surgir y no siempre se comunican en detalle durante las consultas. Muchos pacientes reportan enfrentarse a cambios inesperados, desde pérdida del apetito y fatiga extrema hasta alteraciones emocionales como ansiedad o tristeza profunda. Claro que cada cuerpo y paciente lo vive diferente.

Consejo: lleva contigo una lista de preguntas en cada consulta. Pregunta sobre todos los posibles efectos secundarios, incluso los que puedan parecer insignificantes. Si sientes que no te están explicando suficiente, no dudes en insistir. Entender lo que puede suceder te permitirá prepararte mejor y, en algunos casos, tomar medidas preventivas. Aquí te comparto algunas preguntas clave que me ayudaron a encontrar claridad durante el proceso:

Preguntas clave para el médico:

1. ¿Cuáles son los efectos secundarios más comunes de este tratamiento?
2. ¿Qué cambios físicos o emocionales puedo esperar durante el tratamiento?
3. ¿Qué puedo hacer para minimizar estos efectos secundarios? ¿Existen ejercicios, suplementos o prácticas recomendadas?
4. ¿Hay efectos secundarios a largo plazo que debo conocer?
5. ¿Cómo puedo cuidar de mi salud emocional durante el tratamiento? ¿Me recomendaría algún tipo de apoyo emocional o terapia?
6. ¿Qué actividades debo evitar mientras estoy en tratamiento? ¿Hay alguna recomendación de dieta o de estilo de vida que pueda ayudar?
7. ¿Cuándo podré retomar mis actividades diarias y mi trabajo?
8. ¿Qué señales de alerta debo vigilar y cuándo debería comunicarme con usted?

Estas preguntas no solo me dieron información, sino que también me ayudaron a sentirme más tranquila durante un proceso que, en muchos momentos, parecía fuera de mi control.

Para los familiares:

Mi familia también sintió el impacto de esos efectos secundarios imprevistos. A veces, cuando los síntomas eran intensos, me volvía irritable, y necesitaba que alguien simplemente me comprendiera sin intentar arreglarlo todo. Estas dinámicas pueden ser difíciles para quienes acompañan, ya que a menudo quieren hacer más, pero no siempre saben cómo hacerlo o cómo manejar sus propias emociones en el proceso.

Consejo: si notas cambios en el estado de ánimo o comportamiento del paciente, trata de estar presente y escuchar sin juzgar. Pregunta si hay algo que puedas hacer para aliviar las molestias o simplemente acompaña en silencio. Además, considera buscar apoyo para ti mismo. Grupos de apoyo o terapia individual pueden ofrecerte herramientas para manejar esta etapa con mayor claridad y empatía, y te ayudarán a cuidar de ti mientras cuidas a tu ser querido. Tu fortaleza emocional también es parte fundamental del proceso de sanación conjunta.

Mi mensaje

El cáncer es una experiencia que desafía profundamente nuestra fortaleza física, emocional y espiritual y aunque nadie elegiría este camino, enfrentarlo con valentía y apertura puede revelar una capacidad de resiliencia que no sabíamos que teníamos. En los momentos más oscuros, es posible descubrir una fuerza interior que ilumina nuevos propósitos, conexiones más profundas y una renovada gratitud por la vida.

Cada reto nos moldea, nos enseña y nos transforma. El cáncer no es solo una prueba individual; afecta a todos los aspectos de nuestra vida, desde nuestras relaciones hasta la forma en que nos vemos a nosotros mismos. Pero en medio de ese caos, hay una oportunidad única de renacer. A través del dolor, la pérdida y la incertidumbre, podemos encontrar una nueva versión de nosotros mismos, una que aprecia más intensamente la belleza de los pequeños momentos y valora lo que realmente importa.

He conocido a personas que, después de superar el cáncer, se convirtieron en defensores apasionados de la salud, crearon fundaciones para apoyar a otros, o simplemente aprendieron a vivir con un mayor enfoque en el presente. Estas historias nos recuerdan que incluso en los momentos más difíciles, podemos encontrar sentido y propósito.

La esperanza es una fuente de energía que nos mueve hacia adelante, incluso cuando el camino parece incierto. Compartir nuestras historias de lucha y superación puede sembrar semillas de esperanza en los corazones de quienes nos rodean. Es un recordatorio de que nadie está solo en esta batalla y de que siempre hay luz al final del túnel.

A ti que estás leyendo estas palabras, te digo: aunque el proceso sea desafiante y lleno de incógnitas, no pierdas de vista que el simple hecho de seguir adelante es un acto de valentía y transformación. Cada pequeño paso, cada pequeño logro, es una victoria que merece ser celebrada.

Aunque hoy veas ruinas, recuerda que las semillas siempre crecen en los lugares más inesperados como el concreto o el desierto.

Las ruinas no son el final; son el inicio de algo nuevo, un terreno fértil donde pueden florecer la fuerza, el amor y el propósito. Así como las semillas necesitan oscuridad para germinar, nuestras pruebas más difíciles pueden ser el entorno en el que crecemos de maneras inesperadas. Hoy, quizás no veas el jardín que se está formando, pero con paciencia, cuidado y esperanza, descubrirás que las flores más hermosas pueden surgir incluso en los terrenos más desafiantes.

Tu viaje heroico

El viaje heroico no se mide en distancias recorridas, sino en el coraje para enfrentar tus sombras.
Carl Jung

Has llegado al final de este libro, lo que aquí compartimos no es un destino, sino un punto de partida. A lo largo de este libro, caminamos juntos por senderos de introspección, atravesamos tormentas emocionales y descubrimos herramientas para transformar nuestras vidas. Cada palabra fue una invitación a que exploraras tu verdad, a que te reconocieras en tu fuerza y en tu vulnerabilidad, y a que recordaras que siempre puedes elegir cómo responder a lo que la vida pone frente a ti.

Se requiere de valentía para observar lo que duele, humildad para aprender y amor para transformar. El hecho de que hayas llegado hasta aquí es un testimonio de tu fuerza interior y tu voluntad de cambio. Reconoce este logro porque representa algo poderoso: el compromiso contigo mismo.

Tu transformación como un proceso continuo

Las herramientas que exploraste a lo largo de este libro están destinadas a integrarse en tu vida cotidiana, convirtiéndose en anclas que te mantendrán firme, incluso en momentos de incertidumbre.

Trata de aprender a mirar incluso los momentos más oscuros como oportunidades para crecer, como puertas que nos invitan a reconectar con lo que realmente importa. Porque después de cada tormenta, siempre llega el momento en que el sol brilla con más fuerza. Para mí, ese momento fue descubrir que mi vida había tomado un sentido completamente nuevo. Todo lo que viví, cada caída y cada momento de incertidumbre, me llevó a construir algo hermoso. Mi trabajo se convirtió en un puente para vivir mi propósito, ayudando a otros a encontrar su luz en medio de la oscuridad. Los talleres que inicié, primero en mi trabajo y luego en espacios más personales, me demostraron que compartir mi experiencia podía sembrar esperanza en los demás.

Y entonces, mi hijo regresó. Su presencia fue un regalo que llenó mi corazón de gratitud. Volver a tenerlo a mi lado, junto a mis otros hijos, fue una prueba de que las segundas oportunidades existen, y que el amor, cuando se cultiva con paciencia y comprensión, florece de formas inesperadas. Vivimos momentos de unión profunda como familia, y cada instante compartido fue un recordatorio de que lo que realmente importa siempre encuentra su camino de regreso.

Mi nueva pareja también regresó a mi vida, y con el tiempo, ese amor que parecía perdido encontró un terreno aún más sólido para florecer. Unos años después, nos casamos, y juntos comenzamos un nuevo capítulo que me trajo a vivir a Estados Unidos. Allí, rodeada de nuevas oportunidades, establecí mi propia empresa, un espacio donde puedo seguir compartiendo y ayudando a transformar vidas. Mirando atrás, veo cómo mi vida cambió 180 grados, llena de maravillas, regalos y una sensación de plenitud que jamás imaginé en los momentos más oscuros.

Pero más allá de las circunstancias externas, lo que realmente cambió fue mi interior. La mujer que surgió después de este viaje es más fuerte, más compasiva y más consciente de que la vida es un flujo constante de aprendizajes. Hoy sé que las tormentas no están aquí para quedarse, que ni la felicidad ni los desafíos son permanentes. Cuando las cosas buenas llegan, las abrazo con gratitud. Y cuando aparecen los retos, confío en que detrás de cada uno hay una lección esperando ser descubierta.

Querido lector:

Gracias. Gracias, gracias por haber caminado conmigo a través de estas páginas, por haberte permitido abrir tu corazón y tu mente a los desafíos, aprendizajes y reflexiones que este libro comparte. Tu tiempo, tu energía y tu disposición son un regalo que valoro profundamente.

Este no es solo mi viaje; es también el tuyo. Cada palabra fue escrita con la intención de inspirarte, apoyarte y recordarte que, incluso en los momentos más oscuros, hay luz esperando ser descubierta. La transformación que buscas no es solo posible, es tuya por derecho, porque dentro de ti ya existen la fortaleza, el amor y la resiliencia necesarios para crear una vida llena de propósito.

Te invito a continuar este diálogo más allá de estas páginas. Tus aprendizajes, tus experiencias y tus actos pueden ser una chispa de inspiración para quienes te rodean. Nunca subestimes el poder de tu historia; compártela, porque en ella también habita una oportunidad para transformar el mundo.

Pero déjame compartirte...

Un último viaje: la inspiración detrás de este libro

Hay historias que, aunque no son nuestras, llegan como un faro en la oscuridad, iluminando un camino que no sabíamos que podíamos recorrer. Esta es la historia de cómo unas simples palabras encendieron la chispa que me permitió no solo transformarme, sino también compartir este libro contigo.

La frase **«El cáncer es lo mejor que te va a pasar en la vida»**, dicha por Lance Armstrong, llegó a mí de una manera inesperada, a través de mi amigo que ya había enfrentado su propia batalla. Al principio, esas palabras me causaron incredulidad e incluso enojo. ¿Cómo podía algo tan devastador ser visto como una bendición? Sin embargo, esas mismas palabras plantaron una semilla en mí, una que con el tiempo floreció y me llevó a comprender un mensaje más profundo.

Lance Armstrong, quien también libró una batalla contra el cáncer, transformó su dolor en fortaleza y su experiencia en una misión de esperanza. Sus palabras, compartidas en un libro que inspiró a mi amigo y luego a mí, no eran solo una declaración. Eran un recordatorio de que incluso en los momentos más oscuros, hay un pequeña luz que puede guiarnos hacia un propósito más grande. Esas palabras llegaron a mi vida en el momento en que más lo necesitaba, y en ellas encontré un destello de la fortaleza que habitaba en mí.

Fue gracias a esa chispa que este libro nació. Porque mi amigo, inspirado por Armstrong, compartió conmigo la valentía de enfrentar su propio cáncer con un enfoque diferente. Y a través de él, aprendí que el cáncer, o cualquier adversidad, no define quiénes somos, pero sí puede revelar la inmensa capacidad que tenemos para transformarnos. Esa frase que una vez cuestioné, terminó guiándome hacia un descubrimiento: dentro de cada tormenta hay una oportunidad para renacer, para aprender y para construir una vida más auténtica y significativa.

Un legado compartido

Este libro, que ahora sostienes en tus manos, es el resultado de haber encontrado sentido en el caos, de haber descubierto que las adversidades no son castigos, sino invitaciones a transformarnos. Cada herramienta, cada reflexión y cada experiencia que aquí encuentras son un regalo, no solo mío, sino también de todos aquellos que, como Armstrong y mi amigo, se atrevieron a caminar este camino antes que nosotros.

Al leer estas páginas, esta historia también se convierte en parte de tu historia. Ahora tú llevas contigo no solo las lecciones aprendidas, sino también el poder de inspirar a otros. Al compartir nuestras historias, multiplicamos el impacto y creamos un círculo infinito de esperanza y transformación.

Si algo de lo que has leído aquí resonó en ti o te ayudó de alguna manera, te invito a que lo compartas. Tal vez una frase, un ejercicio o una reflexión que creas que puede iluminar el camino de alguien más. Comparte tu experiencia en mis redes sociales **@julietahalleyenbalance21**, deja un comentario o testimonio, y juntos contribuyamos a que más personas encuentren luz y fortaleza en su camino.

Además, me encantaría seguir conectada contigo. Puedes visitar mi página **www.julietahalley.com**, donde encontrarás regalos y herramientas diseñadas especialmente para ti, para apoyarte en tu proceso de transformación. Estos recursos están pensados para acompañarte, inspirarte y guiarte mientras das cada paso hacia una vida más plena y significativa.

También te invito a unirte a nuestra comunidad en redes sociales, un espacio donde seguimos compartiendo experiencias, aprendizajes y apoyo mutuo. Allí encontrarás inspiración, acompañamiento y un lugar seguro para conectar con otros que, como tú, están transformando su vida. Sé parte de este círculo donde la esperanza y la transformación nos unen. ¡Te espero con los brazos abiertos!

Este viaje no termina con la última página de este libro. Ahora, la historia continúa contigo.

Apéndice

Lecturas recomendadas

1. **Brown, Brené.** ***El poder de ser vulnerable.*** Editorial Urano, 2013.
   - Brené Brown explora cómo la vulnerabilidad, lejos de ser una debilidad, es una fuente de fortaleza y conexión emocional. Un libro ideal para quienes buscan comprender y aceptar sus emociones como parte esencial de la resiliencia.
2. **Dweck, Carol S.** ***Mindset: La actitud del éxito.*** Editorial Conecta, 2017.
   - Una guía sobre cómo desarrollar una mentalidad de crecimiento para afrontar desafíos, aprender de los fracasos y convertir cada obstáculo en una oportunidad de aprendizaje.
3. **Frankl, Viktor E.** ***El hombre en busca de sentido.*** Editorial Herder, 2006.
   - Este libro clásico combina las memorias de Viktor Frankl durante su tiempo en campos de concentración con su enfoque terapéutico, mostrando cómo encontrar sentido en la adversidad puede ser clave para superar incluso los momentos más oscuros.
4. **Santos, Laurie.** ***La ciencia de la felicidad.*** Ediciones B, 2022.
   - Basado en uno de los cursos más populares de la Universidad de Yale, este libro ofrece herramientas prácticas para construir una vida más feliz, enfocándose en hábitos que promueven el bienestar emocional.
5. **Cabouli, José Luis.** ***El viaje del alma.*** Editorial Kier, 2003.
   - Un enfoque espiritual sobre cómo nuestras experiencias, incluso las más desafiantes, pueden ser entendidas como parte de un propósito más amplio.

Referencias bibliográficas

1. Brown, Brené. *El poder de la vulnerabilidad: Enseñanzas sobre la autenticidad, la conexión y el coraje*. Editorial Urano, 2017.
   - Una exploración de cómo encontrar fortaleza a través de la vulnerabilidad y el coraje.
2. Dweck, Carol S. *Mindset: La actitud del éxito*. Editorial Sirio, 2017.
   - Una guía transformadora sobre cómo adoptar una mentalidad de crecimiento para enfrentar desafíos.
3. Hay, Louise. *Usted puede sanar su vida*. Editorial Urano, 2008.
   - Un enfoque integral para conectar mente y cuerpo en el proceso de sanación emocional y física.
4. Frankl, Viktor E. *El hombre en busca de sentido*. Herder Editorial, 2015.
   - Un testimonio impactante sobre cómo encontrar sentido incluso en los momentos más oscuros.
5. Kabat-Zinn, Jon. *Vivir con plenitud las crisis: Cómo utilizar la sabiduría del cuerpo y de la mente para afrontar el estrés, el dolor y la enfermedad*. Editorial Kairós, 2007.
   - Una introducción a la práctica de la atención plena para vivir en el presente y cultivar paz interior.
6. Simonton, O. Carl, et al. *Volver a estar bien: Una guía paso a paso para superar el cáncer para pacientes y sus familias*. Editorial Océano, 1999.
   - Un manual práctico para integrar el bienestar emocional y físico en el tratamiento del cáncer.
7. Katie, Byron. *Amar lo que es: Cuatro preguntas que pueden cambiar tu vida*. Editorial Urano, 2014.
   - Un método transformador para cuestionar los pensamientos negativos y encontrar paz en cualquier circunstancia.

Made in the USA
Middletown, DE
14 May 2025